日本語能力試験必修パターンシリーズ

パターンを押さえて、解き方まるわかり

日本語能力試験 N2 文法 必修パターン

Japanese Language Proficiency Test N2 Grammar Compulsory Pattern
语能力考试 N2 语法 必修的模式
Bài kiểm tra trình độ tiếng Nhật bản N2 Ngữ pháp Mô hình bắt buộc

氏原庸子／佐伯玲子（大阪YWCA）●共著

Jリサーチ出版

はじめに

　1984 年に始まった日本語能力試験も 2010 年には大きく改定され、日本語の知識だけでなく、実際に運用する能力も求められるようになりました。「 文法 」問題も、文字・語彙とともに言語知識に問題として組み入れられ、日本語の文法の力を使って課題を遂行する能力が必要とされています。

　本書は大きく４つの部分で構成され、まず PART1「基礎編」では、文法問題攻略に向け文法の総合力を高めるため、中心となる「助詞」「副詞」「接続詞」「敬語」を復習・強化したうえで、N3 文型を復習。PART 2「対策編」では、N2 文型の整理とともに言葉や文をつなぐ練習を組み込み、日本語能力試験の「問題７」「問題８」「問題９」をそれぞれ徹底分析。〈パターンに分類しながらの詳しい問題分析〉⇒〈攻略のためのポイント確認〉という流れで繰り返し練習、その中で実戦力を養います。PART 3「模擬試験」では、学習のまとめとして実力をチェックします。

　このように本書は、日本語能力試験Ｎ２文法問題に対応した構成になっていますが、上記のように文法の力を伸ばすためのさまざまな工夫もされていますので、試験対策としてだけではなく、学校での文法の授業や、自習で文法の力を身につけたい方にもお勧めできる内容となっています。

　このテキストを使うことで、日本語学習者のみなさんが、日本語能力試験に合格するだけではなく、毎日の生活で必要な言語知識としての「 文法 」力を少しでも伸ばすことができれば、こんなにうれしいことはありません。

氏原庸子・佐伯玲子

もくじ

この本の使い方

学習の流れ

この本は、「基礎編」と「対策編」を中心に、次のような流れで学習を進めます。

① 基礎編　⇒　文法の基礎力を強化する

　日本語能力試験の文法分野では、単語や表現の知識だけが問われるのではありません。文章あるいは会話の中で、どんな言葉をどのように使うか、日本語の実践力が問われます。初級文法を基礎とした、しっかりした知識と理解が問われるのです。PART 1 の基礎編では、文法問題でカギとなる助詞・副詞・接続詞・敬語の復習・強化をします。同時に、Ｎ２・Ｎ３レベルから重要な文型を取り上げて復習・整理をします。

＊ **強化**（する）：to enhance; to reinforce ／強化／ tăng cường 　　＊ **助詞**：Particles ／助词／ Trợ từ

＊ **副詞**：Adverbs ／副词／ Trạng từ 　　＊ **接続詞**：Conjunctions ／接续词／ Liên từ

＊ **敬語**：honorific language ／敬语／ kính ngữ

② 対策編　⇒　問題のパターンを知る、解法のパターンをつかむ

　PART 2 の対策編は、「対策準備」と「実戦練習」の２つの章があります。まず第1章「対策準備」では、いくつかのドリルを通して、文法問題に強くなるための基礎力トレーニングをします。次に第2章「実戦練習」では、実際の試験に基づき、３つの問題（問題７・８・９）に分けて学習します。それぞれについて、問題のパターンと解答のポイントを確認しながら、繰り返し練習をします。

＊ **対策**：countermeasure; provision ／対策／ đối sách

③ 模擬試験　⇒　学習のまとめとして実力を確認する

　ひととおり学習が終わったら、模擬試験で実力を確認します。得点が低かった場合は、特に出来のよくなかった問題を中心に、しっかり復習しましょう。

＊ **模擬試験**：mock examination ／模拟考试／ bài kiểm tra mô phỏng thực tế

④ 付録「試験に出る言葉」　⇒　試験直前のチェック

　別冊に、文法問題の中で使われる可能性の高い語句をリストアップしました。試験直前のチェックに役立てることができます。

＊ **付録**：supplement; appendix ／附录／ phụ lục

＊ **別冊**：supplemental volume ／另册／ biệt sách phụ lục

学習プラン
がくしゅう

日本語能力試験対策にこの本を利用する場合の学習プランとして、3つの例をご紹介します。試験勉強を始める時期や試験日までの日数など、ニーズに合わせ、適当にアレンジをしながらプランを立ててください。

学習プランの例
がくしゅう　れい

※1回50分として。　※授業の中で全部できない場合は、部分的に宿題にする。

〈平均プラン〉30回＋模擬試験	〈短期プラン〉20回＋模擬試験	〈超短期プラン〉15回＋模擬試験
1 基礎編・助詞	1 基礎編・助詞	1 基礎編・助詞／副詞
2 基礎編・助詞	2 基礎編・副詞	2 基礎編・接続詞／敬語
3 基礎編・副詞	3 基礎編・接続詞	3 基礎編：N3文型
4 基礎編・副詞	4 基礎編・敬語	4 基礎編：N3文型
5 基礎編・接続詞	5 基礎編：N3文型	5 対策編：N2文型
6 基礎編・接続詞	6 基礎編：N3文型	6 対策編：N2文型
7 基礎編・敬語	7 基礎編：N3文型	7 対策編：N2文型
8 基礎編・敬語	8 対策編：N2文型	8 対策編：N2文型
9 基礎編：N3文型	9 対策編：N2文型	9 対策編：言葉をつなぐ練習
10 基礎編：N3文型	10 対策編：N2文型	10 対策編：文をつなぐ練習
11 基礎編：N3文型	11 対策編：N2文型	11 対策編：問題7に挑戦！
12 基礎編：N3文型	12 対策編：N2文型	12 対策編：問題8に挑戦！
13 対策編：N2文型	13 対策編：N2文型	13 対策編：問題9に挑戦！
14 対策編：N2文型	14 対策編：言葉をつなぐ練習	14 対策編：問題9に挑戦！
15 対策編：N2文型	15 対策編：文をつなぐ練習	15 模擬試験
16 対策編：N2文型	16 対策編：問題7に挑戦！	
17 対策編：N2文型	17 対策編：問題8に挑戦！	
18 対策編：N2文型	18 対策編：問題9に挑戦！	
19 対策編：言葉をつなぐ練習	19 対策編：問題9に挑戦！	
20 対策編：言葉をつなぐ練習	20 模擬試験	
21 対策編：文をつなぐ練習		
22 対策編：文をつなぐ練習		
23 対策編：問題7に挑戦！		
24 対策編：問題7に挑戦！		
25 対策編：問題8に挑戦！		
26 対策編：問題8に挑戦！		
27 対策編：問題9に挑戦！		
28 対策編：問題9に挑戦！		
29 対策編：問題9に挑戦！		
30 模擬試験		

▶ 基礎編の学習の仕方

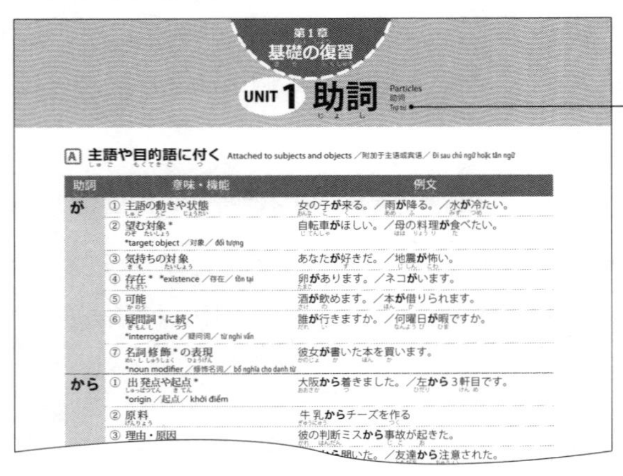

- 「助詞」「副詞」「接続詞」「敬語」それぞれの要点について、簡単な練習問題を交えながら整理・再確認していきます。

  ＊要点：main point ／要点／ yếu điểm

- 同様に、N3 レベルの文型についても重要なものを取り上げ、復習していきます。

▶ 対策編の学習の仕方

最初のステップ ▶ 対策準備

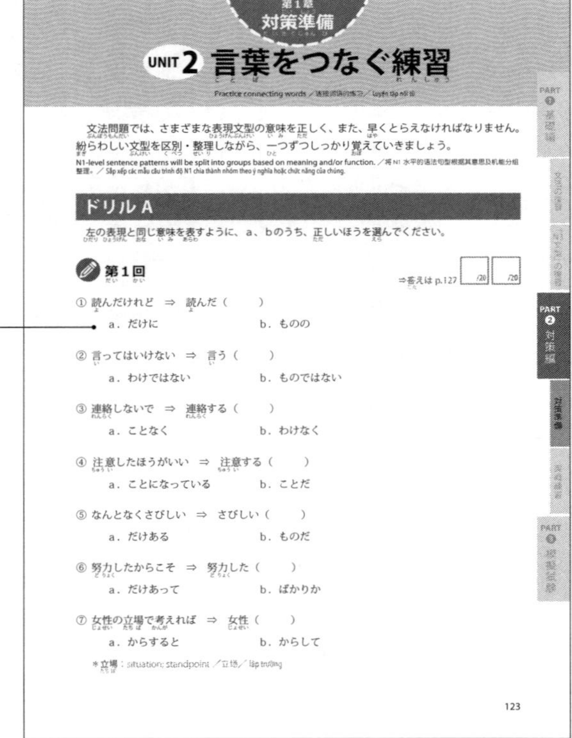

- 第 1 章「対策準備」では、文法問題に強くなるための基礎トレーニングをします。試験問題を想定した効果的なドリルを解いていきます。

  ＊想定（する）：to hypothesize ／假定／ dự đoán

次のステップ ▶ 実戦練習
つぎ　　　　　　　　　　　じっせんれんしゅう

---

② 「だれが」、「なにを」を読み取るパターン

POINT

「いつ」「どこで」「だれ／なにが」「なにを」「なぜ」「どんなふうに」「どうした／どうする」といった文の基本的な構造＊は、どんなに文が長くなっても読み取れるように練習しておきましょう。
＊構造：structure／构造／cấu trúc

EXERCISE

次の＿＿＿＿に入る最も適当なものを1〜4から一つ選んでください。

私たち日本人は、電車は時刻表通りに[1]ものだと思っている。ラッシュアワーの時間帯でも、数分間隔でほぼ時刻表通りに電車は運行されるのは[2]だと考えていた。少しでも電車の到着が遅れると、駅員に質問に行ったり、中には怒ってしまう人もいた。なぜなら、日本では時間通りに行動することはとても[3]からだ。「もっと速く、もっと正確に」が合言葉だった。しかし、最近、「安全確認のため」という言葉を足して電車の[4]を知らせるアナウンスを聞くことが増えた。それでも、人々は以前ほどには「時間通りでない」と怒らなくなったように感じる。「時間通り」より「安全」のほうがずっと大切だということを、大きな事故で多くの犠牲を払って、私たちはやっと[5]のだ。

[1]
1　来る　　　　　2　来た　　　　　3　来ない　　　　　4　来ることがある

[2]
1　よくあること　　　　　　　　2　めずらしいこと
3　当たり前のこと　　　　　　　4　おどろくべきこと

[3]
1　まじめだ　　　2　立派だ　　　3　大切だ　　　4　有効だ

[4]
1　時間　　　　　2　出発　　　　3　到着　　　　4　遅れ

[5]
1　考えた　　　　2　忘れていた　　　3　知らなかった　　　4　気づいた

200

● 第2章「実戦練習」では、実際の試験の形式に合わせて、問題分析と練習をしていきます。
だい　しょう　じっせんれんしゅう　　　　じっさい　しけん　けいしき　あ　もんだいぶんせき　れんしゅう

＊分析(する)：to analyze／分析／phân tích
ふんせき

● 各練習問題の答えのページでは、解答のポイントを示します。また、文型や語句の補足説明などをします。
かくれんしゅうもんだい　こた　かいとう　しめ　ぶんけい　ご く　ほ そくせつめい

※問題の形式によって内容は多少異なります。
もんだい　けいしき　　　　ないよう　た しょうこと

解答へのアプローチ

正解： [1] 1　[2] 3　[3] 3　[4] 4　[5] 4
せいかい

📖 ことばと表現
ひょうげん
□ **ラッシュアワー**：rush hour／交通高峰／giờ cao điểm
□ **間隔**：space; interval／间隔／cách quãng
かんかく
□ **運行**(する)：to operate／运行、运转／vận hành
うんこう
□ **合言葉**：password／口令、呼号／mật khẩu
あいことば

文章の流れ　日本人にとって、「時間通り」はとても大切なこと。→「時間通り」より「安全」のほうが大切だと気づくようになる。

[1]
ポイント
○ キーワード…「日本人」「電車（＋電車を主語とする動詞)」「時刻表通り」。
・「**Aものだ**」⇒当然Aと考えている。

[2]
ポイント
○「…と思っている」「…と考えていた」と、似た内容の繰り返しだが、「ている」が「ていた」に変わっていることで、変化があったことを示している。
・AでもB⇒Aはふつう考えられないこと。

[3]
ポイント
○「〜人もいた」…すでに過去の話として筆者は考えている。
・「**A。なぜなら、Bからだ。**」⇒Aは状況、Bはその理由。
　例　部屋の掃除をした。なぜなら、何か月もしていなかったからだ。

[4]
ポイント
○「しかし、最近…」…以前とは違う最近の状況。
○「増えた」「怒らなくなった」…変化を表す言葉に注目。
・「**それでも**」⇒そういう状況でも。
　例1　雨が降っていた。それでも、出かけた。
　例2　値段は高い。それでも、ほしい。

[5]
ポイント
○ なぜ人々の考え方が変化したのか。
・「**やっと**」⇒長い時間や苦労をかけて到達した物事の前に入る。
　例　やっと終わった。／やっとわかった。

「日本語能力試験 N2」の構成

	大問	小問数	ねらい
文字・語彙	1 漢字読み	5	漢字で書かれた語の読み方を問う。
	2 表記	5	ひらがなで書かれた語が漢字でどのように書かれるかを問う。
	3 語形成	5	派生語や複合語の知識を問う。
	4 文脈規定	7	文脈によって意味的に規定される語が何であるかを問う。
	5 言い換え類義	5	出題される語や表現と意味的に近い語や表現を問う。
	6 用法	5	出題語が文の中でどのように使われるのかを問う。
文法	7 文の文法1（文法形式の判断）	12	文の内容に合った文法形式かどうかを判断することができるかを問う。
	8 文の文法2（文の組み立て）	5	統語的に正しく、かつ、意味が通る文を組み立てることができるかを問う。
	9 文章の文法	5	文章の流れに合った文かどうかを判断することができるかを問う。
読解	10 内容理解（短文）	5	生活・仕事などいろいろな話題も含め、説明文や指示文など200字程度のテキストを読んで、内容が理解できるかを問う。
	11 内容理解（中文）	9	比較的易しい内容の評論、解説、エッセイなど500字程度のテキストを読んで、因果関係や理由、概要や筆者の考え方などが理解できるかを問う。
	12 統合理解	2	比較的易しい内容の複数のテキスト（合計600字程度）を読み比べて比較・統合しながら理解できるかを問う。
	13 主張理解（長文）	3	論理展開が比較的わかりやすい評論など、900字程度のテキストを読んで、全体として伝えようとしている主張や意見がつかめるかを問う。
	14 情報検索	2	広告、パンフレット、情報誌、ビジネス文書などの情報素材（700字程度）の中から必要な情報を探し出すことができるかを問う。
聴解（50分）	1 課題理解	5	まとまりのあるテキストを聞いて、内容が理解できるかどうか（次に何をするのが適当か理解できるか）を問う。
	2 ポイント理解	6	まとまりのあるテキストを聞いて、内容が理解できるかどうか（ポイントを絞って聞くことができるか）を問う。
	3 概要理解	5	まとまりのあるテキストを聞いて、内容が理解できるかどうか（テキスト全体から話者の意図や主張が理解できるかどうか）を問う。
	4 即時応答	12	質問などの短い発話を聞いて、適切な応答が選択できるかを問う。
	5 統合理解	4	長めのテキストを聞いて、複数の情報を比較・統合しながら、内容が理解できるかを問う。

言語知識（文字・語彙・文法）・読解（105分）

※ 小問数は予想される数で、実際にはこれと異なる場合もあります。

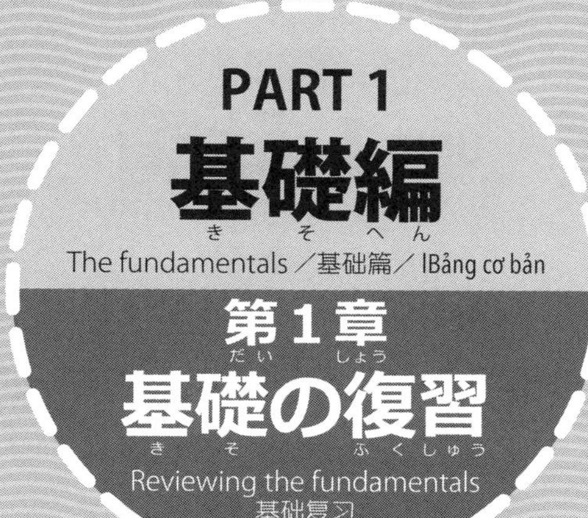

PART 1
基礎編
き そ へ ん
The fundamentals ／基础篇／ IBảng cơ bản
第1章
だい　　しょう
基礎の復習
き そ　　ふくしゅう
Reviewing the fundamentals
基础复习
Ôn tập cơ bản

UNIT 1 助詞
Particles
助词
Trợ từ
じょし

A 主語や目的語に付く
しゅご　もくてきご　つ
Attached to subjects and objects ／附加于主语或宾语／ Đi sau chủ ngữ hoặc tân ngữ

助詞	意味・機能	例文
が	① 主語の動きや状態	女の子**が**来る。／雨**が**降る。／水**が**冷たい。
	② 望む対象 * *target; object ／对象／ đối tượng	自転車**が**ほしい。／母の料理**が**食べたい。
	③ 気持ちの対象	あなた**が**好きだ。／地震**が**怖い。
	④ 存在 * *existence ／存在／ tồn tại	卵**が**あります。／ネコ**が**います。
	⑤ 可能	酒**が**飲めます。／本**が**借りられます。
	⑥ 疑問詞 * に続く *interrogative ／疑问词／ từ nghi vấn	誰**が**行きますか。／何曜日**が**暇ですか。
	⑦ 名詞修飾 * の表現 *noun modifier ／修饰名词／ bổ nghĩa cho danh từ	彼女**が**書いた本を買います。
から	① 出発点や起点 * *origin ／起点／ khởi điểm	大阪**から**着きました。／左**から**3軒目です。
	② 原料	牛乳**から**チーズを作る
	③ 理由・原因	彼の判断ミス**から**事故が起きた。
	④ 動作の起点	先生**から**聞いた。／友達**から**注意された。
より	① 比べる基準 * *standard; basis ／标准／ tiêu chuẩn	弟 は兄**より**背が高い。
と	① 動作の相手や対象	友達**と**図書館へ行く／強いチーム**と**戦う
	② 違いを表す基準	声が母**と**似ている。／これは私の**と**違う。
	③ 内容を引用する * *to quote ／引用／ trích dẫn	彼女も「知らない」**と**言った。／彼が犯人だ**と**思う。
の	① 所有 * *possession ／持有／ sở hữu	会社**の**車／弟**の**くつ
	② 所属 * *affiliation ／所属／ sự thuộc về	小学校**の**先生／マンション**の**管理人
	③ 位置 * *position ／位置／ vị trí	窓**の**外／郵便局**の**となり
	④ ある場所・いる場所 * *location of a object or existence ／存在场所／ nơi có, nơi ở	庭**の**木／ふるさと**の**友達
	⑤ 動作の場所	会議**の**司会／都会**の**生活
	⑥ 時	今年**の**初め／先週**の**水曜日
	⑦ 行為をする人	首相**の**話／妹**の**留学
	⑧ 関係	先輩**の**山田さんです。／夫**の**たけしです。
	⑨ 性質・状態	中古**の**パソコン／雨**の**日

	⑩	材料 ざいりょう	木綿**の**ハンカチ／ガラス**の**くつ
	⑪	数量 すうりょう	たくさん**の**人／30人**の**クラス
	⑫	目的 もくてき	結婚**の**お祝い／卒業**の**記念
	⑬	名詞修飾の表現 めいししゅうしょく ひょうげん	雨**の**多い時期／色**の**きれいなセーター
	⑭	たとえの表現 * ひょうげん	嵐**の**ような大雨／きのこ**の**ように見える雲
		*metaphorical expression ／挙例表現／ biểu thị tỉ dụ	
へ	①	移動の方向・移動先 いどう ほうこう いどうさき	台風は北**へ**向かっている。／ここ**へ**来なさい。
を	①	行為 * の対象 こうい たいしょう	パン**を**食べる
		*act ／行为／ hành vi	
	②	出発点 しゅっぱつてん	船は港**を**出て行った。
	③	通過点 * つうかてん	橋**を**渡って、山に向かった。
		*checkpoint ／通过地点／ điểm thông qua	
	④	経路　 **course; path ／路经／ đường đi けいろ	このバスは病院前**を**通って空港へ行きます。
	⑤	離れる場所 はな ばしょ	タクシー**を**降りました。／大学**を**出ました。
に	①	物・情報の受け手 * もの じょうほう う て	あなた**に**あげる／弟**に**貸す
		*receiver ／接受方／ người nhận	
	②	移動先 いどうさき	いす**に**座る／棚**に**花を飾る／国**に**帰る
	③	行為の相手 こうい あいて	先生**に**質問する／子供**に**ボールを投げる
	④	変化の結果 へんか けっか	幼稚園の先生**に**なった。／娘を歌手**に**したい。
	⑤	使役・受け身の動作主 * しえき う み どうさしゅ	田中さん**に**手伝わせた。／兄**に**いじめられた。
		*performer of a causative or passive verb ／使役、被动的行为主体／ chủ thể của động từ thể sai khiến hoặc thể bị động	
	⑥	基準・比較の対象 * きじゅん ひかく たいしょう	週**に**1回会う／形が桜**に**似ている。
		*target of a standard or comparison ／基准、比较的对象／ đối tượng để lấy làm tiêu chuẩn hoặc so sánh	
	⑦	場所 ばしょ	家の前**に**公園がある。／会社の近く**に**住んでいる。
	⑧	時 とき	5時**に**起きた。／木曜日**に**会議がある。
	⑨	行為の目的 こうい もくてき	散歩**に**行く／紙を切るの**に**使う
で	①	行為の場所 こうい ばしょ	コンビニ**で**買った。／ここ**で**試合がある。
	②	範囲・条件 * はんい じょうけん	この町**で**人気の店／3本**で**100円
		*extent, conditions ／范围、条件／ phạm vi, điều kiện	
	③	手段・方法 しゅだん ほうほう	手**で**食べる／船**で**行く
	④	材料 ざいりょう	紙**で**服を作る
	⑤	原因・理由 げんいん りゆう	雪**で**電車が止まった。／風邪**で**食欲がない。
	⑥	様子・状態 ようす じょうたい	優しい声**で**誘う／一人**で**行く

A の練習問題
れんしゅうもんだい

□の中の３つの選択肢から最も適当なものを一つ選んで、文を完成させてください。
（なか）（せんたくし）（もっと）（てきとう）（ひと）（えら）（ぶん）（かんせい）

⇒答えは p.54

① みなさん、乾杯しましょう。　手 | を / へ / に | グラスを持ってください。
（かんぱい）（て）（も）

② 私の家 | に / と / で | バーベキューセットがあります。
（わたし）（いえ）

③ 集合時間 | の / が / を | わかりません。教えてください。
（しゅうごう じ かん）（おし）

④ このセーターは紙 | より / から / に | できています。
（かみ）

⑤ 学校の中で、ここ | が / を / で | 一番静かです。
（がっこう）（なか）（いちばんしず）

B 意味を付け加える　Adds meaning ／补充意思的说明／ Bổ sung ý nghĩa
（い み）（つ）（くわ）

助詞	意味・機能		例文
まで	① 到達点 *	*point of arrival ／到达地点／ điểm đến	東京駅**まで**行こう。／来週**まで**休みだ。
	② 程度 *	*degree ／程度／ trình độ	眠くなる**まで**ゲームをする
	③ 範囲の限界 *	*limit ／界限／ giới hạn	耳の先**まで**赤い。
さえ	① 最低限 * の例	*minimum ／最低限／ tối thiểu	日本人で**さえ**読めない。／メール**さえ**来ない。
	② 条件 *	*condition ／条件／ điều kiện	給料**さえ**上がれば、いい仕事だ。
ばかり	① 限定 *	*limited ／限定／ hạn định	メール**ばかり**している。／泣く**ばかり**だ。
	② 程度		1000 円**ばかり**貸してもらえませんか。
だけ	① 限定		この病院は日曜日**だけ**休みだ。／もう寝る**だけ**だ。
	② 程度		ちょっと聞いた**だけ**だ。／食べたい**だけ**食べた。

など／ なんか	① 例示＊（同じようなもの） れいじ　　おな ＊illustration ／挙例／ đưa ra ví dụ	机の上に本やノート**など**がある。 つくえ うえ ほん
	② 例示（軽く見る） れいじ　かる み	あの人の言葉**など**信用しない。 ひと ことば　　しんよう
	③ 例示（柔らかい調子） れいじ　やわ　　ちょうし	お茶**など**いかがですか。 ちゃ
なり	① 例示（とりあえず一例を示す） れいじ　　　　いちれい しめ	窓を開ける**なり**してください。 まど あ
	② 並列＊（どれでもいい） へいれつ ＊parallel ／并列／ song song, ngang hàng	メール**なり**電話**なり**して。 でん わ
やら	① 不確か ふ たし	いつの間に**やら**寝ていた。 ま ね
	② 並列 へいれつ	うれしい**やら**恥ずかしい**やら**複雑だった。 は ふくざつ

✏ B の練習問題
れんしゅうもんだい

□の中の３つの選択肢から最も適当なものを一つ選んで、文を完成させてください。
なか　　　せんたくし　　もっと てきとう　　　　ひと えら　　　ぶん かんせい

⇒答えは p.54
こた

① グエンさんは、今朝、ちょっと | だけ / まで / なり | 遅刻しました。
けさ ちこく

② その時は、お腹が痛くなる | など / やら / まで | 笑いました。
とき なか いた わら

③ 携帯を持っていなくても、交番 | なり / やら / さえ | で聞けばわかるでしょう。
けいたい も こうばん き

④ お金 | など / やら / さえ | 払えばいいと思っていませんか。
かね はら おも

⑤ １時間 | さえ / なんか / ばかり | ホテルの近くを散歩した。
じ かん ちか さん ぽ

C 意味を強調する　Emphasize a meaning ／強調意思／ Nhấn mạnh ý nghĩa

助詞	意味・機能	例文
は	① 特に一つを取り上げる	値段**は**まあまあだ。
	② 対比 * *contrast ／対比／ so sánh, đối chiếu	文**は**易しかったが、問題**は**難しかった。
しか	① ほかを否定する * *to negate; deny ／否定／ phủ định	歩いて行く**しか**ない。
	② 量が少ない	5人**しか**来なかった。
も	① 並列・付加 * *addition ／附加／ phụ thêm	お金**も**時間**も**ない。／風**も**吹いてきた。
	② 驚きの気持ち（強調）	1時間**も**待った。／見たこと**も**ない景色だった。
	③ 最低限の例（強調）	名前**も**知らない。
	④ 全否定／全肯定 * *affirm ／肯定／ khẳng định	どこ**も**行かなかった。／1分**も**待てない。
	⑤ 最低限の例（非難）	自分で調べ**も**しないで聞かないでほしい。
こそ	① 強調	失敗して**こそ**成功できる。
さえ	① 普通でないことを暗示する * *to suggest ／暗示／ ám chỉ	水**さえ**飲めない。
	② 成立 * の最低条件 *materialize; come into existence ／成立／ thành lập	あなた**さえ**いれば安心です。
でも	① 例示（軽い調子）	映画**でも**見に行きませんか。
	② 極端な例（強調）	子供**でも**わかる。
	③ たとえ〜でも	台風**でも**営業している。
	④ 全肯定	いつ**でも**空いている。／この歌は誰**でも**歌える。
	⑤ せめて	お茶だけ**でも**飲んでいきませんか。

✏ Cの練習問題

□の中の3つの選択肢から最も適当なものを一つ選んで、文を完成させてください。

⇒答えは p.54

① 負け ┌ こそ / しか / でも ┐ この負けは価値のある負けだ。

② 会社の人間関係 ┌ は / に / しか ┐ うまくいっていると思います。

③ 地下鉄が止まってしまったら、会社まで歩く ｜ でも ／ しか ／ さえ ｜ ない。

④ あそこに座って話 ｜ こそ ／ でも ／ しか ｜ しませんか。

⑤ 娘は話 ｜ も ／ は ／ こそ ｜ 聞かないで、部屋を出て行った。

D 文をつなぐ　Used to connect sentences ／连接句子／ Nối hai câu

助詞	意味・機能	例文
ながら	① 並行する *行為 *to go in parallel ／并列／ song song	スマホを見**ながら**歩く／働き**ながら**大学に通う
	② 二つの反する事柄	子供**ながら**しっかりしている。
	③ 〜のまま、〜のとおり	昔**ながら**の技術／昼食を食べ**ながら**の会議
たり	① 列挙 * *enumeration ／列举／ liệt kê	食べ**たり**飲ん**だり**した。
	② 繰り返し	立っ**たり**座っ**たり**落ち着かない。
し	① 並列して強調する	のどは痛い**し**、頭もくらくらする。
	② 原因・理由	暑い**し**お金もない**し**、早く家に帰ろう。
ので	① 原因・理由	熱がある**ので**、今日は早めに帰ります。
から	① 原因・理由	安かった**から**、たくさん買った。
のに	① 意外・納得できない	高い**のに**、人気がある。／休みな**のに**、天気が悪い。
けれども **／けれど** **／けど**	① 逆接 * *contradictory conjunction ／逆接／ liên kết nghịch	あの店はおいしい**けど**、サービスが悪い。
	② 別の見方を示す	彼は背が高い**けど**、弟はもっと高いそうだ。
	③ 異議を唱える * *to state an objection ／唱反调／ đưa ra sự phản đối	あなたはそういう**けど**、納得できない。
	④ 前置き * *introduction ／前置／ tiền đề	つまらないものです**けど**、どうぞ。
	⑤ 単純な接続 * *a simple conjunction ／单纯的接续／ kết nối đơn giản	家に帰った**けど**、すぐに寝てしまった。

PART ❶ 基礎編 ／ 基礎の復習 ／「N3文型」の復習 ／ PART ❷ 対策編 ／ 対策準備 ／ 実戦練習 ／ PART ❸ 模擬試験

が	① 逆の関係 （ぎゃく）（かんけい）	走った**が**、間に合わなかった。 （はし）（ま あ）
	② 話題・前置き （わだい まえお）	次の会議です**が**、いつがいいですか。 （つぎ かいぎ）
	③ 対比 （たいひ）	昼は暑い**が**、朝晩は涼しい。 （ひる あつ あさばん すず）
ても	① 逆接の仮定条件 * （ぎゃくせつ）（か ていじょうけん） a hypothetical situation for a contradictory conjunction ／逆接的假定条件／ điều kiện giả định trong liên kết nghịch	この家はどんなに揺れ**ても**壊れない。 （いえ）（ゆ）（こわ）
	② 逆接の既定条件 * （ぎゃくせつ）（き ていじょうけん） a definite situation for a contradictory conjunction ／逆接的確定条件／ điều kiện xác định trong liên kết nghịch	いくら覚え**ても**忘れてしまう。 （おぼ）（わす）
と	① 同時 （どうじ）	窓を開ける**と**、風が吹き込んできた。 （まど あ かぜ ふ こ）
	② 続いて起こる （つづ）（お）	ここを押す**と**、お湯が出る。 （お ゆ で）
	③ きっかけ	この曲を聴く**と**、涙が出てくる。 （きょく き なみだ で）
	④ いつも同じことが起こる （おな）（お）	夏になる**と**、この辺りもにぎやかになる。 （なつ あた）
	⑤ 前の言葉や状況を受ける （まえ ことば じょうきょう う）	そうします**と**、来月からのお申し込みですね。 （らいげつ もう こ）
ば	① 順接 * の仮定条件 （じゅんせつ）（か ていじょうけん） *Resultative conjunction ／順接／ liên kết thuận	雨が降れ**ば**中止です。 （あめ ふ ちゅうし）
	② 順接の既定条件 （じゅんせつ）（き ていじょうけん）	明るいところで見れ**ば**よくわかる。 （あか み）
	③ 並列 （へいれつ）	あの店は味も良けれ**ば**サービスも一流だ。 （みせ あじ よ いちりゅう）

✐ D の練習問題
（れんしゅうもんだい）

□の中の３つの選択肢から最も適当なものを一つ選んで、文を完成させてください。
（なか）（せんたくし）（もっと てきとう）（ひと えら）（ぶん かんせい）

⇒答えは p.54
（こた）

① 箱のふたを開ける ［と／が／し］ きれいな曲が流れてきた。
（ばこ）（あ）（きょく なが）

② 夜も寝ないで勉強しました ［と／し／が］ 試験に合格できませんでした。
（よる ね べんきょう）（しけん ごうかく）

③ 彼女は素人 ［ながら／けれども／のに］ とてもいい写真を撮る。
（かのじょ しろうと）（しゃしん と）

④ 風は冷たい ［し／と／が］ 雨は止んできた。
（かぜ つめ）（あめ や）

⑤ 子どもは、ドアを開け ［ても／し／たり］ 閉め ［ても／し／たり］ して遊んでいた。
（こ）（あ）（し）（あそ）

E 文や句の終わりに付く Added to the end of a sentence or phrase ／附加在句子及词语的结尾／Dùng ở cuối câu hoặc cụm từ

助詞	意味・機能	例文
か	① 疑問・質問	いつ来ます**か**。
	② 確認	さあ、始めよう**か**。
	③ 誘い・依頼	映画でも見て帰ろう**か**。
	④ 非難	ダメって言ったじゃない**か**。
	⑤ 独り言 * *speaking to oneself ／自言自语／ nói một mình	そう**か**、ここで間違ったの**か**。
	⑥ 不確か	いつのこと**か**忘れてしまった。
	⑦ 疑いの推量 * *doubtful conjecture ／怀疑的推测／ suy đoán nghi ngờ	気のせい**か**、よくなってきたように感じる。
ぞ	① 注意・呼びかけ／主張 ※主に男性が使う。	おい、時間ない**ぞ**。／こっちのほうが安い**ぞ**。
	② 独り言	さあ、困った**ぞ**。／よし、やった**ぞ**！
な／なあ	① 禁止　※男性的な言い方	こっち来る**な**！／危ないから触る**な**！
	② 判断・主張 * *judgment, assertion ／判断、主张／ phán đoán, chủ trương	ちょっと難しい**な**。／早く行ったほうがいい**な**。
	③ 同意を求める *・確認 *seeking agreement ／征求同意／ yêu cầu sự đồng ý	本当に知らないんだ**な**。／これでいいんだ**な**。
	④ 感動	これは見事だ**な**。／彼女、すごい**な**。
	⑤ 願望 * *desire; wish ／愿望／ nguyện vọng	早く来ないか**な**。／合格するといい**な**。
や	① 投げやり * *casual; irresponsible ／马虎、疏忽／ từ bỏ	もういい**や**。／どうでもいい**や**。
よ	① 断定 *・確認 *conclusion ／断定／ xác định, kết luận	きっと会える**よ**。／しっかり治すんだ**よ**。
	② やや強い依頼・禁止	待て**よ**。／そんなこと言うな**よ**。
	③ 非難	どうして来なかったの**よ**。／何**よ**！　何も知らないくせに。
	④ 新情報を伝える	外は寒い**よ**。／田中さんはもう帰った**よ**。
よね	① 同意を促す * *urge; encouragement ／催促／ thúc đẩy	これ、森さんのかばんだ**よね**。／彼、まじめだ**よね**。
ね	① 感動を伝える	いい**ね**、その髪型。
	② 確認する	あの方、佐藤さんでした**ね**。
	③ 同意・共感を求める * *seeking agreement or sympathy ／征求同意、共鸣／ yêu cầu sự đồng cảm	これ、おいしい**ね**。／また、雨が降ってきた**ね**。
	④ 共通の認識を求める *seeking a common understanding ／征求共同的意识／ yêu cầu sự nhận thức chung	あと 10 分だ**ね**。／ここ、汚れている**ね**。

PART **❶** 基礎編

基礎の復習

「N3 文型」の復習

PART **❷** 対策編

対策準備

実戦練習

PART **❸** 模擬試験

わ	① 柔らかい語りかけ＊ *an address ／述说／ kể chuyện	じゃ、ここに置くわ。／後で電話するわ。
	② 強調　※女性的な言い方	そんなこと、全然知らなかったわ！／偉いわ、この子。
	③ 感心する・あきれる	これは安いわ。／何も知らないのに、よく言うわ。
	④ 並列	子供は泣くわ、親は怒鳴るわで大変だ。
とか	① 伝聞＊・不確か *hearsay ／传说／ nghe nói	ここは閉店するとか（聞きました）。／田中とかいう人
	② 軽く例を挙げる	ハワイとか行ってみたい。／サッカーとか見る？
	③ 列挙	駅に近いとかコンビニがあるとか、便利なところがいい。
っけ	① 回想＊ *recollection ／回想／ hồi tưởng	この公園によく来たっけ。／幼稚園の時だっけなあ。
	② 確認	どこに置いたっけ。／火曜日だったっけ、会議。
もの ／もん	① 甘え＊ *dependence ／撒娇／ ỷ lại	だって、前から欲しかったんだもん。／本当に知らなかったんだもん。
	② 理由	だって、嫌いなんだもん。／女だもの、当然でしょ。

 **E の練習問題**

□の中の３つの選択肢から最も適当なものを一つ選んで、文を完成させてください。

⇒答えは p.54

① 準備できた？　じゃ、先生を呼んでこよう ┃ ぞ／か／わ ┃ 。

② 「どうしてパーティーに来ないの？」「だって会費が高いんだ ┃ っけ／とか／もん ┃ 。」

③ うれしい ┃ って／なあ／とか ┃ 。あなたといっしょに行けるなんて。

④ この自転車、あげる ┃ よ／っけ／や ┃ 。

⑤ 雨は降ってくる ┃ か／わ／とか ┃ 雷は鳴る ┃ か／わ／とか ┃ 、帰り道、大変だったよ。

応用問題
おうようもんだい
Exercises ／应用问题／ Bài tập nâng cao

応用問題・1
おうようもんだい

次の（　　）に助詞を入れて文を作りましょう。
つぎ　　　　　　　じょし　い　　　　ぶん　つく

⇒答えは p.54

① 東京（　　）行った帰り（　　）名古屋（　　）先輩（　　）家（　　）寄ってきた。
　とうきょう　　　い　　　かえ　　　　なごや　　　せんぱい　　いえ　　　　よ

② 今年（　　）寒さ（　　）いつもの年（　　）かなり厳しい（　　）いうことだ。
　ことし　　　さむ　　　　　　とし　　　　　　きび

③ 子供（　　）預けるところ（　　）なくて、働きたく（　　）働けない人（　　）
　こども　　　あず　　　　　　　　　　　　はたら　　　　はたら　　ひと
多いそうだ。
おお

④ ここ（　　）向こう（　　）山（　　）自転車（　　）３０分（　　）行くこと（　　）
　　　　　む　　　　　やま　　じてんしゃ　　　ぷん　　　い
できる。

⑤ 着いたの（　　）夜だった（　　）、雨も降っていた（　　）、ホテルの周りの景色（　　）
　つ　　　　　よる　　　　　あめ　ふ　　　　　　　　　　　まわ　けしき
どんなにきれい（　　）わからなかった。

⑥ 子供たち（　　）でパーティー（　　）計画（　　）立てた（　　）、素晴らしい
　こども　　　　　　　　　　　　けいかく　　　た　　　　　　すば
もの（　　）できた。

⑦ 台風（　　）よる大雨（　　）道（　　）通れなくなり、スーパー（　　）たな（　　）
　たいふう　　　おおあめ　　みち　　とお
何（　　）残っていない。
なに　　　のこ

⑧ さあ、やる（　　）。今日中（　　）部屋（　　）掃除（　　）全部してしまって、
　　　　　　　　　きょうじゅう　へや　　そうじ　　　ぜんぶ
新しい気持ち（　　）新学期（　　）迎えよう。
あたら　きも　　　しんがっき　　むか

⑨ どうしようか（　　）。行きたい（　　）、会費3000円だ（　　）。また、今度誘っ
　　　　　　　　　　　い　　　　　かいひ　　えん　　　　　　こんどさそ
て（　　）。

⑩ 日曜日（　　）駅前（　　）買い物客（　　）若者（　　）いっぱい（　　）なる。
　にちようび　　えきまえ　　か　ものきゃく　わかもの

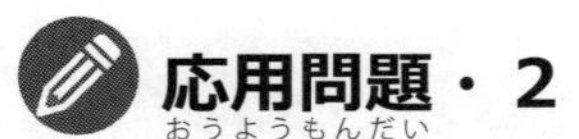
応用問題・2
おうようもんだい

＿＿＿＿部に（　　　　）の言葉を助詞といっしょに、正しい形にして書き入れてください。

⇒答えは p.54

① どんなに＿＿＿＿＿＿＿＿＿＿父はその旅行に行くことに賛成してくれなかった。
（たのむ）

② 田中さんは仕事も＿＿＿＿＿＿＿＿人間としても立派な人だ。
（できる）

③ 彼女はまだ＿＿＿＿＿＿＿＿＿＿、ピアノの技術はプロとして活躍できるレベルだ。
（わかい）

④ 私は雪の便りを＿＿＿＿＿＿＿スキーに行きたくなる。
（聞く）

⑤ あのレストランはとても不便な場所に＿＿＿＿＿＿＿人気がある。
（ある）

⑥ 山田さんはがんばり屋だ。どんなにたいへんな＿＿＿＿＿＿＿＿＿＿文句も言わず取り組んでいる。
（仕事）

⑦ 準備は全部終わりました。あとはお客様の到着を＿＿＿＿＿＿＿＿です。
（待つ）

⑧ 寒くても時々は窓を＿＿＿＿＿＿＿＿＿して、部屋の空気を入れ換えなさい。
（開ける）

⑨ 子供たちは海岸に着くと、＿＿＿＿＿＿＿＿＿、水に＿＿＿＿＿＿＿＿＿＿＿、大喜びだった。
（走りまわる）　　　　　　　（とびこむ）

⑩ 一晩中降り続いた＿＿＿＿＿＿辺りは真っ白になっていた。
（雪）

UNIT 2 副詞
（ふくし）

Adverbs
副词
Trạng từ

A 状態・様子を表す副詞
（じょうたい・ようす・あらわ・ふくし）

Adverbs describing a condition or state ／
表示状态、样子的副词／Trạng từ chỉ tình trạng, trạng thái

	副詞（ふくし）	意味（いみ）	例文（れいぶん）
時間（じかん）	しばらく	少しの時間。少し長い時間。（すこ・じかん・すこ・なが・じかん）	**しばらく**お待ちください。／**しばらく**会えないけれど、元気でね。（ま・あ・げんき）
	じきに	すぐに。間もなく。（ま）	父は**じきに**もどりますので、こちらでお待ちください。（ちち・ま）
	すぐ（に）	とても短い時間の後で。距離*がとても近い。（みじか・じかん・あと・きょり・ちか） *distance／距离／cự ly	仕事が終わったら**すぐに**帰る。／私の家はコンビニの**すぐ**隣だ。（しごと・お・かえ・わたし・いえ・となり）
	直ちに（ただ）	すぐ〜する。	地震が起きたら、**直ちに**火を消してください。（じしん・お・ただ・ひ・け）
	いきなり	急に予想していなかったことが起こる。（きゅう・よそう・お）	**いきなり**名前を呼ばれて、びっくりした。（なまえ・よ）
	たちまち	短い時間で変化が起こる様子。（みじか・じかん・へんか・お・ようす）	お客がたくさん来て、料理は**たちまち**なくなってしまった。（きゃく・き・りょうり）
	やがて	間もなく。少し時間がたったら。（ま・すこ・じかん）	夏が終わって、**やがて**秋が来る。（なつ・お・あき・く）
	ついに	長い間かかって、最後に。（なが・あいだ・さいご）	２日間歩き続けて、**ついに**山の頂上に着いた。（かかんある・つづ・やま・ちょうじょう・つ）
	とうとう	長い間かかって、最後に。（なが・あいだ・さいご）	祖父はだんだん病気が重くなって、**とうとう**亡くなった。（そふ・びょうき・おも・な）
	すでに	もう（終わった）。今より前に。（お・いま・まえ）	私が行ったとき、パーティーは**すでに**終わっていた。（わたし・い・お）
頻度（ひんど） frequency／频度／tần suất	しばしば	ときどき。何回も〜する。（なんかい）	このバスは**しばしば**遅れる。（おく）
	度々（たびたび）	何度も。くり返し。（なんど・かえ）	**度々**お電話して、すみません。（たびたび・でんわ）
	再三（さいさん）	何度も何度も。くり返し。（なんど・なんど・かえ）	医者から**再三**注意されても、彼はお酒をやめなかった。（いしゃ・さいさんちゅうい・かれ・さけ）
量・割合（りょう・わりあい） quantity, proportion／量、比例／số lượng, tỉ lệ	おおむね	だいたい。大部分が同じ状態。（だいぶぶん・おな・じょうたい）	私は彼の意見に**おおむね**賛成です。（わたし・かれ・いけん・さんせい）
	すべて	全部。みんな。一つも残さないで。（ぜんぶ・ひと・のこ）	戦争で、彼は財産も家族も**すべて**失ってしまった。（せんそう・かれ・ざいさん・かぞく・うしな）
	せいぜい	多く考えても。（おお・かんが）	がんばっても、**せいぜい**60点ぐらいだろう。（てん）

様子 （ようす） state ／样子 ／ trạng thái	おのおの	一人ひとり。それぞれ。	昼食は**おのおの**で好きなものを食べてください。
	互いに	（片方だけではなく）両方とも。	困ったときは、**互いに**助け合おう。
	まず	ほかより先に。一応。たぶん。	**まず**乾杯しよう。／これで**まず**安心だ。／**まず**間違いないだろう。
	また	もう一度。いつか。そのうち。	**また**先生に叱られた。／**また**会いましょう。
	再び	もう一度。	**再び**同じミスをしないように注意してください。
	はっきり（と）	確かで明らかな様子。あいまいなところがない。	眼鏡をかけたら**はっきり**見えた。／頼まれたけれど、**はっきり**断った。
	はるばる（と）	遠くから来る。遠くへ行く。	アメリカから**はるばる**来てくれた。
	ますます	前よりももっと。	雨は午後になって**ますます**強くなった。
	ひたすら	一つのことだけ一生懸命する。それだけする。	親は子供の幸せを**ひたすら**願う。
	なかなか （〜ない）	かなり。考えていた通りにならない。	あの店の料理は**なかなか**おいしい。／電車が**なかなか**来ない。
	ろくに （〜ない）	十分に（していない）。	遊んでばかりで、**ろくに**勉強していない。
	やはり	思ったとおり。	あまり勉強しなかったら、**やはり**不合格だった。
	つい	不注意で（よくないことを）してしまう。	ダイエットしているのに、**つい**ケーキを食べてしまった。
	ふと	理由もなく。無意識に *。 *snconsciously ／无意识地／ không có ý thức, vô tình	夜中に**ふと**ラーメンが食べたくなった。／**ふと**外を見たら、雨だった。
	堂々と	自信があって、立派な様子。何も隠さない様子。	大きな声で**堂々と**スピーチした。／仕事中なのに、**堂々と**寝ている。
	ゆうゆうと	あわてないで。余裕 *を持って。 *margin; leeway ／富裕、充裕／ một cách dễ dàng	人がたくさんいる中、その猫は**ゆうゆうと**歩いていた。／彼はトップで**ゆうゆうと**ゴールした。
	わざわざ	そのためだけに。	**わざわざ**来ていただいてありがとうございました。
	わざと	自然でなく、意図的に *。 *intentionally ／有意图地／ cố ý	納得できなかったので、**わざと**返事をしなかった。／相手は子供なので、**わざと**負けた。

A の練習問題

a、b のうち、正しいほうを選んでください。

⇒答えは p.55

① 問題が起こったときは、（a. いきなり　b. 直ちに）担当者に報告してください。

② ただの風邪だから、ゆっくり休めば（a. じきに　b. しばらく）よくなりますよ。

③ （a. 再び　b. 再三）注意されたのに、またミスをしてしまい申しわけありません。

④ 休みが取れたとしても（a. ますます　b. せいぜい）3日ぐらいだろう。

⑤ 午後からの会議は（a. つい　b. ついに）眠くなってしまうことがある。

⑥ 何度も練習して、（a. たちまち　b. とうとう）泳げるようになりました。

⑦ 大変な迷惑をかけてしまったので、（a. おおむね　b. ひたすら）謝るしかなかった。

⑧ 入院したとき、友達が（a. わざと　b. わざわざ）お見舞いに来てくれた。

⑨ （a. 互いに　b. おのおの）すばらしいスピーチばかりで、感動しました。

⑩ ルールを守って、スポーツマンらしく（a. はっきりと　b. 堂々と）たたかおう。

⑪ 彼女は親が金持ちなので、働かなくても（a. はるばると　b. ゆうゆうと）生活できるそうだ。

⑫ （a. ふと　b. まず）空を見たら、星がたくさん輝いていた。

⑬ あの二人はケンカばかりしていたが、（a. やはり　b. なかなか）離婚したそうだ。

⑭ この商品は（a. すでに　b. やがて）売り切れてしまって、もうありません。

⑮ 子供のころは体が弱くて、（a. 度々　b. また）学校を休んでいた。

副詞	意味	例文
いくぶん	前よりも少し（変化がある）。	薬を飲んだら、**いくぶん**楽になりました。
いっそう	前よりももっと。ますます。	台風が近づいて、**いっそう**風が強くなった。
かすかに	注意していないとわからないくらい弱く。	どこからか、**かすかに**花のにおいがした。
かなり	「ふつう」以上だが、「とても」よりは下。	**かなり**いいスピーチだったが、優勝できなかった。
きわめて	最高に。非常に。	大阪で11月に雪が降るのは**きわめて**珍しいことだ。
ごく	きわめて。非常に。　※硬い表現。	歌がうまい人は多いが、歌手になれるのは**ごく**少数だ。
ずいぶん	かなり。思っていた以上に。	中学生の弟は1年間で**ずいぶん**背が伸びた。
すっかり	完全に。すべて。みんな。	母の誕生日を**すっかり**忘れていた。
ずっと	ほかと大きな差*がある。長い間続いて。 *difference ／差別／ chênh lệch	北海道は東京より**ずっと**広い。／子供のときから**ずっと**彼が好きだ。
だいぶ（ん）	かなり。大部分。	帰国したのは**だいぶ**前だ。／仕事が**だいぶ**片づいた。
大変	とても。非常に。	**大変**お世話になりました。
ただ	それだけをする。	何を聞かれても、彼女は**ただ**泣いているだけだった。
ちょっと	少し。時間や程度が少ない。簡単にできない。	**ちょっと**待ってください。／私には**ちょっと**わかりません。
なお	前と同じで、変わらず。その上、さらに。	祖父は今も**なお**働いている。／クリームを入れると、**なお**おいしい。
もう	すでに。すぐ。さらにもっと。これ以上。	**もう**帰った。／**もう**来るだろう。／**もう**少しがんばれ。／**もう**いやだ。
もっとも	その中で一番。	富士山は日本で**最も**高い山だ。
やや	（〜よりも）少し。	今日は昨日より**やや**寒い。
わずか（に）	数や量がとても少ない。	財布には**わずか**100円しかない。

B の練習問題

a、b のうち、正しいほうを選んでください。

⇒答えは p.55

① 私には（a. ちょっと　b. すっかり）わかりませんので、ほかの方に聞いていただけますか。

② （a. ずいぶん　b. ごく）がんばって勉強しましたね。とてもいい成績でしたよ。

③ 今日は私のために来ていただいて、（a. 大変　b. だいぶ）感謝しています。

④ （a. やや　b. ただ）冗談を言っただけなのに、そんなに怒らないでよ。

⑤ 彼女は前から美人だったが、最近は（a. いくぶん　b. いっそう）きれいになった。

⑥ 合格できた人はクラスで（a. わずかに　b. かすかに）3人だけだった。

⑦ 会社を辞めることは（a. ごく　b. だいぶ）親しい友人にしか話していない。

⑧ 3月になって（a. やや　b. なお）暖かくなってきましたね。

⑨ 料理は（a. きわめて　b. すっかり）食べてしまって、もう何も残っていません。

⑩ 彼は何度失敗しても、（a. ただ　b. なお）あきらめなかった。

⑪ 朝まで（a. ずっと　b. かなり）起きていたので、とても眠い。

⑫ 最近（a. かなり　b. もう）体重が増えてしまった。ダイエットしなくては。

⑬ ヤンさんはこのクラスで（a. いっそう　b. もっとも）発音がきれいです。

⑭ 駐車場の方から（a. かすかに　b. わずかに）子猫の鳴き声が聞こえた。

⑮ 祖父とは（a. いくぶん　b. だいぶ）前に一度しか会ったことがないので、よく覚えていない。

	副詞 ふくし	意味 いみ	例文 れいぶん
打ち消し うちけし （後ろに否定の うしろ　ひてい 表現が来る） ひょうげん　く negation／否定／ phủ định	決して けっ	絶対に～ない。 ぜったい	このことは決して忘れません。 けっ　わす
	必ずしも かなら	必ず～だということはない かなら （違う場合もある）。 ちが　ばあい	金持ちが必ずしも幸せだとは言えない。 かね も　かなら　しあわ　い
	ちっとも	全然～ない。 ぜんぜん	この作品のどこがいいのかちっともわから さくひん ない。
	とうてい	どのようにしても無理だ。 むり	３億円の家なんて、とうてい買えない。 おくえん　いえ　か
	少しも すこ	全然～ない。 ぜんぜん	あの映画は少しもおもしろくない。 えいが　すこ
禁止 きんし prohibition／禁止 ／cấm chỉ	決して けっ	絶対に～してはいけない。 ぜったい	決してだれにも話さないでください。 けっ　はな
打ち消しと うちけし 推量 すいりょう negation, guessing／否定、 推測／suy đoán phủ định	まさか	そんなことは絶対にないだろ ぜったい う。	まさか宝くじに当たるなんて思いもしな たから　あ　おも かった。
	とても	どのようにしても無理だ。とう むり てい～ない。	こんなにたくさんの荷物はとても持てませ にもつ　も ん。
願望 がんぼう desire／愿望／ nguyện vọng	どうぞ	強く頼んだり、勧めたりする。 つよ　たの　すす	どうぞめしあがってください。
	どうか	強く願ったり、頼んだりする。 つよ　ねが　たの	どうか幸せになれますように。 しあわ
	ぜひ	強い願望。／勧め。 つよ　がんぼう　すす	ぜひ行きたいです。／ぜひ、来てください。 い　き
比較・ ひかく たとえ comparison, example／比较、 比如／so sánh, ví	まるで	本当に～のようだ。 ほんとう	彼と結婚できるなんて、まるで夢のようだ。 かれ　けっこん　ゆめ
	ちょうど	～と全く同じようだ。 まった　おな	いとこと私は近所で育ったので、ちょうど わたし　きんじょ　そだ 兄弟みたいに何でも話せる。 きょうだい　なん　はな
推量 すいりょう guessing／推测／ suy đoán	たぶん	はっきり言えないが、（自分は） い　じぶん ～だと思う おも	明日はたぶんいい天気だろう。 あした　てんき
	おそらく	はっきり言えないが、（自分は） い　じぶん ～だと思う おも	おそらく彼は来ないと思う。 かれ　こ　おも
仮定 かてい hypothesis, supposition／假 定／giả định	もし	そうなるかどうかわからないが。	もし雨が降ったら、出かけるのはやめよう。 あめ　ふ　で
	万一 まんいち	そんなことはないと思うが、 おも もし。	万一、交通事故にあったら、すぐ警察に連 まんいち　こうつうじこ　けいさつ　れん 絡してください。 らく
	たとえ	仮にそうなっても。 かり	たとえ失敗しても、あきらめない。 しっぱい
断定と肯定 だんてい　こうてい affirmation／断 定、肯定／đoán định, khẳng định	絶対（に） ぜったい	100％そうなる。疑いなく。 うたが	何があっても、絶対に最後までやる。 なに　ぜったい　さいご
	必ず かなら	確かに。きっと。 たし	この薬を食後に必ず飲んでください。 くすり　しょくご　かなら　の
	もちろん	言う必要もないくらい、当然。 い　ひつよう　とうぜん	もちろんたばこは健康に悪い。 けんこう　わる
	きっと	（「絶対」より弱いが）間違いなく。 ぜったい　よわ　まちが	約束したから、彼はきっとくるはずだ。 やくそく　かれ
	まさに	確かに。間違いなく。 たし　まちが	私が落としたのは、まさにこの財布です。 わたし　お　さいふ

実に （じつ）	本当に。とても（強調する *）。 （ほんとう）　　　　（きょうちょう） *to emphasize ／強调／ nhấn mạnh	彼の絵は**実に**すばらしい。 （かれ）（え）（じつ）
全く （まった）	本当に。100％（強調する）。 （ほんとう）　　　（きょうちょう）	あなたの意見に**全く**賛成です。 （いけん）（まった）（さんせい）
確かに （たし）	間違いなく。 （まちが）	**確かに**その通りだと思う。 （たし）　　（とお）（おも）

疑問・反語 （ぎ もん）（はん ご） doubt, antonym ／疑问、反语／ nghi vấn, câu hỏi tu từ	どうして ・なぜ	理由を聞く。 （り ゆう）（き）	**どうして**（**なぜ**）わからないのか。

C の練習問題
（れんしゅうもんだい）

a、b のうち、正しいほうを選んでください。
　　　　　　　（ただ）　　　　　（えら）

⇒答えは p.55
（こた）

1）

① この本はきっと（a. おもしろかった　b. おもしろいだろう）。
　　（ほん）

② 決してこの部屋に（a. 入らないでください　b. 入ってください）。
　（けっ）　　　（へ や）　　（はい）　　　　　　　（はい）

③ 一晩でこの本を読むのは、とうてい（a. 無理だ　b. 可能だ）。
　（ひとばん）　（ほん）（よ）　　　　　　　　（む り）　（か のう）

④ 先生の説明がちっとも（a. わかった　b. わからなかった）。
　（せんせい）（せつめい）

⑤ 大学を卒業したら、ぜひ、日本で（a. 働きます　b. 働きたいです）。
　（だいがく）（そつぎょう）　　　（に ほん）（はたら）　　　（はたら）

⑥ この本に書いてあることは、必ずしも（a. 正しいといえる　b. 正しいとはいえない）。
　　（ほん）（か）　　　　　　（かなら）　　（ただ）　　　　　　（ただ）

⑦ たとえ台風が（a. 来たら　b. 来ても）、旅行は中止しません。
　　　（たいふう）　（き）　　（き）　　（りょこう）（ちゅう し）

⑧ このお酒は強すぎて、とても（a. 飲めません　b. 飲みません）。
　　　（さけ）（つよ）　　　　　　（の）　　　　（の）

2）

① 神様、（a. ぜひ　b. どうか）父の病気が治りますように。
　（かみさま）　　　　　　　（ちち）（びょうき）（なお）

② （a. 万一　b. まさか）何か事故が起きても、この計画をやめることはできない。
　　（まんいち）　　　　（なに）（じ こ）（お）　　　（けいかく）

③ 予約をキャンセルされる場合は（a. もちろん　b. 必ず）ご連絡ください。
　（よ やく）　　　　　　　（ば あい）　　　　　　（かなら）（れんらく）

④ あの子はまだ中学生なのに、（a. まるで　b. ちょうど）大人みたいな話し方をする。
　　（こ）　　（ちゅうがくせい）　　　　　　　　　　（おとな）　　（はな）（かた）

⑤ 彼が合格できたのは、（a. まさに　b. 実に）今までの努力の結果だ。
　（かれ）（ごうかく）　　　　　　　　　（じつ）（いま）　（ど りょく）（けっ か）

⑥ おかしいな、財布がない。（a. きっと　b. 確かに）かばんに入れたのに。
　　　　　　　（さい ふ）　　　　　　　　（たし）　　　　（い）

⑦ どんなことがあっても、（a. おそらく　b. 必ず）約束を守ります。
　　　　　　　　　　　　　　　　　　　（かなら）（やくそく）（まも）

⑧ 薬を飲んだが、（a. 決して　b. 少しも）よくならない。
　（くすり）（の）　　　（けっ）　　（すこ）

PART ❶
基礎編

基礎の復習

「N3文型」の復習

PART ❷
対策編

対策準備

実戦練習

PART ❸
模擬試験

	副詞 (ふくし)
否定 (ひてい) 全部否定する (ぜんぶひてい)	一度も (いちど)、決して (けっ)、さっぱり、少しも (すこ)、絶対に (ぜったい)、全然 (ぜんぜん)、ちっとも、全く (まった)、まるで
部分的に否定する (ぶぶんてき ひてい)	あまり、必ずしも (かなら)、それほど、たいして、めったに、ろくに
自分の期待通りにならない (じぶん きたいどお)	なかなか
推量 (すいりょう) 高い可能性 (たか かのうせい) 〔〜だろう・〜はずだ〕	おそらく、きっと、そのうち、たぶん、やがて
わずかな可能性 (かのうせい) 〔〜かもしれない〕	ひょっとしたら／すると、もしかしたら／すると
可能性の否定 (かのうせい ひてい) 〔〜ないだろう〕	まさか、とても
当然・明らかな様子 (とうぜん あき ようす) 〔〜ようだ・〜らしい・〜そうだ〕	今にも (いま)、さも
驚き・感嘆 (おどろ かんたん) admiration ／感叹／ cảm thán 〔〜ことだろう・〜のだろう〕	なんと／て、どんなに、どれほど
急に変化が起こる (きゅう へんか お)	あっという間に (ま)
時間の長さ (じかん なが)	いつまでも、ずっと、しばらく、少し (すこ)、少々 (しょうしょう)、すぐ、ただちに
数量 (すうりょう)	あまり〜ない、さっぱり〜ない、少し (すこ)、すっかり、十分 (じゅうぶん)、全部 (ぜんぶ)、全然〜ない (ぜんぜん)、ほとんど〜ない
順序 (じゅんじょ) sequence ／顺序／ thứ tự	後で (あと)、終わりに (お)、最後に (さいご)、先に (さき)、次に (つぎ)、まず、はじめに
回数 (かいすう) frequency ／次数／ số lần	しばしば、度々 (たびたび)、よく、時々 (ときどき)、たまに、めったに〜ない、いつも
不本意 (ふほんい) reluctance ／非本意／ bất đắc dĩ	うっかり、つい、仕方なく (しかた)、あいにく
仮定 (かてい) hypothesis, supposition ／假定／ giả định 〔〜たら・〜ば・〜なら〕	例えば (たと)、もしも、万一 (まんいち)、もし
強調 (きょうちょう) to emphasize ／强调／ nhấn mạnh 〔〜ても〕	たとえ、仮に (かり)、どんなに、いくら

 D の練習問題

れんしゅうもんだい

（　　　　）に入ることばを下の ☐ から選んで書きなさい。

⇒答えは p.55

1）

① ステーキなんて（　　　　　　　　　）食べられないから、楽しみだ。

② （　　　　　　　　　）100万円あったら、何がしたいですか。

③ （　　　　　　　　　）、また、お会いしましょう。それまでお元気で。

④ 試験は難しすぎて、（　　　　　　　）わからなかった。

⑤ わあ、（　　　　　　　）美しい海なんでしょう！

さっぱり	そのうち	なんて	仮に	めったに

2）

① （　　　　　　　　　）合格できるなんて、夢みたい。

② （　　　　　　　　　）私が頼んでも、彼は手伝ってくれなかった。

③ 大雨で川の水が（　　　　　　　）増えてきた。

④ 最近は忙しくて、夜も（　　　　　　）寝ていません。

⑤ 空が急に暗くなって、（　　　　　　）雨が降りそうだ。

ろくに	まさか	みるみる	今にも	いくら

3）

① （　　　　　　　　）その日は予定がありますので、残念ですが欠席します。

② 急いでいるのに、タクシーが（　　　　　　）来なくてイライラした＊。

③ 今まで料理は（　　　　　　）したことがないので、野菜の切り方も知りません。

④ 初めて子供が熱を出したとき、（　　　　　　）心配したことか。

⑤ 昨日は最終バスに乗り遅れたので、（　　　　　　）歩いて帰りました。

全く	なかなか	どれほど	あいにく	仕方なく

＊イライラする：be irritated ／心烦／ bực bội

UNIT 3　接続詞
せつぞくし

Conjunctions
接续词
Liên từ

A 順接・原因・理由
じゅんせつ　げんいん　りゆう

Resultative, cause, reason
／順接、原因、理由／ Liên kết thuận, nguyên nhân, lí do

接続詞	意味・機能	例文
したがって	① 当然の結果	あなたはカンニングをしました。**したがって**、この試験は０点になります。
すると	① 続いて起こること	彼は薬を飲みこんだ。**すると**、急にふるえだした。
	② 判断の結果	彼女は来なかったのか……。**すると**、彼女は資料を見ていないんだね。
そこで	① これまでの状況を受けて新たに展開する* *Development; expansion ／展開／ triển khai	薬を飲んでも頭痛が治らない。**そこで**、薬を変えてみた。
	② 話題を変える	実験の結果は以上の通りです。**そこで**、皆さんに質問です。
そのため	① 当然の結果	うちは兄弟が４人です。**そのため**、母は一日中、家事で忙しくしていました。
それで	① 前の文を受けて後に続ける	事故があったんですか。**それで**、人が集まっているんですね。
	② 話題を変える	じゃ、予定どおりだね。わかった。**それで**、昨日お願いしたことだけど、大丈夫？
	③ 話を促す* *urge; encouragement ／催促／ thúc đẩy	A：レポート、まだ書けていないんです。 B：**それで**？ A：明日まで待っていただけませんか。
だから	① 原因・理由の強調	彼は銀行員だ。**だから**、経済には詳しいだろう。

B 逆接・対立
ぎゃくせつ　たいりつ

Contradiction, opposition ／逆接、対立／ Liên kết nghịch, đối lập

接続詞	意味・機能	例文
が	① 予想外・対照的* *unexpected, contrastive ／预想之外、対照的／ ngoài dự đoán, sự tương phản	原稿は暗記したつもりだった。**が**、大勢の前に立ったら、忘れてしまった。
けど／けども／けれど／けれども	① 普通とは思えないこと	子供だ**けれど**、しっかりしている。
	② 対照的なことを示す	お菓子作りは得意だ**けど**、料理はそれほどじゃない。
	③ 前に述べられたことに対する意見	景気がよくならない**けれども**、国の対策はどうなっているのか。

		意味	例文
しかし	①	前に述べられたことに反すること	会社をつくりたい。**しかし**、資金が足りない。
	②	話題を変える	料理もコーヒーもおいしかった。**しかし**、今日も暑いね。
そのくせ	①	前の内容に反する態度*や行動 *attitude／态度／thái độ	彼女はやせたいと言い続けている。**そのくせ**、甘い物に目がない。
それでも	①	あることが起きても、事態が変わらない様子	一生懸命謝りました。**それでも**、許してもらえませんでした。
それなのに	①	あることが起きても、期待に反して事態が変わらない様子	1カ月病院に通っている。**それなのに**痛みがとれない。
それにしても	①	ある程度は当然としながら、限度*を超えていると感じる気持ち *limit／限度／giới hạn	一流の店だというのはわかる。**それにしても**、値段が高い。
	②	話題を変える	A：急行に乗れて、よかったね。 B：うん、これで安心。**それにしても**、今日は寒いね。
それにしては	①	ある程度認めた上で、結果がさらに予想を超えている様子	A：この絵、小学生が描いたんだって。 B：へー。**それにしては**、上手だね。
だが	①	予想や期待に反する結果	やっと病院に着いた。**だが**、もう遅かった。
だからといって	①	一部は認めるが全部ではない、結果はわからない	この映画はアメリカで大ヒットした。でも、**だからといって**、日本でヒットするかはわからない。
だけど／だけれども	①	前に述べられたことに反すること	冬はここから富士山がよく見えるらしい。**だけれども**、今日は曇りで、全然見えない。
でも	①	予想に反すること	そのことは私も知っていた。**でも**、教えなかった。
	②	言い訳する・反論する* *give an excuse, give a rebuttal／辩解, 反驳／thanh minh, bác bỏ	注意が足りなくて、すみません。**でも**、悪いのは私だけじゃありません。
ところが	①	前に述べられたことと反する展開・結果	天気予報では雨だった。**ところが**、空はきれいな青空だ。
とはいうものの	①	あることを認めながら、実際はその通りにならない様子	結婚したい。**とはいうものの**、なかなか出会いがない。
とはいえ	①	あることを認めながら、すべてがその通りにならない様子	彼は若い。**とはいえ**、経営者として期待されている。
なのに	①	前に述べられたことと反する展開・結果	医者からよく休むように言われた。**なのに**、彼は今日も会社に行った。

接続詞	意味・機能	例文
および	① 列挙 *enumeration ／列挙／ liệt kê	30代**および**40代の女性に人気があります。
かつ	① 二つの動作や状態が成り立つ* *consist of ／成立／ thành lập	安全**かつ**便利なサービス
さらに	① 今までの動作や状態に加える、続ける	朝から雨が強かった。**さらに**、午後からは風も吹き始めた。
そして	① 続いて起こる	客席はいっぱいになった。**そして**、幕が上がった。
	② 付け加える	筆記試験、作文、**そして**面接を行います。
そのうえ	① それだけでなく	弟はテレビをつけ、**そのうえ**、音楽もかけながら、勉強をしている。
それから	① その次（時間の順序）	雷が鳴った。**それから**、激しい雨が降ってきた。
	② 付け加えて（追加）	ミルクとパン、**それから**、ハムも買ってきて。
それどころか	① それだけでなく	この鳥は言葉を覚えることができます。**それどころか**、簡単な計算もできます。
それに	① その上に、それに加えて	熱がかなりある。**それに**咳もひどい。
そればかりか	① それだけでなく	昨日、転んで手をけがをした。**そればかりか**、スマホも壊れてしまった。
そればかりでなく	① それはもちろん、ほかにも	彼はハンサムでおしゃれだ。**そればかりでなく**、仕事もよくできる。
また	① その上に、同時に	中高年の登山者が増えている。**また**、若い女性の間でも山の人気が高まっている。
	② あるいは、または	申し込みは今日でもいいです。**また**、後日、郵送でも受け付けます。
なお	① 付け加えて	午前の部はこれで終わります。**なお**、午後の部は1時半の開始となります。

D 説明（せつめい） Explanation ／说明／ Giải thích

接続詞（せつぞくし）	意味・機能（いみ・きのう）	例文（れいぶん）
いわば	① たとえて言（い）うと	このコンビニがなくなったら困（こま）るよ。**いわば、**うちの冷蔵庫（れいぞうこ）だから。
すなわち	① 言（い）い換（か）えれば	〈写真（しゃしん）を見（み）ながら〉この人（ひと）は私（わたし）の母（はは）の弟（おとうと）。**すなわち、**叔父（おじ）になる。
	② 同（おな）じ意味（いみ）	結局（けっきょく）、今日（きょう）、連絡（れんらく）が来（こ）なかった。**すなわち、**試験（しけん）に落（お）ちたということだ。
ただし	① 条件（じょうけん）や例外（れいがい）を示（しめ）す * *indicate conditions and/or exceptions ／ 表示条件及例外／ đưa ra điều kiện hoặc ngoại lệ	レポートの提出（ていしゅつ）はメールでもかまいません。**ただし、**締切（しめきり）を過（す）ぎた場合（ばあい）は受（う）け付（つ）けません。
たとえば	① 例（れい）を示（しめ）す	風邪（かぜ）の予防（よぼう）にはビタミンCの多（おお）い食（た）べ物（もの）がいい。**例（たと）えば、**トマトやミカン、イチゴなど。
ちなみに	① 補足（ほそく）・付（つ）け足（た）し * *supplement, addition ／补充、添加／ bổ sung, phụ thêm	田中（たなか）さんは町内会長（ちょうないかいちょう）を10年（ねん）務（つと）めている。**ちなみに、**その前（まえ）が私（わたし）の父（ちち）でした。
つまり	① まとめ・結論（けつろん） * *summary, conclusion ／归纳、结论／ tóm tắt, kết luận	商品（しょうひん）は非常（ひじょう）によく売（う）れた。**つまり、**彼女（かのじょ）のデザインがよかったのだ。
	② 言（い）い換（か）え	今日（きょう）の気温（きおん）は体温（たいおん）より高（たか）い。**つまり、**37度（ど）以上（いじょう）ということだ。
なぜなら	① 原因（げんいん）・理由（りゆう）	すぐには判断（はんだん）できない。**なぜなら、**検査（けんさ）の結果（けっか）が出（で）るのに1週間（しゅうかん）かかるからだ。
要（よう）するに	① 簡単（かんたん）に言（い）うと	彼（かれ）は今回（こんかい）も優勝（ゆうしょう）できなかった。**要（よう）するに、**代表選手（だいひょうせんしゅ）に選（えら）ばれる可能性（かのうせい）はないということだ。

E 対比（たいひ）・選択（せんたく） Comparison, selection ／对比 , 选择／ So sánh, lựa chọn

接続詞	意味・機能	例文
あるいは	① 二（ふた）つのうちのどちらか	私（わたし）が間違（まちが）っているのか。**あるいは、**君（きみ）が間違（まちが）っているのか。 10年後（ねんご）は、車（くるま）の自動運転（じどううんてん）が普通（ふつう）になっているだろう。**あるいは、**別（べつ）の乗（の）り物（もの）ができているかもしれない。
いっぽう	① もう一（ひと）つの方（ほう）では	バスは安（やす）いが時間（じかん）がかかる。**一方（いっぽう）、**タクシーは早（はや）く着（つ）くが、お金（きん）がかかる。
逆（ぎゃく）に	① 反対（はんたい）に	励（はげ）ますつもりで見舞（みま）いに行（い）ったが、**逆（ぎゃく）に、**勇気（ゆうき）をもらって帰（かえ）ってきた。
反対（はんたい）に	① 意図（いと）や予想（よそう）に反（はん）して * *contrary to intentions or expectations ／于意图及预想相反／ trái với ý định hoặc dự đoán	父（ちち）のために杖（つえ）を買（か）った。が、**反対（はんたい）に、**年寄（としよ）り扱（あつか）いするなと叱（しか）られた。

基礎（きそ）の復習（ふくしゅう）

「N3文型（ぶんけい）」の復習（ふくしゅう）

対策準備（たいさくじゅんび）

実戦練習（じっせんれんしゅう）

それとも	① あるいは、または ※疑問文で使う。	紅葉を見に行きますか。**それとも**、美術館がいいですか。
そのかわり	① そのかわりに	ちょっと留守番していて。**そのかわり**、ケーキを買ってきてあげるから。
または	① 別の選択肢*を示す *choice ／選択項目／ sự lựa chọn	市内に住んでいる人、**または**、他の市から通勤・通学している人が利用できる。
むしろ	① それまでの見方を否定して別の見方を示す	ここは、家賃は安いが不便すぎる。**むしろ**、最初に見た部屋の方がいい。
もしくは	① 別の選択肢を示す	初めて勉強する人、**もしくは**、もう一度基礎から学びたい人向けのコースです。

F 話題転換 Change in topic ／话题转换／ Đổi chủ đề

さて	① 新しい話・別の話題、ところで	具体例の紹介は以上です。**さて**、本題に入ります。
	② それから	家に帰り、**さて**、食事をしようとしたら、電話がかかってきた。
それでは	① 判断・意見を述べる	彼は予定が入っていたか……。**それでは**、誰に頼もうか。
	② 区切り・結論を示す* *indicate a stop or conclusion ／表示段落、结论／ đưa ra điểm kết thúc, kết luận	一区切りついたな。**それでは**、今日はここまでにしよう。
それなら	① 前のことを受けて意見・結論を述べる	魚は苦手なんだね。**それなら**、料理は肉を中心にしよう。
それはそうと	① 話題を変える	今日も暑いね。**それはそうと**、今度の日曜、うちに来ない？
それはさておき	① 主な話題に移る	では、B案でやりましょう。**それはさておき**、足のけがはよくなりましたか。
つぎに	① 連続することを示す、次のことを示す	まず床を掃いてください。**次に**、窓を拭いてください。
では	① 区切りをつけ、次の展開を示す	皆さん、そろいましたね。**では**、始めます。
ところで	① 話を切って、新しい話題を始める	風邪を引かないようにね。**ところで**、冬休みはどうしますか。

練習問題
れんしゅうもんだい

 **練習問題・1**
れんしゅうもんだい

下の語から最も適当なものを選び、（　　　　）に書きなさい。
した　ご　もっと　てきとう　　　　　　　えら　　　　　　　　　　か

⇒答えは p.55
こた

① 森先輩はいつもお手本で、私もああなりたいと思っていました。（　　　　）憧れの人です。
　もりせんぱい　　　　　て ほん　　わたし　　　　　　　　　　おも　　　　　　　　　　　　　あこが　ひと

② このコースにはワイン（　　　　）お好きなソフトドリンク * 1 杯をお付けします。
　　　　　　　　　　　　　　　　す　　　　　　　　　　　　　　ぱい　　つ
　＊アルコールを含まない飲み物
　　　　　　　　ふく　　　の　もの

③ 登録には、申込書（　　　　）登録料が必要です。
　とうろく　　　もうしこみしょ　　　　とうろくりょう　ひつよう

④ ここは女子専用の寮です。（　　　　）、男子学生の申し込みはできません。
　　　　じょ し せんよう　りょう　　　　　　　　だん し がくせい　もう　こ

⑤ 希望の会社に就職できた。（　　　　）、仕事内容は予想を超える厳しいものだった。
　き ぼう　かいしゃ　しゅうしょく　　　　　　　　し ごとないよう　よ そう　こ　　きび

1. したがって	2. しかし	3. および	4. いわば	5. あるいは

⑥ 窓を全部開けた。（　　　　）、冷たい朝の空気が部屋に流れ込んできた。
　まど　ぜんぶ あ　　　　　　　　つめ　あさ　くう き　へ や　なが　こ

⑦ こんなに頼んでもだめなのか。（　　　　）、やる気はないということだな。
　　　　　たの　　　　　　　　　　　　　　　き

⑧ 診察は受け付け順で行います。（　　　　）、本日午後は休診となります。
　しんさつ　う　つ　じゅん　おこな　　　　　　　ほんじつ ご ご　きゅうしん

⑨ これはＡ社のコーラです。（　　　　）、このコーラ、砂糖はどれくらい入っていると思い
　　　　　しゃ　　　　　　　　　　　　　　　　　　　さ とう　　　　　　　はい　　　　おも
ますか。

⑩ このバイオリンは子供用だ。（　　　　）、作りはしっかりしていて、音もきれいだ。
　　　　　　　　こ どもよう　　　　　　　　つく　　　　　　　　　　おと

6. さて	7. すると	8. とはいえ	9. 要するに	10. なお
			よう	

練習問題・2
れんしゅうもんだい

下の語から最も適当なものを選び、（　　　　）に書きなさい。
した　ご　もっと　てきとう　　　　　えら　　　　　　　　　か

⇒答えは p.55
こた

① 漢字のテスト、難しかったね。（　　　　）、今晩、何か予定ある？
　かん　じ　　　　　　　　　むずか　　　　　　　　　　　こんばん　なに　よてい

② 約束の時間はとうに過ぎていた。（　　　　）、彼からは何の連絡もなかった。
　やくそく　じかん　　　　　　す　　　　　　　　　　かれ　　　なん　れんらく

③ この期間にお申し込みの方にプレゼントを差し上げます。（　　　　）、お一人様１回とさ
　　きかん　もう　こ　　かた　　　　　　　　　さ　あ　　　　　　　　　ひとりさま　かい
せていただきます。

④ 今週の金曜日、（　　　　）来週の火曜日なら大丈夫です。
　こんしゅう　きんようび　　　　　　　らいしゅう　かようび　　だいじょうぶ

⑤ 病気の友人を見舞いに行ったが、（　　　　）、励まされて帰ってきた。
　びょうき　ゆうじん　みま　　い　　　　　　　　　　はげ　　　　　かえ

1. もしくは	2. ところで	3. ところが	4. ただし	5. 逆に
				ぎゃく

⑥ 大家さんは困ったときにはいつも相談に乗ってくれる。（　　　　）、ときどき料理もごち
　おおや　　　こま　　　　　　　　　そうだん　の　　　　　　　　　　　　りょうり
そうしてくれる。

⑦ 今度の日曜日、仕事、代わってくれない？（　　　　）、休みたいときがあったら、いつ
　こんど　にちようび　しごと　か　　　　　　　　　　　　　やす
でも代わるから。
　　か

⑧ 彼女はいつも私の服や靴を借りていく。（　　　　）自分の物は何も貸したがらない。
　かのじょ　　　わたし　ふく　くつ　か　　　　　　　　　じぶん　もの　なに　か

⑨ 突然、部長が入院してしまった。（　　　　）、しばらくの間、課長が指示を出すことになっ
　とつぜん　ぶちょう　にゅういん　　　　　　　　　　　あいだ　かちょう　しじ　だ
た。

⑩ 鈴木愛子さんが今年の新人賞を受賞されました。（　　　　）、彼女は大阪の出身です。
　すずきあいこ　　　ことし　しんじんしょう　じゅしょう　　　　　　　かのじょ　おおさか　しゅっしん

6. そのくせ	7. そのうえ	8. そのため	9. ちなみに	10. そのかわり

練習問題・3
れんしゅうもんだい

下の語から最も適当なものを選び、（　　　）に書きなさい。
した　ご　　もっと　てきとう　　　　えら

⇒答えは p.55
こた

① 何度も連絡を取ろうとした。（　　　）、彼らからの応答はなかった。
なん ど　れんらく　と　　　　　　　　　　　かれ　　　　　　おうとう

② 彼は医者であり（　　　）、有名な作家でもある。
かれ　いしゃ　　　　　　　　　ゆうめい　さっか

③ この寺に来ると幸運に恵まれるそうだ。（　　　）、休日には遠くからも多くの人が訪れ
てら　く　　こううん　めぐ　　　　　　　　　　　　きゅうじつ　とお　　　　　おお　　ひと　おとず
る。

④ あなたがサラダを作ってくれるの？　（　　　）、私はデザートを用意するわ。
つく　　　　　　　　　　　わたし　　　　　　ようい

⑤ 雨（　　　）雪の場合は、レースを中止いたします。
あめ　　　　ゆき　ばあい　　　　　　　　ちゅうし

1. だが	2. だから	3. それなら	4. また	5. または

⑥ 雨は降り続いた。（　　　）選手たちは試合を続けた。
あめ　ふ　つづ　　　　　　　せんしゅ　　　　しあい　つづ

⑦ まず野菜を入れます。（　　　）魚を入れて 10 分ほど煮ます。
や さい　い　　　　　　　さかな　い　　　　ぶん　　に

⑧ 子供たちだけではどうしてもドアを開けることができなかった。（　　　）先生を呼び
こ ども　　　　　　　　　　　　　あ　　　　　　　　　　　　　　　　　せんせい　よ
に行くことにした。
い

⑨ 急に目の前が真っ白になった。（　　　）倒れてしまった。
きゅう　め　まえ　ま　しろ　　　　　　　　たお

⑩ 修理をしても長くは使えないのですか。（　　　）買い換えたほうがいいということで
しゅう り　　　なが　つか　　　　　　　　　　　か　か
すね。

6. それでも	7. そして	8. つぎに	9. つまり	10. そこで

下の語から最も適当なものを選び、（　　　）に書きなさい。
した　ご　もっと　てきとう　　　　えら　　　　　　　　　　か

⇒答えは p.55
こた

① 今日の仕事はうまくいったね。（　　　　）、木村さんの病気はその後どうなんだろう。
きょう　しごと　　　　　　　　　　　　　　きむら　　びょうき　　　ご

② えっ、あの二人、付き合ってるんですか。（　　　　）、よく一緒にいるんですね。
ふたり　つあ　　　　　　　　　　　いっしょ

③ カーテンを春らしい色に替えたいんだけど、ピンクがいいかな。（　　　）緑がいいかな。
はる　　いろ　か　　　　　　　　　　　　　　　　みどり

④ 彼は引っ越し屋でアルバイトをしているんですか。（　　　）これを一人で運ぶなんて、
かれ　ひ　こ　や　　　　　　　　　　　　　　　　　　　　ひとり　はこ
力持ちですね。
ちから　も

⑤ このホテルは犬や猫も泊まれるんですよ。（　　　）、いっしょに温泉にも入れるんです。
いぬ　ねこ　と　　　　　　　　　　　　　　　おんせん　　はい

> 1. それにしても　　2. それどころか　　3. それはそうと　　4. それとも　　5. それで

⑥ けががなおってよかったですね。（　　　）引っ越しの準備は進んでいますか。
ひ　こ　じゅんび　すす

⑦ 反対される方はいらっしゃいませんね。（　　　）、全員賛成ということで、この案に決
はんたい　かた　　　　　　　　　　　　　　ぜんいんさんせい　　　　　　　　あん　けっ
定いたします。
てい

⑧ あと２週間、（　　　）年内はずっと東京にいます。
しゅうかん　　　ねんない　　とうきょう

⑨ 田中さんは彼のためにいろいろしてあげた。（　　　）彼は期待を裏切った。
たなか　　かれ　　　　　　　　　　　　　　かれ　きたい　うらぎ

⑩ 雨は次第に強くなってきた。（　　　）雨に雪も混じりだした。
あめ　しだい　つよ　　　　　　　　あめ　ゆき　ま

> 6. すなわち　　7. それはさておき　　8. そればかりか　　9. それなのに　　10. では

練習問題・5
れんしゅうもんだい

下の語から最も適当なものを選び、（　　　）に書きなさい。
した　ご　もっと　てきとう　　えら　　　　　　　　　か

⇒答えは p.55
こた

① スマホを使うお年寄りがかなり増えた。（　　　）このような商品が考えられた。
つか　としよ　　　ふ　　　　　　　　　しょうひん　かんが

② 子供の世話をしているつもりが（　　　）、子供に助けられることも多い。
こども　せわ　　　　　　　　　　　　　こども　たす　　　　　　おお

③ 体にいい食べ物、（　　　）農薬を使わないで作った野菜は値段が高い。
からだ　た　もの　　　　のうやく　つか　　　　つく　やさい　ねだん　たか

④ 車を持つということは、駐車場代や整備費、（　　　）保険料など、多くの費用が必要
くるま　も　　　　　　　ちゅうしゃじょうだい　せいびひ　　　　ほけんりょう　　おお　ひよう　ひつよう
になるということだ。

⑤ 皆さんの意見は大体出たでしょうか。（　　　）、投票に移りたいと思います。
みな　　　いけん　だいたいで　　　　　　　　　とうひょう　うつ　　　おも

1. そこで	2. 反対に	3. さらに	4. それでは	5. たとえば
	はんたい			

⑥ あの学生はとても日本語が上手だ。（　　　）、10 歳まで日本に住んでいたからだ。
がくせい　　　　にほんご　じょうず　　　　　　さい　　にほん　す

⑦ このドアは長い間使われていなかった。（　　　）、さびて開きにくくなっている。
なが　あいだつか　　　　　　　　　　　　　　あ

⑧ 暑い時は（　　　）熱いシャワーを浴びるほうがさっぱりする。
あつ　とき　　　　あつ　　　　　　あ

⑨ 本日はお集まりいただき、ありがとうございます。（　　　）、本日の講師をご紹介します。
ほんじつ　あつ　　　　　　　　　　　　　　　　　　ほんじつ　こうし　しょうかい

⑩ 彼女は子供の時からバイオリンを習っていたらしい。（　　　）あまり上手じゃない。
かのじょ　こども　とき　　　　　　　　　なら　　　　　　　　　じょうず

6. そのため	7. むしろ	8. さて	9. それにしては	10. なぜなら

下の語から最も適当なものを選び、（　　　　）に書きなさい。
した　ご　　もっと　てきとう　　　　えら　　　　　　　　　か

⇒答えは p.55
こた

① 突然、雷が光った。（　　　　）、家中の電気が消えてしまった。
　　とつぜん　かみなり　ひか　　　　　　　　　いえじゅう　でんき　き

② この島の近くではイルカが泳ぐ姿を見ることができます。（　　　　）種類はバンドウイ
　　　　しま　ちか　　　　　　　　　　およ　すがた　み　　　　　　　　　　　　　　　　　しゅるい
　ルカです。

③ 今日はわざわざ市長が会場に来てくださいました。（　　　　）市長、お願いします。
　　きょう　　　　　　しちょう　かいじょう　き　　　　　　　　　　　　　　しちょう　ねが

④ 医者は手術は成功したと言った。（　　　　）本人と話すまでは心配で仕方がなかった。
　　いしゃ　しゅじゅつ　せいこう　　　い　　　　　　　ほんにん　はな　　　　　　しんぱい　しかた

⑤ 出発時間まであと1時間しかなかった。（　　　　）、彼女は見送りをするのをあきらめた。
　　しゅっぱつじかん　　　　じかん　　　　　　　　　　　　かのじょ　みおく

| 1. ちなみに | 2. では | 3. それで | 4. とはいうものの | 5. すると |

---

⑥ 被害が広がらないよう、懸命な消火活動が続いた。（　　　　）工場はすべて焼けてしまっ
　　ひがい　ひろ　　　　　　けんめい　しょうかかつどう　つづ　　　　　　　こうじょう　　　や
　た。

⑦ 企業の経営状況はだいぶよくなっている。（　　　　）、物価が上がっても収入は増えず、
　　きぎょう　けいえいじょうきょう　　　　　　　　　　　　ぶっか　あ　　　　しゅうにゅう　ふ
　家計は苦しいままだ。
　かけい　くる

⑧ 子供たちの中には、すぐに勝手な行動をする子もいました。（　　　　）、一つルールを決
　　こども　　　なか　　　　　　　かって　こうどう　　こ　　　　　　　　　　　　ひと　　　　　き
　めたんです。

⑨ ここのお寿司は日本一、（　　　　）世界一おいしいですよ。
　　　　すし　にほんいち　　　　　せかいいち

⑩ 今日は授業が終わったら図書館に行って本を借ります。（　　　　）アルバイトに行きます。
　　きょう　じゅぎょう　お　　　　としょかん　い　　ほん　か　　　　　　　　　　　　　　い

| 6. けれども | 7. すなわち | 8. それから | 9. 一方　いっぽう | 10. そこで |

UNIT 4 敬語（けいご）

Honorific language
敬语
Kính ngữ

①敬語は誰に使うのか？
（けいご　だれ　つか）

Who do you use keigo with? ／敬语对什么人使用／
Sử dụng kính ngữ với ai?

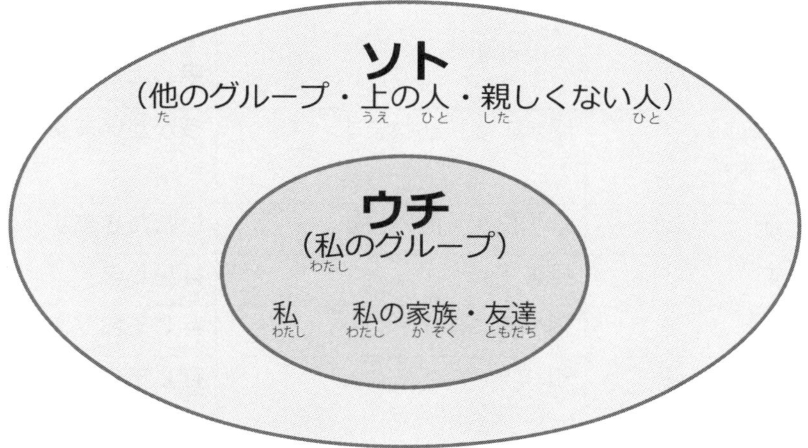

尊敬語 （そんけいご）	ソトの人の動作に使う （ひと　どうさ　つか） 例 先生が 言いました → おっしゃいました （せんせい）（い）
謙譲語 （けんじょうご）	私・ウチの人の動作に使う （わたし　　　ひと　どうさ　つか） 例 私が 言いました → 申しました （わたし）（い）（もう）
丁寧語 （ていねいご）	誰に対しても丁寧に話すとき使う （だれ　たい　　　ていねい　はな　　　つか） 例 家 は どこ ですか → お宅 は どちら ですか （いえ）（たく）

＊尊敬語 honorific language ／尊敬语／ từ kính trọng
（そんけいご）

＊謙譲語 humble language ／自谦语／ từ khiêm nhường
（けんじょうご）

＊動作 action ／动作／ động tác
（どうさ）

＊丁寧語 polite language ／礼貌语／ từ lịch sự
（ていねいご）

尊敬語	普通	謙譲語
いらっしゃいます	行きます・来ます	参ります
	います	おります
なさいます	します	いたします
おっしゃいます	言います	申します 申し上げます
（お尋ねになります・ お訪ねになります）	聞きます・訪ねます	うかがいます
めしあがります	食べます・飲みます	いただきます
ご覧になります	見ます	拝見します
ご存じです	知っています	存じております
ご存じではありません	知りません	存じません
お亡くなりになります	死にます	亡くなります
くださいます	くれます	
（おあげになります）	あげます	さしあげます
（お受け取りになります）	もらいます	いただきます
（〜と思ってらっしゃいます）	〜と思います	〜と存じます
おやすみになります	寝ます	やすみます
（お会いになります）	会います	お目にかかります

● もっと覚えよう！

（お見せになります）	見せます	お目にかけます
おいでになります おこしになります	行きます・来ます	参ります
おみえになります	来ます	参ります
おめしになります	着ます	
（お読みになります）	読みます	拝読します

■名詞と形容詞の敬語　Keigo for nouns and adjectives ／名词和形容词的敬语／ Kính ngữ của danh từ và tính từ

	いつも「お」をつけるもの	尊敬のとき「お」「ご」をつけるもの
「お」	お金　お茶　お菓子　お酒 お米　お昼　おつり　お寺	お名前　お仕事　お知らせ　お手紙　お電話　お年 お顔　お申し込み　お返事　お友だち　お手数　おけが お忙しい　お恥ずかしい　お元気な　お好きな　お幸せな おところ *　お宅 *
「ご」		ご自宅　ご住所　ご希望　ご出席　ご来店　ご結婚 ご家族　ご両親　ご面倒　ご不便　ご不満　ご連絡 ご興味　ご説明　ご報告　ご予定　ご確認　ご予約

＊自宅：one's home ／自家／ nhà riêng
＊住所：address ／住所／ địa chỉ

　　※カタカナ語にはつかない。㋑コーヒー、バッグ、スケジュール

■人と疑問詞　People and interrogatives ／人与疑问词／ Người và từ nghi vấn

普通	敬語
この人	この方
その人	その方
あの人	あの方
どの人	どの方

普通	敬語
こっち	こちら
そっち	そちら
あっち	あちら
どっち	どちら

普通	敬語
だれ	どなた
どこ	どちら

✎ 練習問題・1

＿＿＿＿部に（　　）の言葉を特別な形の敬語にして書き入れてください。

⇒答えは p.54

①　先生は明日、何時に＿＿＿＿＿＿＿＿＿＿＿＿＿＿＿＿＿＿＿。
　　　　　　　　　　　　　　　　　　　　　　（来ますか）

②　社長は＿＿＿＿＿＿＿で中国語を＿＿＿＿＿＿＿＿＿＿＿＿＿。
　　　　　　（どこ）　　　　　　　　　　　（勉強しましたか）

③　先生は今度のテストは難しいと＿＿＿＿＿＿＿＿＿＿＿＿＿。
　　　　　　　　　　　　　　　　　　　　（言いました）

④　部長、このワインを＿＿＿＿＿＿＿＿＿＿＿ことがありますか。
　　　　　　　　　　　　　（飲んだ）

⑤　先生はよく中華 * 料理を＿＿＿＿＿＿＿＿＿＿＿＿＿。　　　＊中華：中国の
　　　　　　　　　　　　　　　　　（食べますか）

⑥　社長、昨日のニュースを＿＿＿＿＿＿＿＿＿＿＿＿＿＿＿。
　　　　　　　　　　　　　　　　　（見ましたか）

⑦ 部長は＿＿＿＿＿を＿＿＿＿＿＿＿＿が、社長は＿＿＿＿＿＿＿＿＿＿＿＿＿。
　　　（その人）　　（知っています）　　　　　　　　（知りません）

⑧ これは昨日、先生が＿＿＿＿＿＿＿＿＿＿＿＿＿本です。
　　　　　　　　　（読んでいた）

練習問題・2

＿＿＿＿部に（　　）の言葉を敬語にして書き入れてください。

⇒答えは p.56

① 昨日、私は家に＿＿＿＿＿＿＿＿＿。
　　　　　　　　（いました）

② 父は明日、東京に＿＿＿＿＿＿＿＿＿。
　　　　　　　　　（いきます）

③ 部長、その仕事は私が＿＿＿＿＿＿＿＿＿。
　　　　　　　　　　　（します）

④ 私はニュンと＿＿＿＿＿＿＿。ベトナムから＿＿＿＿＿＿＿＿＿。
　　　　　　（いいます）　　　　　　　　（来ました）

⑤ 社長に私の意見を＿＿＿＿＿＿＿＿＿。
　　　　　　　　　（言いました）

⑥ まだ、昼ごはんを＿＿＿＿＿＿＿＿＿＿＿＿＿。
　　　　　　　　（食べていません）

⑦ ちょっと＿＿＿＿＿＿＿＿＿＿＿＿＿ことがあるんですが……。
　　　　　　（聞きたい）

⑧ 彼の電話番号は＿＿＿＿＿＿＿＿が、住所は＿＿＿＿＿＿＿＿＿＿＿。
　　　　　　　（知っています）　　　　　　　（知りません）

⑨ 昨日、社長の＿＿＿＿＿＿の写真を＿＿＿＿＿＿＿＿＿。
　　　　　　（家族）　　　　　　（見ました）

⑩ 祖父は去年、＿＿＿＿＿＿＿＿＿＿＿。
　　　　　　　（死にました）

⑪ 私は一度も社長に＿＿＿＿＿＿＿＿＿＿＿ことがありません。
　　　　　　　　　（会った）

練習問題・3
（れんしゅうもんだい）

正しいほうを選んでください。
（ただ）　　　（えら）

⇒答えは p.56
　（こた）

① 先生：Ａさん、明日、ご家族のどなたが学校に {いらっしゃいます・まいります} か。
　（せんせい）　　（あした）　　（かぞく）　　　　　（がっこう）
　Ａ　：{お母さん・母} が {いらっしゃいます・まいります}。
　　　　（かあ）（はは）

② 社長：{お父さん・父} はどんなお仕事を {なさって・して} いますか。
　（しゃちょう）（とう）（ちち）　　　　（しごと）
　社員：{お父さん・父} は銀行で働いて {いらっしゃいます・おります}。
　（しゃいん）（とう）（ちち）　　（ぎんこう）（はたら）

③ Ａ　：{お子さん・子ども} のお名前は何と {おっしゃいます・申します} か。
　　　　（こ）（こ）　　　（なまえ）（なん）　　　　　　（もう）
　Ｂ　：幸子と {おっしゃいます・申します・申し上げます}。
　　　　（さちこ）　　　　　　　（もう）　　（もう　　あ）

④ 社員：社長、昨日はおいしいお菓子をありがとうございました。
　（しゃいん）（しゃちょう）（きのう）　　　（かし）
　　　夕べ、{ご家族・家族} みんなで {めしあがりました・いただきました}。
　　　（ゆう）　（かぞく）（かぞく）

⑤ 社員：飲み物は何に {なさいますか・いたしますか}。
　（しゃいん）（の　もの）（なに）
　社長：ビールに {なさるよ・するよ}。
　（しゃちょう）

練習問題・4
（れんしゅうもんだい）

会話を作ってください。
（かいわ　つく）

⇒答えは p.56
　（こた）

① Ａ：はじめまして。Ａと＿＿＿＿＿＿＿＿＿＿＿＿＿＿＿＿。
　Ｂ：はじめまして。Ｂです。Ａさん、お国は＿＿＿＿＿＿＿＿＿＿＿＿＿＿。
　　　　　　　　　　　　　　　　（くに）
　Ａ：ベトナムのハノイから＿＿＿＿＿＿＿＿＿＿＿＿＿。
　Ｂ：ご家族は、どちらに＿＿＿＿＿＿＿＿＿＿＿。
　　　（かぞく）
　Ａ：ハノイに＿＿＿＿＿＿＿＿＿＿＿＿＿＿＿＿。

② Ａ：週末、うちでパーティーをしますので、どうぞ、＿＿＿＿＿＿＿＿ください。
　　　（しゅうまつ）
　Ｂ：ありがとうございます。よろこんで、＿＿＿＿＿＿＿＿＿＿＿＿＿。

③ 《パーティーで》
　Ａ：料理も飲み物もたくさんありますので、どんどん＿＿＿＿＿＿＿＿＿ください。
　　　（りょうり）（の　もの）
　Ｂ：ありがとうございます。＿＿＿＿＿＿＿＿＿＿＿＿＿。

④ 《電話で》
　　（でんわ）
　Ａ：もしもし、Ａと＿＿＿＿＿＿＿＿＿＿＿が、ご主人は＿＿＿＿＿＿＿＿＿＿。
　　　　　　　　　　　　　　　　　　　　　（しゅじん）
　Ｂ：すみません、主人は今、出かけて＿＿＿＿＿＿＿＿。
　　　　　　　　（しゅじん）（いま）（で）

PART ❶ 基礎編
基礎の復習
「N3文型」の復習
PART ❷ 対策編
対策準備
実戦練習
PART ❸ 模擬試験

■ 規則的な形の尊敬語

Honorific language with regular forms ／
有規則形的尊敬語（敬语）／ Các tôn kính ngữ theo quy tắc

	「れる・られる（れます・られます）」を使う尊敬語	お ます形 になります ご ○○する になります	お ます形 ください ご ○○する ください
話します	話されます	お話しになります	お話しください
降ります	降りられます	お降りになります	お降りください
見ます＊	見られます		
します	されます		
説明します	説明されます	ご説明になります	ご説明ください
出席します	出席されます	ご出席になります	ご出席ください

＊「お／ご〜になります」「お／ご〜ください」の形は「います、します、見ます、来ます …」のように「ます」の前が一文字の動詞には使えない。

練習問題・5

規則的な形の尊敬語を使って書きなさい。

⇒答えは p.56

① A：お父様はいつ＿＿＿＿＿＿＿＿＿＿か。
　　B：9時ごろ、戻ります。

② A：いつ、先生に＿＿＿＿＿＿＿＿＿＿か。
　　B：明日、会うつもりです。

③ A：何時ごろに駅に＿＿＿＿＿＿＿＿＿＿か。
　　B：6時に着きます。

④ A：その場所は＿＿＿＿＿＿＿＿＿＿か。
　　B：地図があるのでわかります。

⑤ A：いつ、中国へ＿＿＿＿＿＿＿＿＿＿か。
　　B：金曜日に出発します。

⑥ A：ワンさんの結婚式に＿＿＿＿＿＿＿＿＿＿か。
　　B：はい、出席します。

⑦　A：そのニュースを＿＿＿＿＿＿＿＿＿＿＿＿か。
　　B：はい、今朝聞きました。

⑧　A：どんな映画が＿＿＿＿＿＿＿＿か。
　　B：笑える映画が好きです。

⑨　A：雨ですね。どうぞ、この傘を＿＿＿＿＿＿＿ください。
　　B：ありがとうございます。

⑩　A：いつまでに連絡しましょうか。
　　B：明後日までに＿＿＿＿＿＿＿ください。

⑪　A：ここにご住所とお名前を＿＿＿＿＿＿＿ください。
　　B：はい、わかりました。

⑫　A：どうぞ、＿＿＿＿＿＿＿ください。
　　B：おじゃまします。　　　　　　　　　＊おじゃまする：人の家に入るときに言う挨拶言葉。

⑬　A：パンフレット、１つ取ってもいいですか。
　　B：どうぞ、ご自由に＿＿＿＿＿＿＿ください。

■ 規則的な形の謙譲語
きそくてき　かたち　けんじょうご

Humble language with regular forms ／有规则形的谦让语（敬语）／
Các khiêm nhường ngữ theo quy tắc

	お ます形 します けい ご ○○する します	使役 * ー て形 いただきます しえき　　けい
話します はな	お話しします はな	話させていただきます はな
持ちます も	お持ちします も	持たせていただきます も
説明します せつめい	ご説明します せつめい	説明させていただきます せつめい
案内します あんない	ご案内します あんない	案内させていただきます あんない
電話します でんわ	お電話します※ でんわ	電話させていただきます でんわ

＊使役：employment ／使役／ sai khiến
　しえき

※「電話する」は３グループだが、例外的に「お電話します」になる。
　でんわ　　　　　　　　　　　　れいがいてき　　でんわ

 練習問題・6
れんしゅうもんだい

規則的な形の謙譲語を使って書きなさい。
きそくてき　かたち　けんじょうご　つか　か

⇒答えは p.56
こた

例　社長のかばんを持ちます。　→　社長のかばんをお持ちします。
しゃちょう　　　　も　　　　　　　　しゃちょう　　　　　　も

　　　　　　　　　　　　　　　　→　社長のかばんを持たせていただきます。
　　　　　　　　　　　　　　　　　　しゃちょう　　　　　　も

① 私が社長を案内します。　→ ________________
　わたし　しゃちょう　あんない

　　　　　　　　　　　　　　→ ________________

② ここで待ってもいいですか。　→ ________________
　　　　ま

　　　　　　　　　　　　　　→ ________________

③ 私は先生に相談しました。　→ ________________
　わたし　せんせい　そうだん

　　　　　　　　　　　　　　→ ________________

 練習問題・**7**
（れんしゅうもんだい）

絵を見て書いてください。
（え）（み）（か）

⇒答えは p.56
（こた）

（例）  よろしかったら、＿＿＿お手伝いし＿＿＿ましょうか。
（て つだ）
（ 手伝う ）
（て つだ）

① よろしかったら、＿＿＿＿＿＿＿＿＿ましょうか。
（写真を撮る）
（しゃしん）（と）

② よろしかったら、＿＿＿＿＿＿＿＿＿ましょうか。
（ 車で駅まで送る ）
（くるま えき おく）

練習問題・**8**
（れんしゅうもんだい）

絵を見て、規則的な形を使って書いてください。
（え）（み）（きそくてき）（かたち）（つか）（か）

⇒答えは p.56
（こた）

（例）  すみません、＿＿エアコンをつけさせていただき＿＿たい
んですが……。
（ エアコンをつける ）

① すみません、＿＿＿＿＿＿＿＿＿＿＿たい
んですが……。
（コピー機を使う）
（き つか）

②  すみません、頭が痛いので、
（あたま）

＿＿＿＿＿＿＿＿＿＿たいんですが……。
（ 早退する ）
（そうたい）

 ## 総合練習・1
そうごうれんしゅう

正しいものを選んでください。
ただ　　　　　　えら

⇒答えは p.56

① 社長、新聞を ｛お読みしました・お読みいたしました・お読みになりました｝ か。
しゃちょう　しんぶん　　　　　よ　　　　　　　　　　よ　　　　　　　　　　　よ

② 時間がないので ｛急がれて・お急ぎして・お急ぎ｝ ください。
じかん　　　　　　　　いそ　　　　　いそ　　　　　　いそ

③ 私は部長に ｛おたずねしました・おたずねされました・おたずねになりました｝。
わたし　ぶちょう

④ 困ったときは何でも ｛相談されて・お相談・ご相談｝ ください。
こま　　　　　なん　　　　　そうだん　　　　そうだん　　そうだん

⑤ Ａ：何か飲みものを ｛いただかれます・めしあがります・お飲みされます｝ か。
なに　の　　　　　　　　　　　　　　　　　　　　　　　　　　　　　の

　　Ｂ：では、赤ワインを ｛いただきます・めしあがります・お飲みします｝。
あか　　　　　　　　　　　　　　　　　　　　　　　の

⑥ Ａ：山田先生は昨日、｛お休み・お休みされ・お休みし｝ ましたね。
やまだせんせい　きのう　　　やす　　　　やす　　　　やす

　　Ｂ：風邪でも ｛お引きした・お引きになった・お引き｝ のでしょうか。
かぜ　　　　　　ひ　　　　　　　ひ　　　　　　　ひ

　　Ａ：事故に ｛おあいした・お目にかかった・あわれた｝ そうですよ。
じこ　　　　　　　　　　　め

　　Ｂ：え、けがを ｛された・いたした・なさられた｝ のでしょうか。

　　Ａ：足の骨を ｛折られた・お折りした・お折りいたした｝ と聞きました。
あし　ほね　　お　　　　　お　　　　　お　　　　　　　　き

⑦ 私のふるさとの美しい景色を、皆さんにもぜひ、｛ ご覧になりたい・お目にかけたい・
わたし　　　　　　うつく　けしき　みな　　　　　　　　　らん　　　　　　め
お目にかかりたい｝ です。
め

⑧ Ａ：夕べは何時ごろに ｛休まれました・お寝になりました・お休みしました｝ か。
ゆう　なんじ　　　　　やす　　　　　　ね　　　　　　　　やす
　　Ｂ：11 時ごろに ｛お寝しました・休みました・お休みしました｝。
じ　　　　　　ね　　　　　　やす　　　　　やす

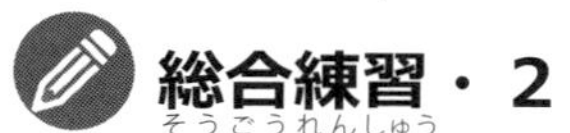

総合練習・2
そうごうれんしゅう

敬語を使って、会話を完成してください。
けい ご　　つか　　　　　　かい わ　　かんせい

⇒答えは p.56

① 社員：部長、お弁当を＿＿＿＿＿＿＿＿＿＿＿＿か。
　しゃいん　ぶ ちょう　お べんとう　　　　　　　（食べる）
　　　　　　　　　　　　　　　　　　　　　　　た

　部長：ああ。
　ぶ ちょう

　社員：では、すぐに＿＿＿＿＿＿＿＿ましょう。
　しゃいん　　　　　　　　　　（用意する）
　　　　　　　　　　　　　　　よう い

② 学生：この本は先生が＿＿＿＿＿＿＿＿＿＿か。
　がくせい　　ほん　せんせい　　　　　（書く）
　　　　　　　　　　　　　　　　　　か

　先生：ええ、そうですよ。
　せんせい

　学生：＿＿＿＿＿＿＿もいいでしょうか。来週、＿＿＿＿＿＿＿。
　がくせい　（かりる）　　　　　　　　らいしゅう　　（返す）
　　　　　　　　　　　　　　　　　　　　　　　　　　かえ

③ 訪問客　：すみません、ＹＷカンパニーのヤンと＿＿＿＿＿＿＿が、
　ほうもんきゃく　　　　　　　　　　　　　　　（いう）

　　　　　　大下部長に＿＿＿＿＿＿＿たいんですが……。
　　　　　　おおした ぶ ちょう　（会う）
　　　　　　　　　　　　　　　　あ

　受付　　：申し訳ありません、大下は東京に＿＿＿＿＿＿＿。
　うけつけ　　もう わけ　　　　　　おおした　とうきょう　（出張している）
　　　　　　　　　　　　　　　　　　　　　　　　　　　しゅっちょう

　訪問客　：いつごろ、＿＿＿＿＿＿＿か。
　ほうもんきゃく　　　　　（戻る）
　　　　　　　　　　　　　　もど

　受付　　：あすの午前中に戻る予定です。
　うけつけ　　　ご ぜんちゅう　もど　よ てい

　訪問客　：それでは、あすの午後に、もう一度＿＿＿＿＿＿＿。
　ほうもんきゃく　　　　　　　ご ご　　　いち ど　　（来る）
　　　　　　　　　　　　　　　　　　　　　　　　く

練習問題の答え
（れん しゅう もん だい こ た）

UNIT 1 助詞（じょし）

A 主語や目的語に付く助詞（しゅご もくてきご つ じょし）

Aの練習問題（れんしゅうもんだい）
① に　　② に　　③ が　　④ から　　⑤ が

B 量や範囲、程度を表す助詞（りょう はんい ていど あらわ じょし）

Bの練習問題（れんしゅうもんだい）
① だけ　② まで　③ なり　④ さえ　⑤ ばかり

C 意味を強調する（いみ きょうちょう）

Cの練習問題（れんしゅうもんだい）
① でも　② は　　③ しか　④ でも　⑤ も

D 文をつなぐ（ぶん）

Dの練習問題（れんしゅうもんだい）
① と　　② が　　③ ながら
④ が　　⑤ たり／たり

E 文や句の終わりにつく（ぶん く お）

Eの練習問題（れんしゅうもんだい）
① か　　② もん　③ なあ　④ よ　　⑤ わ・わ

応用問題（おうようもんだい）

応用問題・1（おうようもんだい）

① 東京（に／へ）行った帰り（に）名古屋（の／で）先輩（の）家（に）寄ってきた。

② 今年（の）寒さ（は）／今年（は）寒さ（が）いつもの年（より）かなり厳しい（と）いうことだ。

③ 子供（を）預けるところ（が）なくて、働きたく（ても）働けない人（が）多いそうだ。

④ ここ（から）向こう（の）山（まで）自転車（で）30分（で）行くこと（が）できる。

⑤ 着いたの（は／が）夜だった（し）、雨も降っていた（ので）、ホテルの周りの景色（が）どんなにきれい（か）わからなかった。

⑥ 子供たち（だけ）でパーティー（の）計画（を）立てた（が）、素晴らしいもの（が）できた。

⑦ 台風（に）よる大雨（で）道（が）通れなくなり、スーパー（の）たな（には）何（も）残っていない。

⑧ さあ、やる（ぞ）。今日中（に）部屋（の）掃除（を）全部してしまって、新しい気持ち（で）新学期（を）迎えよう。

⑨ どうしようか（なあ）。行きたい（けど）、会費 3000 円だ（し／ね）。また、今度誘って（よ）。

⑩ 日曜日（の）駅前（は）／日曜日（は）駅前（が）買い物客（や）若者（で）いっぱい（に）なる。

応用問題・2（おうようもんだい）

① どんなに **たのんでも** 父はその旅行に行くことに賛成してくれなかった。

② 田中さんは仕事も **できるし** 人間としても立派な人だ。

③ 彼女はまだ **わかいが／わかいのに**、ピアノの技術はプロとして活躍できるレベルだ。

④ 私は雪の便りを **聞くと** スキーに行きたくなる。

⑤ あのレストランはとても不便な場所に **あるが／あるのに** 人気がある。

⑥ 山田さんはがんばり屋だ。どんなにたいへんな **仕事でも** 文句も言わず取り組んでいる。

⑦ 準備は全部終わりました。あとはお客様の到着を **待つだけ** です。

⑧ 寒くても時々は窓を **開けるなり／など** して、部屋の空気を入れ換えなさい。

⑨ 子供たちは海岸に降りると、**走りまわったり**、水に **とびこんだり**、大喜びだった。

⑩ 一晩中降り続いた **雪で** 辺りは真っ白になっていた。

UNIT 2 副詞（ふくし）

A 状態・様子を表す副詞（じょうたい・ようす・あらわ・ふくし）

Aの練習問題（れんしゅうもんだい）
① b ② a ③ b ④ b ⑤ a
⑥ b ⑦ b ⑧ b ⑨ b ⑩ b
⑪ b ⑫ a ⑬ a ⑭ a ⑮ a

B 程度を表す副詞（ていど・あらわ・ふくし）

Bの練習問題（れんしゅうもんだい）
① a ② a ③ a ④ b ⑤ b
⑥ a ⑦ a ⑧ a ⑨ b ⑩ b
⑪ a ⑫ a ⑬ b ⑭ a ⑮ b

C 陳述の副詞（ちんじゅつ・ふくし）

Cの練習問題（れんしゅうもんだい）
1）
① b ② a ③ a ④ b
⑤ b ⑥ b ⑦ b ⑧ a

2）
① b ② a ③ b ④ a
⑤ a ⑥ b ⑦ b ⑧ b

D 意味・機能別副詞一覧（いみ・きのうべつふくし・いちらん）

Dの練習問題（れんしゅうもんだい）
1）
① めったに ② 仮に（かり）
③ そのうち ④ さっぱり
⑤ なんて

2）
① まさか ② いくら
③ みるみる ④ ろくに
⑤ 今にも（いま）

3）
① あいにく ② なかなか
③ 全く（まった） ④ どれほど
⑤ 仕方なく（しかた）

UNIT 3 接続詞（せつぞくし）

練習問題（れんしゅうもんだい）

練習問題・1（れんしゅうもんだい）
① 4 ② 5 ③ 3 ④ 1 ⑤ 2
⑥ 7 ⑦ 9 ⑧ 10 ⑨ 6 ⑩ 8

練習問題・2（れんしゅうもんだい）
① 2 ② 3 ③ 4 ④ 1 ⑤ 5
⑥ 7 ⑦ 10 ⑧ 6 ⑨ 8 ⑩ 9

練習問題・3（れんしゅうもんだい）
① 1 ② 4 ③ 2 ④ 3 ⑤ 5
⑥ 6 ⑦ 8 ⑧ 10 ⑨ 7 ⑩ 9

練習問題・4（れんしゅうもんだい）
① 3 ② 5 ③ 4 ④ 1 ⑤ 2
⑥ 7 ⑦ 10 ⑧ 6 ⑨ 9 ⑩ 8

練習問題・5（れんしゅうもんだい）
① 1 ② 2 ③ 5 ④ 3 ⑤ 4
⑥ 10 ⑦ 6 ⑧ 7 ⑨ 8 ⑩ 9

練習問題・6（れんしゅうもんだい）
① 5 ② 1 ③ 2 ④ 4 ⑤ 3
⑥ 6 ⑦ 9 (,6) ⑧ 10 ⑨ 7 ⑩ 8

UNIT 4 敬語（けいご）

練習問題（れんしゅうもんだい）

練習問題・1（れんしゅうもんだい）
① いらっしゃいますか
② どちら　　勉強（べんきょう）なさいましたか
③ おっしゃいました
④ 召し上がった（め・あ）
⑤ 召し上がりますか（め・あ）
⑥ ご覧になりましたか（らん）
⑦ その方（かた）　ご存じです（ぞん）　ご存じではありません（ぞん）
⑧ 読んでいらっしゃった（よ）

練習問題・2
① おりました
② 参ります
③ いたします
④ 申します　　参りました
⑤ 申し上げました
⑥ いただいておりません
⑦ 伺いたい
⑧ 存じております　　存じません
⑨ ご家族　　拝見しました
⑩ 亡くなりました
⑪ お目にかかった

練習問題・3
① いらっしゃいます　　母　　参ります
② お父さん　　なさって　　父　　おります
③ お子さん　　おっしゃいます　　申します
④ 家族　　いただきました
⑤ なさいますか　　するよ

練習問題・4
① 申します　　どちらですか　　参りました
　　いらっしゃいますか　　おります
② いらっしゃって／おいでになって　　うかがいます
③ 召し上がって　　いただきます
④ 申します　　いらっしゃいますか　　おります

練習問題・5
① 戻られます／お戻りになります
② 戻られます／お会いになります
③ 着かれます／お着きになります
④ おわかりになりますか　　⑤ ご出発になります
⑥ 出席されます／ご出席になります
⑦ 聞かれます／お聞きになりました
⑧ お好きです　　⑨ お使い　　⑩ ご連絡
⑪ お書き　　⑫ お入り　　⑬ お取り

練習問題・6
① 私が社長をご案内します
　　私が社長を案内させていただきます
② ここでお待ちしてもいいですか
　　ここで待たせていただいてもいいですか
③ 私は先生にご相談しました
　　私は先生に相談させていただきました

練習問題・7
① よろしかったら、**写真をお撮りし**ましょうか。
② よろしかったら、**車で駅までお送りし**ましょうか。

練習問題・8
① すみません、**コピー機を使わせていただき**たいんですが……。
② 痛いので、**早退させていただき**たいんですが……。

総合練習・1
① お読みになりました
② お急ぎ
③ おたずねしました
④ ご相談
⑤ めしあがります　　いただきます
⑥ お休みされ　　お引きになった　　あわれた
　　された　　折られた
⑦ お目にかけたい
⑧ 休まれました　　休みました

総合練習・2
① お弁当を**召し上がり**ますか。
　　すぐに**ご用意し**ましょう。

② 先生が**書かれました／書かれたんです／お書きに
なったんです**か。
　　お借りしてもいいでしょうか。来週、**お返ししま
す**。

③ ヤンと**申します**が大下部長に**お会いし／お目にかか
り**たいんですが
　　東京に**出張しております**。
　　いつごろ**お戻りになります**か。
　　もう一度**参ります／うかがいます**。

PART 1
基礎編
きそへん
The fundamentals／基础篇／IBảng cơ bản

第2章
だい　しょう
「N3文型」の復習
ぶんけい　　　　ふくしゅう

「N3 文型」の復習

1 時・場所　Time, place ／时间・地点／ Thời gian, địa điểm

1

＿＿A＿＿ 以来	_A_ をしてからずっと〜。
動詞・て形 名詞	

① 私は日本に来**て以来**、ずっと一人暮らしだ。
② 入学**以来**、一度も休んだことがない。

2

＿＿A＿＿ うちに B	_A_ が続いている間に _B_ をする（_A_ が終われば _B_ できない）。
動詞・辞書形／ている／ない形 い形容詞 な形容詞・な 名詞・の	

① 日本にいる**うちに**富士山に登りたい。
② 暗くならない**うちに**帰りましょう。

3

＿＿A＿＿ うとする	_A_ をし始めたとき。
動詞・意向形	

① 家を出よ**うとしたら**、雨が降ってきた。
② メールをしよ**うとして**、かばんから携帯を出した。

4

_A_ から _B_ にかけて	_A_ から _B_ までの範囲で。
名詞	

① 桜は3月の終わり**から**4月の初め**にかけて**咲く。
② 関東**から**北海道**にかけて**、雨が降るでしょう。

＊**関東**：東京とその周辺の地方

5

＿＿A＿＿ 最中に B	まさに _A_ をしているとき、予想外の _B_ が起こった。
動詞・ている 名詞・の	

① テスト**の最中に**おなかが痛くなって困った。
② 考えている**最中に**話しかけないでください。

6

＿＿A＿＿ 際(に/は) B	_A_ のときに _B_ 。　※硬い表現。
動詞・辞書形／た形 名詞・の	

① 帰国した**際に**、世話になった先生を訪ねた。
② こちらにお出かけの**際は**、ぜひわが家にお立ち寄りください。

7 **ＡたとたんＢ**
動詞・た形

Ａとほとんど同時に、予想外 * の Ｂ が起こる。

① 彼女はその知らせを聞い**たとたん**、倒れて * しまった。
② 警官の姿を見**たとたん**、その男は逃げ出した。

＊**予想外**：unexpected; unforeseen ／出人意外、出乎意外／ ngoài dự đoán
＊**倒れる**：to fall ／倒／ đổ, ngã

8 **Ａたばかり**
動詞・た形

Ａてすぐ（Ａ の後、時間がたっていないという気持ち）。

① 日本に来**たばかり**のころは、いろいろ大変だった。
② 今聞い**たばかり**なのに、もう忘れてしまった。

9 **Ａ　たび(に)**
動詞・辞書形
名詞・の

Ａ するといつも。

① 試験の**たびに**もっと勉強しておけばよかったと反省する。
② 冬が来る**たびに**学生時代にスキーしたことを思い出す。

10 **Ａ　ところだ／**
Ａ　ところで／
Ａ　ところに
動詞・辞書形／ている／た形

Ａ する直前。　Ａ している最中。　Ａ した直後。

① 今から出かける**ところです**。
② さっき、その話を聞いた**ところです**。
③ 答えを書いている**ところで**終了のベルが鳴った。
④ ドアを開けた**ところに**風が吹き込んできた。

＊**最中**：in the middle of ／正在 ... 时／ trong khi (đang làm gì đó)
＊**吹き込む**：to blow into ／录音／ thổi vào

11 **Ａ　ところだった**
動詞・辞書形

あと少しで Ａ しそうになった。

① 眠くて電車を乗り過ごす**ところだった**。
② 間違えて知らない人にあいさつする**ところだった**。

12 **Ａ　ところ(を)**
動詞
い形容詞　な形容詞
名詞・の

ちょうど Ａ のタイミングで。　※謝罪の言葉

① お忙しい**ところを**申し訳ありません。
② お仕事中の**ところ**、お邪魔いたします。

＊**お邪魔する**：to intrude ／打搅／ làm phiền

PART ❶ 基礎編
基礎の復習
「N3 文型」の復習
PART ❷ 対策編
対策準備
実戦練習
PART ❸ 模擬試験

13 □ □ __A__ において
名詞

__A__ の場所や時点で。　__A__ に関して。

① コンサートは桜ホール * において開催される *。

② 彼はこの計画において非常に重要な役割を果たした。

* ホール：hall ／大厅／ sảnh

* 開催(する)：to open ／召开／ tổ chức

14 □ □ __A__ にわたって
名詞

__A__ という時間・距離の長さで。

① この町の祭りは 7 日間にわたって行われる。

② ファンの行列は、約 500 メートルにわたって続いた。

✏ 確認ドリル・1

⇒答えは p.84　/2　/2

次の文の（　　）に入れるのに最もよいものを、1・2・3・4から一つ選びなさい。

① 座席に着いた（　　　　）、電車が動き出した。

 1　際に   2　最中に   3　とたん   4　ばかりに

② 花火大会のときには、川沿いの約 1 キロ（　　　　）観客席が設けられる。

 1　において   2　にわたって   3　にかけて   4　のうちに

② 性質・傾向　Nature, tendency ／性质・倾向／ Tính chất, xu hướng

1 □ □ __A__ 一方だ
動詞・辞書形

__A__ の方向にだけ変化が進んでいる。

① 祖父の病気は重くなる一方だ。

② 地球の温暖化 * は進む一方だ。

* 温暖化：global warming ／变暖／ sự nóng lên

2 □ □ __A__ がち
動詞・ます形
名詞

__A__ という良くない状態になることが多い。

① 子供のころは病気がちで、よく学校を休んだ。

② 人間は自分には甘く、人には厳しくなりがちだ。

3

___A___ ことがある／ ___A___ こともある 動詞・辞書形／ない形 い形容詞 な形容詞・な 名詞・の	いつもではないが、ときどき ___A___ だ。

① ときどき、頭が痛くなる**ことがある**。
② 休みの日は昼まで寝ている**こともある**。

4

A て ばかり 動詞・て形	___A___ しかしない、何度も ___A___ する。

① うちの子供たちはけんかし**てばかり**だ。
② 休みの日は寝**てばかり**いる。

5

A にしたがって B 動詞・辞書形 名詞	___A___ の変化があるから ___B___ の変化が起こる。

① 経済の発展**にしたがって**、国民の生活も豊かになった。
② 会社が大きくなる**にしたがって**、いろいろな問題も出てきた。

6

A につれて B 動詞・辞書形 名詞	___A___ が変化すると ___B___ も変化する（___A___、___B___ は変化を表すことば）。

① 台風が近づく**につれて**、雨風が激しくなってきた。
② 円安＊の進行**につれて**、海外からの観光客が増えている。

＊円安：cheap yen／日元贬值／đồng yên giảm giá

7

Aば ___A___ ほど／Aほど 動詞・ば形　　動・辞書形 い形容詞・ければ　い形容詞・い な形容詞・なら　な形容詞・な 名詞・なら　　　名詞・な	Aの程度が進むと結果も進む。

① 食べれ**ば**食べる**ほど**太る。
② 目標が高けれ**ば**高い**ほど**、成功したときの喜びは大きい。

8

A 反面 普通体 （な形容詞・な　名詞・の）	___A___ とは全く違う傾向＊・性質があって。

① この掃除機は、よくゴミを取る**反面**、音が大きすぎる。
② 田舎＊の生活には豊かな自然がある**反面**、都会的な＊便利さはない。

＊傾向：trend; tendency／傾向／xu hướng
＊田舎：rural; rural area／乡下／vùng quê
＊都会的（な）：urban; metropolitan／都市的／mang tính đô thị

9
__A__ 向き	__A__ にちょうどいい。
名詞	

① このゲームは子供**向き**だが、大人も楽しめる。
② 狭いけど、駅に近くて便利だから、独身 * 者**向き**の部屋だ。

＊独身：single ／単身／ độc thân

10
__A__ 向け	__A__ のために特に用意された／考えられた。 __A__ を対象にした。
名詞	

① 海外旅行者**向け**の保険 * を販売している。
② 就 職 希望者**向け**の説明会が開かれた。

＊保険：insurance ／保险／ bảo hiểmả

✎ 確認ドリル・2

⇒答えは p.84　/2　/2

次の文の（　　）に入れるのに最もよいものを、1・2・3・4から一つ選びなさい。

① 花粉症の時期は鼻を（　　　　）なので、鼻のあたりがずっと赤くなる。

   1　かみがち　　　　　　　　2　かんでばかり
   3　かむ一方　　　　　　　　4　かめばかむほど

② 面白そうな本だと思って手に取ったら、子供（　　　　）の本だった。

   1　ばかり　　　2　向け　　　3　向き　　　4　ほど

3 理由・目的　Reason, purpose ／理由・目的／ Lí do, mục đích

1
__A__ おかげで __B__	__A__ という理由・原因で __B__ といういい結果になった。
普通体 （な形容詞・な　名詞・の）	

① 両 親の**おかげで**日本に留学できた。
② 手伝ってもらった**おかげで**、仕事が早く終わった。

2
__A__ せいで __B__	__A__ という理由・原因で __B__ という悪い結果になった。
普通体 （な形容詞・な　名詞・の）	

① 台風の**せいで**、旅行が中止になった。
② 風邪を引いた**せいで**、試験が受けられなかった。

3

___A___ ために	_A_ ということが原因・理由で。
動詞・た形 い形容詞　な形容詞 名詞・の	

① 説明を十分間かなかった**ために**失敗した。
② 値段が安い**ために**、たくさん売っても儲からない。

4

___A___ ために	_A_ をめざして（A：目的や目標）
動詞・辞書形／ない形 名詞・の	

① 将来会社を経営する**ために**、今、勉強している。
② 子供たちの**ために**いい環境をつくりたい。

5

_A_ のことだから	ほかとはちょっと違う _A_ の場合だから。
名詞	

① 彼女**のことだから**、何があっても大丈夫だよ。
② 旅行中**のことだから**、少し興奮していたのかもしれない。

6

___A___ のに（目的）	_A_ は後文の目的や結果。
動詞・辞書形	

① このはさみは厚い布を切る**のに**便利だ。
② この仕事に慣れる**のに**苦労した。

7

___A___ ように（目的）	_A_ することを意図して／目的に／願って。
動詞・辞書形（ます形）	

① 日本語がうまく話せる**ように**毎日練習している。
② 来年、大学に合格します**ように**。

確認ドリル・3

⇒答えは p.84 ☐/2 ☐/2

次の文の（　　）に入れるのに最もよいものを、1・2・3・4から一つ選びなさい。

① あなたが知らせてくれた（　　　　）、いい買い物ができた。

　　1　ために　　　　　2　せいで　　　　　3　おかげで　　　　4　ように

② 一流ホテルの（　　　　）だから、たのめば子供用の絵本やおもちゃも用意してもらえるよ。

　　1　もの　　　　　　2　こと　　　　　　3　ため　　　　　　4　せい

4 条件・方法・スタイル Condition, method, style ／条件・方法・方式／ Điều kiện, phương pháp, phong cách

1

A　かわりに	A の代わりとして。本来は A だが、それができないので。
動詞／辞書形 い形容詞 な形容詞・な 名詞・の	

① 今は手紙の**かわりに**メールを送ることが多い。
② 病気の父の**代わりに**私が出席します。
③ このアルバイトは楽な**かわりに**時給が安い。

2

A　ずに	A しないで。
動詞・ない形　＊する→せずに	

① 寝坊した＊ので、朝ごはんを食べ**ずに**家を出た。
② ノックもせ**ずに**部屋に入らないでください。

＊寝坊（する）：to oversleep ／睡懒觉／ ngủ dậy muộn

3

A　たって／ A　だって	「A ても、A でも」のくだけた＊言い方。
動詞　い形容詞 な形容詞　名詞	

① 台風が来**たって**、この家は壊れない。
② どんなにいいもの**だって**、あの値段では買えない。

＊くだけた：informal; friendly ／草率／ bị vỡ

4

Aたところ B	A をしたら B という結果だった。
動詞・た形	

① 母のメモの通りに作っ**たところ**、おいしくできた。
② 友だちの家に行ってみ**たところ**、留守だった。

5

A　ついでに B	A をする機会に B もする（A：主目的）。
動詞・た形／辞書形 名詞・の	

① 散歩の**ついでに**図書館で本を借りてきた。
② 図書館で資料をコピーする**ついでに**、本を1冊借りた。

6

A　といっても	A だが（一般のイメージとは違って）。
普通体 （な形容詞・（だ）　名詞・（だ））	

① 一人暮らし**といっても**、すぐ近くにおばがいます。
② 景色がいい**といっても**、山しか見えません。

7 | **A とすると／A としたら B ／A とすれば**
普通体

A と仮定すれば。 A から考えると。

① 9時発の新幹線に乗った**とすると**、着くのは昼前だね。
② それが本当だ**としたら**、大変だ。
② 場所を知らない**とすれば**、来られないはずだ。

8 | **A とともに B**
動詞・辞書形
名詞

A と同時に B 、A と一緒に B 。

① 転勤する父**とともに**、家族もアメリカへ行くことになった。
② 監督の「乾杯！」の声**とともに**、パーティーが始まった。

9 | **A における**
名詞

A の場所や時点での。 A に関する。　※後ろは名詞。

① 日本**における**鉄道の歴史は、ここから始まった。
② この事故**における**第一の責任者は彼女だ。

10 | **A にかぎらず**
名詞

A に限定せずに。 A のほかも同じように。

① 女性**にかぎらず**、男性にも好まれる味だ。
② 東京**にかぎらず**、雪に弱い都市は多い。

11 | **A にかわって**
名詞

A の代わりに、A の代わりとして。

① 社長**にかわって**参りました。
② ガソリン車**にかわって**、電気自動車が増えてきた。

12 | **A に比べて B**
名詞

A と比べると、（A と違って）B という特徴がある。

① 去年**に比べて**、今年の冬はかなり寒くなりそうです。
② 妹 は、姉**に比べて**活発な * 性格だ。

＊活発(な)：lively ／活泼／ hoạt động một cách tích cực

13 | **A に加えて B**
名詞

A だけでなく B 。

① 一般市民**に加えて**、学生や高校生もデモ * に参加した。
② 彼は音楽の才能 * **に加えて**、文章もとてもうまい。

＊デモ：demonstration ／游行／ biểu tình　　　＊才能：talent ／才能／ năng khiếu

14 □ □	**_A_ にしたがって** 名詞	命令・指示・規則*のとおりに。 めいれい　しじ　きそく

① コーチの合図***にしたがって**、同じ練習を続けた。
　　あいず　　　　　　おな　れんしゅう　つづ

② 規則***にしたがい**、処理する。
　　きそく　　　　　　しょり

***合図**：signal ／信号／ dấu hiệu, hiệu lệnh
　あいず

***規則**：regulation ／規則／ quy tắc
　きそく

15 □ □	**_A_ にともなって _B_** 動詞・辞書形 名詞	_A_ といっしょに _B_ が起こる。 お

① 地震**にともなう**大雨で、被害がさらに広がった。
　　じしん　　　　おおあめ　　ひがい　　　　ひろ

② 高齢化*が進む**にともなって**、社会全体で働く人の割合が減っている。
　　こうれいか　すす　　　　　　　しゃかいぜんたい　はたら　ひと　わりあい　へ

***高齢化**：population aging; graying ／高齢化／ già hoá
　こうれいか

16 □ □	**_A_ に反して _B_** はん 名詞	_B_ は _A_ と合わない、_A_ と反対に _B_ 。 あ　　　　　　はんたい

① 予想**に反して**、新人が優勝した。
　　よそう　はん　　しんじん　ゆうしょう

② ルール**に反して**、ここに自転車を停める人が多い。
　　　　はん　　　　　じてんしゃ　と　　ひと　おお

17 □ □	**_A_ によって_B_** 名詞	_A_ を原因・理由とする _B_ 。 _A_ を手段・方法として _B_ 。 _A_ が違 げんいん　りゆう　　　　　しゅだん　ほうほう　　　　　ちが えば _B_ も違う。 ちが

① 事故**による**渋滞で、バスの到着が遅れている。
　　じこ　　じゅうたい　　　　とうちゃく　おく

② とにかく、話し合い**によって**解決すべきだ。
　　　　　　　はな　あ　　　　かいけつ

③ 国**によって**文化や習慣が違う。
　　くに　　　　ぶんか　しゅうかん　ちが

18 □ □	**_A_ を通じて／** つう **_A_ を通して** とお 名詞	間に _A_ を置いて。 _A_ の間ずっと。 あいだ　　お　　　　あいだ

① 田中さん**を通じて**彼女と知り合った。
　　たなか　　つう　　かのじょ　し　あ

② そのプログラムには、学校**を通して**申し込んだ。
　　　　　　　　　　　がっこう　とお　もう　こ

③ この地方は１年**を通じて**風が強い。
　　　ちほう　ねん　つう　かぜ　つよ

19 □ □	**_A_ ばかりでなく** 普通体 （な形容詞・な　名詞・だ）	_A_ だけではなく、ほかにもある。

① このアニメは、子供**ばかりでなく**大人にも人気がある。
　　　　　　　こども　　　　　　おとな　　にんき

② 彼は優しい**ばかりでなく**、勇気もある。
　　かれ　やさ　　　　　　　　ゆうき

20　 A をこめて 名詞	中に A を入れて、A とともに。 なか い

① 心をこめた料理を作る。
　こころ　　　　りょうり　つく
② 心からの愛をこめて妻に花束 * をプレゼントする。
　こころ　　　あい　　　　つま　はなたば

＊花束：bouquet ／花束／ bó hoa
　はなたば

21　 A を除いて 　　　　　のぞ 名詞	A 以外で、A のほかは。 　いがい

① 彼を除いて全員テストを受けた。
　かれ　のぞ　　ぜんいん　　　　　う
② 水曜日を除いて、いつが都合がいいですか。
　すいようび　のぞ　　　　　　つごう

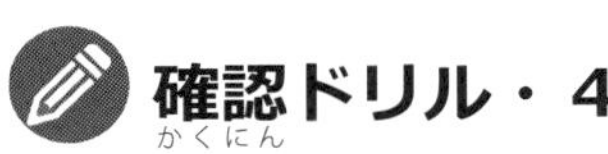

確認ドリル・4
かくにん

⇒答えは p.84　/2　/2
こた

次の文の（　　　）に入れるのに最もよいものを、1・2・3・4から一つ選びなさい。
つぎ　ぶん　　　　　い　　　　　　もっと　　　　　　　　　　　　　　　　　ひと　えら

① 今年の大会は期間を（　　　　）天候に恵まれ、多くの人が来場した。
　ことし　たいかい　きかん　　　　　　　てんこう　めぐ　　　おお　ひと　らいじょう

　1　通して　　　　　　2　通した　　　　　　3　除いて　　　　4　除いた
　　とお　　　　　　　　　とお　　　　　　　　　のぞ　　　　　　のぞ

② 試験は、試験監督の時計に（　　　）行われる。
　しけん　　しけんかんとく　とけい　　　　　　おこな

　1　かぎらず　　　　2　かわって　　　　3　くわえて　　　　4　したがって

5 様子・状態 State, circumstances ／样子・状态／ Tình hình, tình trạng
ようす　じょうたい

1　 A おそれがある 動詞・辞書形／ない形 名詞・の	A という悪い結果になる心配がある。 　わる　けっか　　　しんぱい

① 台風 15 号は、日本に接近するおそれがある。
　たいふう　ごう　　にほん　せっきん
② 彼の場合、成績が悪くて卒業できないおそれがある。
　かれ　ばあい　せいせき　わる　そつぎょう

2　 A かける 　　　 A かけ 動詞・ます形	A をし始める、A をしている途中。 　はじ　　　　　　とちゅう

① ごはんを食べかけたときに友達が来た。
　た　　　　　　　　ともだち　き
② 机の上に読みかけの本が置いてあった。
　つくえ　うえ　よ　　　　ほん　お

3 _A_ 気味（ぎみ）
動詞・ます形
名詞

現在（げんざい）、_A_ という良（よ）くない状態（じょうたい）になっている。

① 風邪（かぜ）**気味（ぎみ）**ですので、お先（さき）に失礼（しつれい）します。
② 最近（さいきん）、仕事（しごと）が忙（いそが）しくて、疲（つか）れ**気味（ぎみ）**だ。

4 _A_ だらけ
名詞

_A_ が多（おお）すぎて良（よ）くない。

① 彼（かれ）の部屋（へや）はマンガ**だらけ**だ。
② 彼（かれ）の文章（ぶんしょう）は間違（まちが）い**だらけ**で、直（なお）すのに苦労（くろう）した。

5 _A_ っぱなし
動詞・ます形

_A_ したまま（次（つぎ）の行動（こうどう）をしない／できない）。

① テレビをつけ**っぱなし**にして寝（ね）てしまった。
② 電車（でんしゃ）が込（こ）んでいて、ずっと立（た）ち**っぱなし**だった。

6 _A_ とおり／
動詞・辞書形／た形／ている
名詞・の

_A_ どおり
名詞

_A_ （するの）と同（おな）じように。

① 私（わたし）が言（い）う**とおり**に発音（はつおん）して * ください。
② 天気予報（てんきよほう）**どおり**晴（は）れた。

＊ **発音（はつおん）**（する）：to pronounce ／发音／ phát âm

7 _A_ ばかりだ
動詞・辞書形
名詞

_A_ の状態（じょうたい）だけが続（つづ）いて、ほかがない。

① 女（おんな）の子（こ）は名前（なまえ）も言（い）わず、泣（な）く**ばかり**だった。
② 12月（がつ）になると毎日（まいにち）雪（ゆき）**ばかりだ**。

8 _A_ まま
動詞・辞書形／た形
名詞

_A_ に従（したが）って、_A_ の通（とお）りに。

① 気（き）の向（む）く**まま**、行（い）き先（さき）を決（き）めずに旅行（りょこう）をした。
② 心（こころ）の**まま**に体（からだ）を自由（じゆう）に動（うご）かして踊（おど）る。

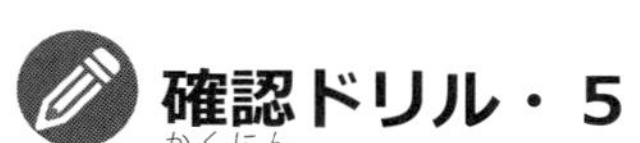 確認ドリル・5
かくにん

⇒答えは p.84　[ ]/2　[ ]/2
こた

次の文の（　　　）に入れるのに最もよいものを、1・2・3・4から一つ選びなさい。
つぎ　ぶん　　　　　　　　　　　　　　　　もっと　　　　　　　　　　　　　　　　　　ひと　えら

① 計画は少し遅れ（　　　　　）になっているので、がんばって今から取り戻そう。
けいかく　すこ　おく　　　　　　　　　　　　　　　　　　　　　　　　いま　と　もど

　　1　ぎみ　　　　　　　2　だらけ　　　　　　3　どおり　　　　　　4　かけ

② 掃除の間は窓を（　　　　　）にしてもかまいませんが、掃除が終わったら閉めてください。
そうじ　あいだ　まど　　　　　　　　　　　　　　　　　　　　そうじ　お　　　　　し

　　1　開けるまま　　　　2　開けるばかり　　　3　開けかけ　　　　4　開けっぱなし
　　あ　　　　　　　　　　あ　　　　　　　　　　あ　　　　　　　　あ

6 判断　Decision ／判断／ Phán đoán
はんだん

1
＿＿A＿＿がたい	A するのは困難だ、A しようと思ってもできない。
動詞・ます形	こんなん　　　　　　　　おも

① ＵＦＯを見たなんて、彼女の話は信じ**がたい**。
み　　　　　　　かのじょ　はなし　しん
② 教師が生徒にそんなことを言うなんて、許し**がたい**。
きょうし　せいと　　　　　　　　い　　　　　ゆる

2
＿＿A＿＿かねない	A という悪い結果になるかもしれない。
動詞・ます形	わる　けっか

① こんなところに置いたら、忘れ**かねない**。
お　　　　　　わす
② そんな乱暴な運転をしていたら、事故を起こし**かねない**よ。
らんぼう　うんてん　　　　　　　じこ　お

＊乱暴（な）：violent; rough ／粗暴／ bạo loạn, vô lễ
らんぼう

3
＿＿A＿＿ことにする	A しようと決心する＊。
動詞・辞書形／ない形	けっしん

① 毎朝、ジョギングをする**ことにした**。
まいあさ
② 今年は国に帰らない**ことにした**。
ことし　くに　かえ
③ 寝る前に少し本を読む**ことにして**います。
ね　まえ　すこ　ほん　よ

＊決心（する）：to be resolved; to be determined ／決心／ quyết tâm
けっしん

4
＿＿A＿＿ことはない	A する必要はない、A しなくてもいい。
動詞・辞書形	ひつよう

① そんなに心配する**ことはない**よ。
しんぱい
② 時間はたくさんあるから、急ぐ**ことはない**。
じかん　　　　　　　　　　　いそ

5 ____A__ じゃない（か）

普通体
（な形容詞・だ　名詞・だ）

__A__ だ（と思う）。　※話し言葉

① この問題、難しくない**じゃない**。すぐできるよ。
② 昨日、約束した**じゃない**。忘れたの？

---

6 ____A__ たらいい

動詞・た形
い形容詞・かった
な形容詞・だった
名詞・だった

__A__ するのがいい（A：助言や提案）。

① 嫌だったら、やめ**たらいい**。
② そこから見えない？　じゃあ、席を替わっ**たらいい**よ。

---

7 __Aた__ らだめ／

動詞・た形　い形容詞・かった
な形容詞・だった　名詞・だった

____Aて__ はだめ／**Aちゃだめ**

動詞・て形

__A__ てはいけない（禁止を表す）。　※くだけた表現

① 危ないから、触っ**たらだめ**だよ。
② あきらめ**てはだめ**。最後まで頑張って。
③ 写真は見**ちゃだめ**。恥ずかしいから。

---

8 __Aた__ らよかった

動詞・た形　い形容詞・かった
な形容詞・だった　名詞・だった

__A__ するべきだった（__A__ しなかったことを後悔する気持ち）。

① 田中さんが来たの？　私も行っ**たらよかった**。
② 私よりずっと詳しいじゃない。あなたに頼ん**だらよかった**。

---

9 ____Aて__ 仕方（が）ない／

____Aて__ しょうがない

感覚／気持ちを表す動詞・て形
形容詞・て形

__A__ の感覚＊・気持ちが強くて抑えられない。

① 試合に負けて、悔しく**て仕方がない**。
② 足が震えて＊**仕方がない**。

＊**感覚**：sense; sensation ／感覚／ cảm giác　　　＊**震える**：to shake ／震動／ run

---

10 ____Aて__ たまらない

い形容詞・くて
な形容詞・で

とてもAだ。__A__ という気持ちをがまんできない。

① 毎日やることがなくて、ひま**でたまらない**。
② 母の料理が食べたく**てたまらない**。

11 ☐☐ **Aて ならない**
動詞・たくて
い形容詞・くて
な形容詞・で

A という気持ちを抑えることができない。
※少し硬い表現。

① 入院している母の様子が心配**でならない**。
② 1 点足りずに不合格になって、悔しく**てならない**。

12 ☐☐ **Aて ほしい**
動詞・て形

周りの人やものが A することを望む。

① 明日、晴れ**てほしい**な。
② 量が多くて大変だから、誰かに手伝っ**てほしい**。

13 ☐☐ **Aて も仕方（が）ない／**
Aて もしょうがない
動詞・て形

A することに意味や価値はない。A することは当然だ。

① ここで悩んでい**ても仕方がない**。
② 彼がそのように考え**ても仕方ない**。
③ 今から行っ**てもしょうがない**よ。もう終わってるよ。

14 ☐☐ **A とはかぎらない**
普通体

100% A だということにはならない。

① 金持ちが幸せだ**とはかぎらない**。
② 天気予報がいつも当たる**とはかぎらない**。

15 ☐☐ **A に決まっている**
普通体

絶対 A だ。当然 A だ。

① 彼は来る**に決まっている**。
② 人気なら、あのホテルが 1 位**に決まっている**。

16 ☐☐ **A にすぎない**
動詞
名詞

大したことはなく、A だけだ（低く評価する＊気持ち）。

① この問題ができたのは、クラスで 3 人**にすぎない**。
② 私は警察官として当たり前のことをした**にすぎません**。

＊ 評価（する）：to appreciate; to value ／评价／ dánh giá

17 ____A＿ にちがいない

普通体
（な形容詞・だ　名詞・だ）

間違いなく ＿A＿ だ（はっきりした理由があって、確信する＊気持ち）。

① こんなに証拠＊があるのだから、彼が犯人＊**にちがいない**。
② 長い間連絡しなかったので、家族は心配している**にちがいない**。

＊確信（する）：to be sure; to be confident ／确信／ tin tưởng, chắc chắn
＊証拠：evidence ／证据／ chứng cứ　　　　　＊犯人：criminal ／犯人／ phạm nhân

---

18 ____A＿ はずがない

普通体
（な形容詞・な　名詞・の）

＿A＿ の可能性はほとんどない。＿A＿ ということは考えられない。

① あの先生が優しいことを言う**はずがない**。
② 彼が新しい飲み屋に寄らない**はずがない**。

---

19 Aばと思う

ば形

将来 A することができればいいと思う。

① あの大学に入れれ**ばと思う**。
② 来週、出発できれ**ばと思う**。

---

20 Aばよかった

ば形

＿A＿ しなかったことが後悔される。＿A＿ でないことが残念だ。

① 私もパーティーに行け**ばよかった**。
② 明日**なら（ば）よかった**。私も行けたのに。

---

21 ____A＿ べきだ／
____A＿ べきで（は）ない

動詞・辞書形

＿A＿ しなければならない。＿A＿ してはならない。

① 約束をしたら、必ず守る**べきだ**。
② 人の悪口は言う**べきではない**。

---

22 A ほどB はない

名詞

＿A＿ が一番 B だ。

① 彼女**ほど**優しい人**はいない**。
② 友達との旅行**ほど**楽しいもの**はない**。

---

23 ____A＿ ものか／
____A＿ もんか

動詞・辞書形

二度と ＿A＿ しない（固く心に決める）。

① あんなサービスの悪い店、二度と行く**ものか**。
② こんなことであきらめる**ものか**。

24

| ＿＿A＿＿　ものだ
動詞・辞書形 | ＿A＿ するのは常識＊だ／（社会的に）当然のことだ／自然のことだ。
<ruby>常識<rt>じょうしき</rt></ruby>　<ruby>社会的<rt>しゃかいてき</rt></ruby>　<ruby>当然<rt>とうぜん</rt></ruby>　<ruby>自然<rt>しぜん</rt></ruby> |

① 知っている人に会ったらあいさつする**ものだ**。
② 親切にされたら礼を言う＊**ものだ**。

＊ 常識：common knowledge; good sense ／常识／ thường thức
＊礼を言う：to thank ／致谢、道谢／ nói lời cảm ơn

25

| ＿＿A＿＿　ような／
＿＿A＿＿　ように
動詞・普通体
名詞・の | ＿A＿ ではないが、Aに近い／ほとんど ＿A＿ だ。
<ruby>近<rt>ちか</rt></ruby> |

① 彼女は初めて見る**ような**驚き方だった。
② そのパンは石の**ように**固くなっていた。

26

| ＿＿A＿＿　ように（様子）
普通体
（な形容詞・な　名詞・の） | 印象・感想として ＿A＿ と（そう見える／感じる／思う）。
<ruby>印象<rt>いんしょう</rt></ruby>　<ruby>感想<rt>かんそう</rt></ruby>　<ruby>見<rt>み</rt></ruby>　<ruby>感<rt>かん</rt></ruby>　<ruby>思<rt>おも</rt></ruby> |

① 男はなんでも知っている**ように**笑った。
② このスープは少し塩からい**ように**思う。

27

| ＿＿A＿＿　わけがない
普通体
（な形容詞・な　名詞・の） | ＿A＿ の可能性は絶対にない。
<ruby>可能性<rt>かのうせい</rt></ruby>　<ruby>絶対<rt>ぜったい</rt></ruby> |

① 彼女は親友です。私にうそをつく**わけがありません**。
② 勉強しないで合格できる**わけがない**。

28

| ＿＿A＿＿　わけだ
普通体
（な形容詞・な　名詞・な） | 状況を考えると、当然 A という結果になる。
<ruby>状況<rt>じょうきょう</rt></ruby>　<ruby>考<rt>かんが</rt></ruby>　<ruby>当然<rt>とうぜん</rt></ruby>　<ruby>結果<rt>けっか</rt></ruby> |

① これは中古だから、安い**わけだ**。
② 試験はかなり易しかった。それで全員合格できた**わけだ**。

29

| ＿＿A＿＿　わけではない
普通体
（な形容詞・な　名詞・な） | すべて／必ずしも ＿A＿ ということではない。
<ruby>必<rt>かなら</rt></ruby> |

① 日本人がみんな、すしが好きな**わけではない**。
② 金があれば何でも買える**わけではない**。

PART ❶ 基礎編

基礎の復習

「N3 文型」の復習

PART ❷ 対策編

対策準備

実戦練習

PART ❸ 模擬試験

<table>
<tr><td>30</td><td>A＿＿わけにはいかない
動詞・辞書形／ない形</td><td>事情＊があってＡをすることができない。
じじょう</td></tr>
</table>

① 車で来たから、お酒を飲む**わけにはいかない**んです。
② 上司＊の命令＊なら、やらない**わけにはいかない**。

＊事情：circumstances ／事情／ tình hình, sự tình　　＊上司：superior; boss ／上司／ cấp trên
＊命令：order ／命令／ mệnh lệnh

✎ 確認ドリル・6

⇒答えは p.84　/2　/2

次の文の（　　）に入れるのに最もよいものを、1・2・3・4から一つ選びなさい。

① 私のアパートは窓が西向きなので、夏になると（　　　　）。

　1　暑くてしょうがない　　　　　　　2　暑くてもたまらない
　3　暑いとは限らない　　　　　　　　4　暑いにすぎない

② お腹が空いたけど、今日は父の誕生日だから父が帰ってくるまで食べる（　　　　）。

　1　わけだ　　　　　　　　　　　　　2　わけがない
　3　わけではない　　　　　　　　　　4　わけにはいかない

7　テーマ・対象　Theme, target ／題目・対象／ Đề tài, đối tượng

<table>
<tr><td>1</td><td>A＿＿かどうか
普通体
（な形容詞・だ　名詞・だ）</td><td>Ａか Ａ ないか。</td></tr>
</table>

① おいしい**かどうか**、わかりません。
② 荷物が届いている**かどうか**、確認してください。

<table>
<tr><td>2</td><td>Aたら（どう）？
動詞・た形</td><td>Ａ するのはどうか（Ａ：助言や提案）。
※くだけた会話表現</td></tr>
</table>

① この本、読ん**だら**？　役に立つよ。
② カーテンの色を変え**たら**？　部屋が明るくなるよ。

3 ___A___ といえば

普通体
（な形容詞・だ　名詞だ）

___A___ と聞くと、すぐに次のことが連想される *。

① 沖縄といえば、青い空ときれいな海。
② 一人で外食するといえば、カレーかそばかな。

＊連想（する）：to associate ／联想／ liên tưởng

4 ___A___ に関して ___B___

名詞

___A___ に関係して ___B___ 。

① これに関して、何か質問はありませんか。
② ボランティア活動に関する意識調査が行われた。

＊意識：awareness ／意识／ ý thức

5 ___A___ に対して ___B___

名詞

___A___ を対象に ___B___ 。

① お客様に対しては、敬語で話すようにしてください。
② 100 人の募集に対して、応募はたった 30 人だった。

6 ___A___ について ___B___

名詞

___A___ をテーマに ___B___ 。

① 大学で環境保護 * について学びたいと思っています。
② 日本語のスピーチで、私の国の文化について話した。

＊保護：rotection ／保护／ bảo vệ

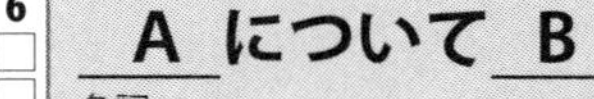

確認ドリル・7

⇒答えは p.84

次の文の（　　　）に入れるのに最もよいものを、1・2・3・4から一つ選びなさい。

① Aコースで登る場合、急だけど早く着くのに（　　　）、Bコースの場合、疲れないけど時間がかかる。

1　といえば　　　　2　関して　　　　3　対して　　　　4　ついて

② 台風が近づいているので、旅行に（　　　）まだ決めていない。

1　行くといえば　　　　　　　2　行くことに関して
3　行くことに対して　　　　　4　行くかどうか

1

A＿＿＿くらい／
A＿＿＿ぐらい

動詞・辞書形／ない形
い形容詞　な形容詞・な　名詞

A と同じように、A と同じレベルで。
（おな）　　（おな）

① 涙が出る**くらい**うれしかった。
（なみだ　で）
② 彼女はプロの歌手**ぐらい**歌がうまい。
（かのじょ　　　　　かしゅ　　　うた）

2

A＿＿＿ことになる

動詞・辞書形／ない形

自分が決めたのではないが、A する予定だ。
（じ ぶん　き）　　　　　　　　　（よ てい）

① 父は来週、手術をする**ことになった**。
（ちち　らいしゅう　しゅじゅつ）
② 雨で試合は延期される＊**ことになった**。
（あめ　しあい　えんき）
③ 予約は変更できない**ことになっている**。
（よやく　へんこう）

＊**延期**（する）：to postpone ／延期／ trì hoãn
（えんき）

3

A た ら〜のに

動詞・た形
い形容詞・かった
な形容詞・だった
名詞・だった

実現しない＊こと／しなかったことを残念に思う。
（じつげん）　　　　　　　　　　　　（ざんねん　おも）

① もう少し背が高かっ**たら**、届く**のに**。
（すこ　せ　たか）　　（とど）
② 明日だっ**たら**、ゆっくり会えた**のに**。
（あした）　　　　　　　（あ）

＊**実現**（する）：to implement ／实现／ thực hiện
（じつげん）

4

A＿＿＿なんて（意外＊）
（い がい）
普通体

A とは（意外な気持ち、驚き）。
（いがい　きも　おどろ）

① こんなに寒い**なんて**、思わなかった
（さむ）　　（おも）
② 彼が料理ができる**なんて**、だれも思わなかった。
（かれ　りょうり）　　　　　　　　（おも）

＊**意外**：unexpected ／意外／ đáng ngạc nhiên
（いがい）

5

A＿＿＿なんて（軽視）
（けい し）
普通体
（な形容詞・だ　名詞・だ）

A など／A とは（ A：低い評価の対象）。
（ひく ひょうか　たいしょう）

① あなた**なんて**大嫌い！
（だいきら）
② この作品の良さがわからない**なんて**。
（さくひん　よ）

6

A＿＿＿のに（逆接）
（ぎゃくせつ）
普通体
（な形容詞・な　名詞な）

A という状況に反して。A だけど、そこから予想されるこ
（じょうきょう　はん）　　　　　　　　　　（よそう）
とと違って。　　※不満や疑問、残念に思う気持ち。
（ちが）　　　（ふまん　ぎもん　ざんねん　おも　きも）

① 大雨な**のに**山に登るの？
（おおあめ）　（やま　のぼ）
② 知っていた**のに**教えてくれなかった。
（し）　　　　（おし）

<table>
<tr><td>

7
☐
☐

Aば Bのに
動詞・ば形

</td><td>

<u>A</u> という状態なら <u>B</u> だが（そうではない）。
<u>A</u> ではないから <u>B</u> ない。

</td></tr>
</table>

① まとめて買え**ば**、もっと安い**のに**。
② 近くまで来るのなら、寄れ**ば**いい**のに**。

<table>
<tr><td>

8
☐
☐

A わりに
普通体
（な形容詞・な 名詞・の）

</td><td>

<u>A</u> からのイメージ・予想と違って（バランスが取れていない）。

</td></tr>
</table>

① 小学生の**割に**背が高い。
② 大学を卒業している**割に**常識がない。

確認ドリル・8

⇒答えは p.84　☐ /2　☐ /2

次の文の（　　）に入れるのに最もよいものを、1・2・3・4から一つ選びなさい。

① 連絡してくれれば待った（　　　　）、どうして連絡してくれなかったの？

　　1　ぐらい　　　　　2　のに　　　　　3　なんて　　　　　4　わりに

② 子供のころから近所に住んでいた（　　　　）、彼女のことはよく知らない。

　　1　なんて　　　　　　　　　　2　わりに
　　3　ことになれば　　　　　　　4　ことになるぐらい

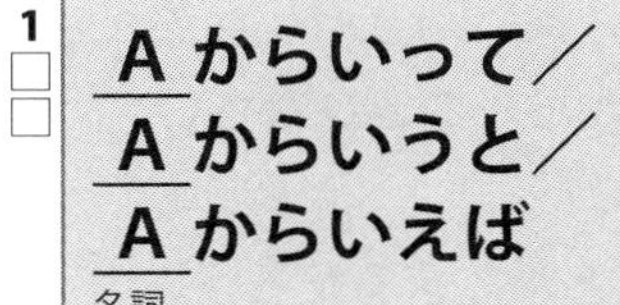

⑨ 基準・立場　Standard, situation ／標准・立场／ Tiêu chuẩn, lập trường

<table>
<tr><td>

1
☐
☐

A からいって／
A からいうと／
A からいえば
名詞

</td><td>

<u>A</u> から考えると（A：判断の基準）。

</td></tr>
</table>

① 彼の成績**からいって**、合格は間違いない。
② 速さ**からいうと**、飛行機で行くのがいい。

<table>
<tr><td>2 □ □</td><td>__A__ として／
__A__ としても
名詞</td><td>__A__ の立場 * で（も）。 __A__ という価値で（も）。
たちば かち</td></tr>
</table>

① 教師**として**、生徒たちに信頼 * されたい。
きょうし　　　せいと　　　　　　しんらい
② これは子供向けのゲーム**として**人気がある。
こどもむ　　　　　　　にんき

* 立場：position ／立場／ lập trường　　　　　　　　　　* 信頼（する）：to trust ／信頼／ tin cậy
たちば　　　　　　　　　　　　　　　　　　　　　　　　　　しんらい

<table>
<tr><td>3 □ □</td><td>__A__ にとって
名詞</td><td>__A__ の立場で考えると。 __A__ の気持ちで考えたら。
たちば かんが きも かんが</td></tr>
</table>

① 外国人**にとって**、日本の古い町は魅力的だ。
がいこくじん　　　にほん　ふる　まち　みりょくてき
② 誰**にとっても**、家族は一番大切だ。
だれ　　　　　　　　かぞく　いちばんたいせつ

<table>
<tr><td>4 □ □</td><td>__A__　には（目的）
もくてき
動詞・辞書形</td><td>__A__ という目標・目的を考えると。
もくひょう もくてき かんが</td></tr>
</table>

① このかばんは女性が持つ**には**重い。
じょせい　も　　　おも
② Ｔ大学に入る**には**かなりの努力が必要だ。
だいがく　はい　　　　　　　　　どりょく　ひつよう

<table>
<tr><td>5 □ □</td><td>__A__ に基づいて
もと
名詞</td><td>__A__ という基準を使って。 __A__ を基礎にして。
きじゅん つか きそ</td></tr>
</table>

① テストの成績に**基づいて**評価を出す。
せいせき　もと　　　ひょうか　だ
② 専門家の判断に**基づいて**、提案がなされた。
せんもんか　はんだん　もと　　　　　　ていあん

<table>
<tr><td>6 □ □</td><td>__A__ をもとに
名詞</td><td>__A__ を理由・根拠に、 __A__ を基本として。
りゆう こんきょ きほん</td></tr>
</table>

① 昨年の売上データ**をもとに**目標を立てた。
さくねん　うりあげ　　　　　もくひょう　た
② 今までの経験**をもとに**、助言をした。
いま　　　けいけん　　　　　じょげん

✎ 確認ドリル・9
かくにん

⇒答えは p.84
こた　　　　　　□ /2　　□ /2

次の文の（　　　）に入れるのに最もよいものを、1・2・3・4から一つ選びなさい。
つぎ　ぶん　　　　　い　　　　　　もっと　　　　　　　　　　　　　　　　　　　ひと　えら

① あの大きさから（　　　　　）、200人分くらいの刺身を作ることができるだろう。
おお　　　　　　　　　　　　にんぶん　　　　　さしみ　つく

　　1　いって　　　　　2　としても　　　　　3　とって　　　　　4　には

② このはさみは子供が使う（　　　）少し大きすぎると思う。
こども　つか　　　　　　　すこ　おお　　　　　おも

　　1　からいえば　　　2　にとって　　　　　3　としても　　　　　4　には

10 強調（きょうちょう） Emphasis ／强调／ Nhấn mạnh

1

| __A__（助詞（じょし））さえ
名詞 | （極端（きょくたん）な）__A__ が〜だから、ほかも当然（とうぜん）〜だ。 |

① パンを買（か）うお金（かね）**さえ**なかった。

② こんな簡単（かんたん）な問題（もんだい）、小学生（しょうがくせい）**でさえ**できるよ。

2

| __A__ さえ〜ば／
__A__ さえ〜たら／
__A__ さえ〜なら
動詞・ます形
名詞 | __A__ が〜だけでいい。__A__ が〜だけで満足（まんぞく）だ。 |

① あなた**さえ**いれ**ば**、何（なに）も要（い）らない。

② 電子（でんし）レンジで温（あたた）め**さえ**すれ**ば**、食（た）べられますよ。

3

| __A__ て 初（はじ）めて
動詞・て形 | __A__ するまで〜ない、__A__ しなければ〜ない。 |

① この本（ほん）を読（よ）ん**で初（はじ）めて**歴史（れきし）に興味（きょうみ）を持（も）った。

② 病気（びょうき）になっ**て初（はじ）めて**健康（けんこう）の価値（かち）* を知（し）る。

＊価値（かち）：value ／价值／ giá trị

4

| どんな __A__ でも
名詞 | __A__ であれば、内容（ないよう）・状態（じょうたい）・種類（しゅるい）などは関係（かんけい）なく。 |

① 彼女（かのじょ）は**どんな**料理（りょうり）**でも**上手（じょうず）に作（つく）る。

② 困（こま）ったことがあったら、**どんなこと**でも言（い）ってください。

5

| どんなに __A__ か
動詞
な形容詞
い形容詞 | すごく __A__ 、最高（さいこう）に __A__ （Aの程度（ていど）は表現（ひょうげん）できないくらいだ）。 |

① メールが返（かえ）ってこないから**どんなに**心配（しんぱい）した**か**。

② あんなことを言（い）われて、**どんなに**悔（くや）しかった**か**。

PART ❶ 基礎編
基礎の復習
「N3 文型」の復習
PART ❷ 対策編
対策準備
実戦練習
PART ❸ 模擬試験

⇒答えは p.84　　/2　　/2
こた

次の文の（　　）に入れるのに最もよいものを、1・2・3・4から一つ選びなさい。
つぎ　ぶん　　　　　　　い　　　　　　　もっと　　　　　　　　　　　　　　　　　　　ひと　えら

① それを聞いた時、（　　　　　）うれしかったか。言葉では言い表せない。
き　とき　　　　　　　　　　　　　　　　　ことば　　い　あらわ

　　1　こんなに　　　　　2　そんなに　　　　　3　あんなに　　　　　4　どんなに

② 日本人のぼく（　　　　　）びっくりするくらい、彼女は上手に敬語を使っていた。
にほんじん　　　　　　　　　　　　　　　　かのじょ　じょうず　けいご　つか

　　1　もさえ　　　　　　2　でさえ　　　　　　3　はさえ　　　　　　4　がさえ

11 限定　Restriction ／限制／ Hạn định
げんてい

1

| A しか〜ない | A だけ〜。 |

名詞

① 彼はまだひらがな**しか**読め**ない**。
かれ　　　　　　　　　　よ
② この問題ができた人は一人**しかいません**。
もんだい　　　　ひと　ひとり

2

| A しかない | A する以外に方法がない。 |
いがい　ほうほう

動詞・辞書形

① この病気を治すには、手術する**しかありません**。
びょうき　なお　　　　しゅじゅつ
② お金を落としたから、歩いて帰る**しかなかった**。
かね　お　　　　　　　　あ　　かえ

3

| A だけでいい | A で十分だ。 |
じゅうぶん

動詞
い形容詞
な形容詞
名詞

① 座っている**だけでいい**から、あなたも来て。
すわ　　　　　　　　　　　　　　　き
② 子供は元気な**だけでいい**よ。成績は気にしなくていい。
こども　げんき　　　　　　　　せいせき　き

4

| A だけでなく | A 以外にも（ A でも普通でないのに、ほかにもあるという
いがい　　　　　　ふつう
気持ち）。 |
きも

① 犯人 * は宝石 * を盗んだ**だけでなく**、店員にけがをさせた。
はんにん　　ほうせき　ぬす　　　　　　　　　てんいん
② あの店はおいしくない**だけでなく**、サービスも悪い。
みせ　　　　　　　　　　　　　　　　　わる

＊犯人：criminal ／犯人／ phạm nhân　　　　　　＊宝石：gem; jewel ／宝石／ đá quý
　はんにん　　　　　　　　　　　　　　　　　　　　ほうせき

✎ 確認ドリル・11
（かくにん）

⇒答えは p.84 ☐ /2　☐ /2

次の文の（　　）に入れるのに最もよいものを、1・2・3・4から一つ選びなさい。
（つぎ）（ぶん）　　　　　　（い）　　　　　（もっと）　　　　　　　　　　　　　　　　（ひと）（えら）

① 午後から胃の検査があるので、今は水（　　　　　）。
（ごご）　（い）（けんさ）　　　　　　　（いま）（みず）

　　1　しか飲めない　　　　　　　　　　2　だけで飲む
　　　　　（の）　　　　　　　　　　　　　　　　（の）
　　3　だけ飲めない　　　　　　　　　　4　を飲むだけでない
　　　　　（の）　　　　　　　　　　　　　　　　（の）

② あの学生は日本語の勉強を始めてまだ（　　　　　）しかたっていないけど、結構話せる。
（がくせい）（にほんご）（べんきょう）（はじ）　　　　　　　　　　　　　　　　（けっこうはな）

　　1　30分　　　　　　2　1週間　　　　　3　半年　　　　　4　5年
　　　（ぶん）　　　　　　　　（しゅうかん）　　　　　（はんとし）　　　　　（ねん）

12 表現のスタイル　Style of expression ／表达方式／ Phong cách biểu thị
（ひょうげん）

1
☐ ☐

A 一方（で）B （いっぽう） 普通体 （な形容詞・な／である　名詞・である）	A だが B （対照的な二つの側面 * を示す）。 （たいしょうてき）（ふた）（そくめん）（しめ）
① 母は私には厳しい**一方で**、弟には甘い。 （はは）（わたし）（きび）（いっぽう）（おとうと）（あま） ② 昼間は会社で働く**一方**、夜は大学で勉強した。 （ひるま）（かいしゃ）（はたら）（いっぽう）（よる）（だいがく）（べんきょう）	

* 側面：side; aspect ／側面／ mặt bên
（そくめん）

2
☐ ☐

A っけ 動詞・た形 い形容詞・かった な形容詞・だ／だった 名詞・だ／だった	A だろうか （はっきり覚えていないことを確かめる）。 （おぼ）　　　　　　（たし） ※話し言葉 （はな）（ことば）
① あの人、誰だった**っけ**？ （ひと）（だれ） ② 会議は何時からだった**っけ**？ （かいぎ）（なんじ）	

3
☐ ☐

A って（引用） （いんよう） 普通体 （名詞・だ）	A という。A というのは。　※会話表現 （かいわひょうげん）
① カメの背中に乗って海を旅する**って**話、知っていますか。 （せなか）（の）（うみ）（たび）（はなし）（し） ②「オコノミヤキ」**って**何ですか。 （なん）	

4
☐ ☐

A って（伝聞） （でんぶん） 普通体	A ということだ。A そうだ。※くだけた会話表現 （かいわひょうげん）
① 角のレストラン、閉店する * **って**。 （かど）（へいてん） ② あの二人、結婚する**って**。 （ふたり）（けっこん）	

* 閉店（する）：to close a shop ／关店／ đóng cửa
（へいてん）

| **5** □□ **A といい（B といい）** 名詞 | 例えば A もそうだが（もちろん、ほかもそうだという気持ち）。 |

① 彼女は身に着けているもの**といい**、とにかく地味だ。
② 水**といい**空気**といい**、こんなにきれいなところはない。

| **6** □□ **A ということ** 普通体 （な形容詞・（だ）　名詞・（だ）） | A という結論 *。 |

① 彼は来ない**ということ**だな。
② このワインはイタリア製**ということ**か。

＊結論：conclusion ／结论／ kết luận

| **7** □□ **A とか** 普通体 | A そうだ（伝聞 *）。 |

① 申し込みの手続きは簡単に終わる**とか**、聞いた。
② さっき、ニュースで見た。犯人は車で逃げている**とか**。

＊伝聞：hearsay ／传闻、传说／ nghe nói

| **8** □□ **A とは** 普通体 （な形容詞・（だ）　名詞・（だ）） | A は驚くべきことだ。 |

① こんな小さな子が一人で歩いて来た**とは**！
② 1万円くらいと思っていたけど、7万円**とは**！

| **9** □□ **A なんか** 名詞 | A は（軽く例を挙げる）。 |

① 今日のお昼、ピザ**なんか**、どう？
② その日、ここに来た男**なんか**いなかったと思う。

| **10** □□ **A のに対して B** 普通体 （な形容詞・な　名詞・な） | A に比べ、対照的に B 。 |

① あの店は品物が多い**のに対して**、こっちの店は値段が安い。
② 母親はにこにこしていた**のに対して**、父親はずっと黙っていた。

確認ドリル・12
かくにん

⇒答えは p.84　/2　/2

次の文の（　　）に入れるのに最もよいものを、1・2・3・4から一つ選びなさい。
つぎ　ぶん　　　　　い　　　　　　　もっと　　　　　　　　　　　　　　　　　　　　　ひと　えら

① 歩いて登るのも大変なのに、富士山に走って登るレースがある（　　　　）！
あ　　のぼ　　　　たいへん　　　ふ じ さん　はし　　　のぼ

　　1　一方で　　　　　　　2　っけ　　　　　　　3　なんか　　　　　4　とは
　　　いっぽう

② ねえ、忘れちゃったから教えて。平成の前の時代って、昭和だった（　　　　）？
　　　わす　　　　　　　　　おし　　　へいせい　まえ　じ だい　　　しょう わ

　　1　って　　　　　　　　2　といい　　　　　　3　とか　　　　　　4　っけ

練習問題の答え
れんしゅうもんだい　　こた

✏️ **確認ドリル・1**
かくにん
① 3
② 2

✏️ **確認ドリル・2**
かくにん
① 2
② 2

✏️ **確認ドリル・3**
かくにん
① 3
② 2

✏️ **確認ドリル・4**
かくにん
① 1
② 4

✏️ **確認ドリル・5**
かくにん
① 1
② 4

✏️ **確認ドリル・6**
かくにん
① 1
② 4

✏️ **確認ドリル・7**
かくにん
① 3
② 4

✏️ **確認ドリル・8**
かくにん
① 2
② 2

✏️ **確認ドリル・9**
かくにん
① 1
② 4

✏️ **確認ドリル・10**
かくにん
① 4
② 2

✏️ **確認ドリル・11**
かくにん
① 1
② 3

✏️ **確認ドリル・12**
かくにん
① 4
② 4

UNIT 1 「N2 文型」の整理

Sorting out N2 sentence patterns ／「N2 句型」的整理／ Ôn tập các mẫu câu N2

1 時間・時期 Time, period ／时间、时期／ Thời gian, thời kì

1

A か **Aない** かのうちにB	**A** が完全に終わる前に次のことが起きる。
動詞・辞書形　動詞・ない形　た形	

① 信号が変わる**か**変わら**ないかのうちに**、横断歩道を渡り始めた。
② 注文して、3分たつ**かたたないかのうちに**料理が運ばれてきた。

2

Aて からでないと（Bない）	**A** をしなければ、次のことができない。
動詞・て形	※後ろは否定表現。

① 家族と相談し**てからでないと**、決められません。
② 実物＊を見**てからでないと**、お金は払えません。

＊実物：real thing ／实物／ hiện vật

3

A 次第、B	**A** したらすぐに **B**（A：今後、予定／予想されていること）。
動詞・ます形	

① 新しい住所が決まり**次第**、お知らせします。
② 駅に着き**次第**、電話してください。

4

Aた かと思ったら B	**A** したらすぐに **B**（時間差がほとんどない様子）。
動詞・た形	

① 兄は帰っ**たかと思ったら**、またすぐに出かけていった。
② 赤ちゃんは今泣い**たかと思ったら**、もう笑っている。

5

A つつある	**A** の変化の途中にある。
動詞・ます形	

① この町の駅前は再開発され**つつある**。
② 薬が効いたみたいで、熱は少しずつ下がり**つつある**。

6

Aて 以来 B
動詞・て形

Aて からずっと B 。

① 空港で別れて以来、彼女には会っていない。
② 日本に来て以来一度も風邪をひいていない。

7

Aところに／
Aところを
動詞・辞書形／た形／ている／ていた
形容詞
名詞・の

A の寸前 */ 途中 / 直後に。 A という状況・状態で。

① 髪を乾かしているところに電話がかかってきて困った。
② お忙しいところを申し訳ありません。

*寸前：on the verge ／即将、马上就要／ ngay trước

8

Aないかのうちに
動詞・ない形

A の直前に、 A とほぼ同時に。

① 食事が終わるか終わらないかのうちに、息子は寝始めた。
② メールを送るか送らないかのうちに相手からメールが届いた。

9

A に際し（て）
動詞・辞書形
名詞

A のときに。

① 入国するに際し、入国カードを用意しなければならない。
② ご注文に際し、以下の点にご注意ください。

10

A に先立ち／ A に先立って
名詞　　　　　　　名詞

A の前に。

① 契約に先立ち、説明会が行われる。
② 開会式に先立って、一部の競技が行われる。

11

A につけ B
動詞・辞書形

A するといつも B 、 A という機会があればいつも B 。

① 恋人と歩いているカップル * を見るにつけうらやましいと思う。
② 母は何かにつけメールを送ってくる。　　※「何かにつけ（て）」は慣用表現。

*カップル：couple ／恋人／ cặp đôi

| **__A__ にわたって／ __A__ にわたり** 名詞　　　　　　　名詞 | __A__ の期間で。 |

① 見本市＊は7日間**にわたって**開かれた。
② 事故による通行止めは3時間**にわたり**続いた。

＊見本市：trade fair ／交易会／ hội chợ thương mại

EXERCISE

次の（　　　　）に入る最も適当なものを1・2・3・4から一つ選びましょう。

⇒答えは p.122

1 マンションの建設に（　　　　　　）、周辺の住民への説明会が行われた。

 1　つけ 2　つれて 3　したがって 4　先立って

2 詳しい予定が（　　　　）、連絡させていただきます。

 1　決まり次第   2　決まりつつ
 3　決まって以来   4　決まってからでないと

3 やっと仕事が（　　　　）、また次の仕事を頼まれた。

 1　終わったかと思ったら   2　終わり次第
 3　終わるに先立って   4　終わったきり

4 彼らは出会って半年たつか（　　　　）結婚した。

 1　たたないかと思ったら   2　たったかと思ったら
 3　たたないかのうちに   4　たったかのうちに

5 この店の料理を食べるに（　　　　）、母の味を思い出す。

 1　つけ 2　わたり 3　かけては 4　先立って

6 私の家は祖父の時代から長年（　　　　）、すし屋を営んでいる。

 1　をわたって 2　にわたって 3　をかけて 4　にかけて

7 ちょうどケーキが（　　　　）、友だちが遊びに来た。

 1　焼いたところを   2　焼けたところを
 3　焼いたところに   4　焼けたところに

8 両方の話を（　　　　）、どちらにも賛成できません。

1　聞いたうえで　　　　　　　　　2　聞き次第
3　聞いたきり　　　　　　　　　　4　聞いてからでないと

9 時代とともに人々の考え方も（　　　　）。

1　変わりつつある　　　　　　　　2　変わってつつある
3　変わったきりだ　　　　　　　　4　変わってきりだ

10 彼は先生に（　　　　）、一日も遅刻しなくなった。

1　しかって以来　　2　しかられて以来　　3　しかったきり　　4　しかられたきり

11 就職の面接を（　　　　）、先輩にアドバイスをしてもらった。

1　受けるところに　　　　　　　　2　受けないかのうちに
3　受けるに際して　　　　　　　　4　受けつつあって

2 立場・状況・場合

Standpoint, circumstances, situation ／立場、状況、場合／
Lập trường, tình hình, trường hợp

1　A　あまり　B 動詞 名詞・の	とても A なので結果が B。

① 興奮のあまり言葉が出てこなかった。
② 急ぎすぎたあまり、いくつかミスをしてしまった。

2　A　ざるを得ない 動詞・ない形ない	気が進まなくても A するしかない。

① あの人に頼まれたら、引き受けざるを得ない。
② 医者に命にかかわる * と言われたので、酒をやめざるを得ない。

＊〜にかかわる：to be involved in 〜 ／有关、涉及／ liên quan đến

3　A　にあたり 動詞・辞書形 名詞	A の機会に。

① 開会にあたり会長よりごあいさつをいただきます。
② 結婚するにあたり新しく住む部屋を探した。

4 ☐ ☐ 名詞 **A にこたえて** | A に対応して／反応して。
たいおう　はんのう

① 応援するファンの声**にこたえて**、彼は笑顔で手を振った＊。
おうえん　　　　こえ　　　　かれ　えがお　て　ふ
② 客の要望＊**にこたえて**、ランチサービスを始めることにした。
きゃく ようぼう　　　　　　　　　　　　　　　はじ

＊**手を振る**：wave a hand／挥手／vẫy tay
て　ふ
＊**要望**（する）：to demand／要求、希望／yêu cầu, mong muốn
ようぼう

---

5 ☐ ☐ 名詞 **A にしたら** **A にしてみたら** | A の立場では。
たち ば

① 親**にしたら**いくつになっても子どもは子どもだ。
おや
② 昔からの店**にしてみたら**、駅ビルに新しい店ができるのは迷惑だろう。
むかし　　みせ　　　　　　　えき　　　あたら　みせ　　　　　　めいわく

---

6 ☐ ☐ 名詞 **A 抜きに** **A は抜きにして**
ぬ　　　　　　　ぬ
| 「 A 抜きに B」「 A は抜きにして B」の形で「 A
がない状態で B（する）」。
じょうたい　　かたち

① 彼とはこれまで、損得**を抜きに**付き合ってきた。
かれ　　　　　　　そんとく　ぬ　　つ　あ
② 冗談**は抜きにして**、山田さんは新しいリーダー＊にふさわしいと思う。
じょうだん　ぬ　　　　　やまだ　　あたら　　　　　　　　　　おも
③ 今日は仕事の話**は抜きにして**、楽しく飲みましょう。
きょう　しごと　はなし　ぬ　　　　　たの　　の

＊**リーダー**：leader／领导、头儿／người dẫn đầu

---

7 ☐ ☐ 名詞 **A 抜きに B ない／** **A を抜きにして B ない**
ぬ　　　　　　　　ぬ
| A がない状態では B できない。
じょうたい

① 田中さん**抜きに**、この計画の成功は望め**ない**。
たなか　ぬ　　　　　けいかく　せいこう　のぞ
② この作品**を抜きにして**、日本の文学を語ることはでき**ない**。
さくひん　ぬ　　　　　にほん　ぶんがく　かた

---

8 ☐ ☐ 名詞 **A のもと（で）** | A の影響の及ぶ範囲で。
えいきょう　およ　はんい

① 論文は田中教授の指導**のもと**、完成することができた。
ろんぶん　たなかきょうじゅ　しどう　　　　かんせい
② 国の指導**のもと**、新しい制度が取り入れられた。
くに　しどう　　　　　あたら　せいど　と い

＊**論文**：essay／论文／luận văn
ろんぶん

EXERCISE ✎

次の（　　　　）に入る最も適当なものを 1・2・3・4 から一つ選びましょう。

⇒答えは p.122

1 時間がないので、あいさつ（　　　　）、さっそく会議を始めましょう。

1　抜きにして　　　　　　　　　　　　2　は抜きにして
3　が抜きにして　　　　　　　　　　　4　の抜きにして

2 リーダーの小川さん（　　　　）、旅行の相談は進められません。

1　を抜きにして　　　　　　　　　　　2　を抜きになって
3　が抜きにして　　　　　　　　　　　4　が抜きになって

3 彼は幼いころに母親が亡くなったので、祖母（　　　　）、育てられた。

1　にもとづいて　　2　にあたって　　3　のとおりに　　4　のもとで

4 メールを見て、うれしさ（　　　　）、大声で叫んでしまった。

1　あまり　　　2　のあまり　　　3　あまりに　　4　あまりの

5 図書館は市民の要求（　　　　）、開館時間を延長した。

1　あまり　　　2　抜きに　　　3　にあたり　　4　にこたえて

6 台風で飛行機が飛ばなくなった。楽しみにしていた旅行は（　　　　）。

1　行かざるを得ない　　　　　　　　　2　行くものではない
3　あきらめざるを得ない　　　　　　　4　あきらめるものではない

7 一人暮らしを（　　　　）にあたり、家具や家電製品をそろえた。

1　始める　　　2　始めた　　　3　始めている　　4　始め

8 アルバイトの店員（　　　　）、客が多くて忙しすぎるより、適当にひまなほうがいいだろう。

1　にしては　　　2　にしたら　　　3　にあたって　　4　について

3 限定
げんてい
Restriction ／限制／ Hạn định

1 __A__ うえで __B__
動詞・た形

__A__ してから __B__ 。

① この問題につきましては、上司に確認した**うえで**お返事します。
② ネットで買うより実際に商品を見た**うえで**買いたい。

2 __A__ にて
名詞

__A__ で（A：場所・時間など）。

① 式は3階ホール**にて**行われます。
② あと3時間ほど**にて**到着します。

3 （ただ）__A__ のみ
動詞・辞書形
名詞

__A__ だけ。

① 彼女はうなずく**のみ**で、何も話さなかった。
② 彼が口にすることができたのはただ水**のみ**だった。

4 __A__ のみならず
普通体
（な形容詞・な／である　名詞・だ／である）

__A__ だけでなく。

① この電子レンジは料理を温める**のみならず**メニューも提案してくれる。
② このゲームは子ども**のみならず**大人にも人気がある。

5 （ただ）__A__ ばかり
動詞・辞書形／て形
名詞

__A__ だけ。

① 彼女は**ただ**黙って遠くを見る**ばかり**で、何も話してくれなかった。
② 彼は文句を言って**ばかり**で、自分で努力をしようとしない。

6 __A__ ばかりか
普通体
（な形容詞・な　名詞・だ／である）

__A__ だけでも十分なのに __B__ も～。

① このアニメは子ども**ばかりか**、大人にも人気がある。
② ごちそうになった**ばかりか**、お土産までいただいてすみません。

7

| __A__ はともかく | __A__ は除外しても、ほかは。 |

名詞

① 部長**はともかく**課長には報告しておくように。
② あのホテルは景色**はともかく**料理は素晴らしいんだ。

8

| __A__ ほかない | __A__ するしかない。 |

動詞・辞書形

① あなたの不注意で壊れたのだから謝る**ほかないよ**。
② こんなに雪が積もっているのなら車で行く**ほかない**。

9

| __A__ よりほかない | __A__ しか方法・手段 * がない。 |

動詞・辞書形
名詞

① 5月は忙しくて休みがとれないから、旅行はあきらめる**よりほかない**。
② 自分の将来のことなんだから自分で決める**よりほかない**。

＊**手段**：means ／手段／ thủ đoạn

EXERCISE

次の（　　　）に入る最も適当なものを 1・2・3・4 から一つ選びましょう。

⇒答えは p.122

1 結果（　　　）、最後まであきらめないで努力することが大切だ。

1　はともかく　　　　2　のみで　　　　3　よりほかなく　　　4　のもとで

2 この病気を治すためには、（　　　）でしょう。

1　手術してばかり　　　　　　　　2　手術するばかり
3　手術してほかない　　　　　　　4　手術するほかない

3 彼女は人の意見を聞く（　　　）、自分の考えを言おうとしない。

1　ばかり　　　　2　ばかりで　　　　3　のみ　　　　4　のみならず

4 みんなで話し合った（　　　）、クラスの代表を決めました。

1　うえに　　　　2　うえの　　　　3　うえで　　　　4　うえは

5 遠く異国の地（　　　　　　）、皆さまのご健康とお幸せをお祈りします。

   1　として　　　　　　　2　について　　　　　　3　にて　　　　　　　4　とともに

6 試験が終わった。合格できるかどうか、あとは発表を（　　　　　　）。

   1　待つのみだ　　　　　　　　　　　　2　待っているのみだ
   3　待ったのみだ　　　　　　　　　　　4　待とうのみだ

7 最近は若者（　　　　　　）、お年寄りもコンビニを利用することが多くなった。

   1　のみで　　　　　2　のみか　　　　　3　のみならず　　　4　のみならない

8 彼は勉強ができる（　　　　　　）、スポーツも得意で、女の子に人気がある。

   1　はともかく　　　2　ほかなく　　　3　ばかりか　　　4　うえで

9 お願いします。こんなことを頼めるのはあなた（　　　　　）んです。

   1　ほかない　　　　2　よりほかない　　3　ばかりな　　　4　のみならない

4 例示・比喩 Example, metaphor ／举例、比喻／ Ví dụ, tỉ dụ

1

Aかのよう 普通体 （な形容詞・である　名詞・である）	現実*はそうではないが、Aのようだ。

① 彼はまるで自分がその場にいた**かのように**、事件の話をした。
② 母は全部知っているのに、何も知らない**かのような**顔をしていた。

＊現実：reality ／现实／ hiện thực

2

AからしてB 名詞	（代表的な*例として）AがBだから、ほかももちろんだ。

① 私は彼が嫌いだ。話し方**からして**好きになれない。
② 彼の家はとても大きい。玄関**からして**ぼくの部屋くらいある。

＊代表的(な)：representative ／代表的／ tiêu biểu

3

☐
☐

A にしろ B にしろ／
A にせよ B にせよ

動詞　　　　　動詞
形容詞　　　　形容詞
名詞　　　　　名詞

たとえば A でも B でも、どちらも同じように。

① 行く**にしろ**行かない**にしろ**、ちゃんと連絡してください。

② 犬**にせよ**猫**にせよ**一緒に暮らしていれば家族と同じだ。

4

☐
☐

A やら B やら

動詞・辞書形　　　動詞・辞書形
形容詞　　　　　　形容詞
名詞　　　　　　　名詞

A や B などいろいろで。

① すごく感動する映画で、見ていて泣く**やら**笑う**やら**忙しかった。

② 初めて海外に一人で行ったときは、不安**やら**心配**やら**で落ち着かなかった。

5

☐
☐

A をはじめ（として）

名詞

A を一つの例として（A：代表的なもの）。

① 私の成功は、家族**をはじめ**多くの人のおかげ＊です。

② この小説**をはじめ**、彼の多くの作品が海外で翻訳されている。

＊おかげ：assistance ／多亏／ nhờ

EXERCISE ✎

最も適当なものを 1・2・3・4 から一つ選びましょう。

⇒答えは p.122

1 富士山に登るなら、（　　　　　）登山ぐつが必要だ。

1 買うとか借りるとか
2 買うや借りるや
3 買うにしろ借りるにしろ
4 買うやら借りるやら

2 まだ 2 月なのに、今日はまるで春が（　　　　　）暖かさだ。

1 来るかのように
2 来たかのように
3 来るかのような
4 来たかのような

3 彼女のスーツケースは、おみやげ（　　　　）食べもの（　　　　）でいっぱいだった。

1 や／や　　　2 やら／やら　　　3 から／から　　　4 にせよ／にせよ

4 このアパートに住んで、大家さん（　　　　　　）近所の人たちにいろいろお世話になりました。

 1　にせよ   2　からして   3　をはじめ   4　ばかりで

5 この本は題名（　　　　　　）とても難しそうで、読む気になれない。

 1　をはじめとして 2　にしろ   3　からして   4　なんて

5 対比　Comparison ／对比／ So sánh

1

A どころか B 普通体 （な形容詞・だ　名詞・だ）	A よりももっと程度が激しい B 。 A と反対の B 。
① テストは難しい**どころか**、問題の意味さえわからなかった。 ② テストは難しい**どころか**、半分の時間でできた。	

2

A はもちろん B も 名詞　　　　　　　　名詞	A は当然だが B も。
① この体操は健康に**はもちろん**美容に**も**効果がある。 ② 週末**はもちろん**週明け ***も**忙しい。	

＊ 週明け：beginning of the week ／星期一／ đầu tuần sau

EXERCISE

次の（　　　　　）に入る最も適当なものを1・2・3・4から一つ選びましょう。

⇒答えは p.122

1 日本語は漢字（　　　　　）文字の種類が多くて、覚えにくい。

 1　をはじめとして 2　どころか   3　にしろ   4　はもちろん

2 遅刻したのに、彼は謝る（　　　　　）あいさつもしないで、部屋に入ってきた。

 1　うえに   2　どころか   3　ばかりか   4　はもちろん

6 同時・二つの事柄 Simultaneous, two things ／同时、两件事／ Đồng thời, hai sự việc

1

A うえ（に） 普通体 （な形容詞・な　名詞・である）	_A_ だけでなく、_A_ に加えて。

① 彼女は親切な**うえに**頭もいい。
② 頭が痛い**うえに**熱もあったので、仕事を休んだ。

2

A　つつ（も） 動詞・ます形	_A_ ながら _B_ 。　_A_ だけれども _B_ 。

① 人間は失敗を重ね＊**つつ**、成長するものだ。
② 悪いことだと知り**つつも**、うそをついてしまった。

＊**重ねる**：繰り返す。積み上げていく。
＊**成長**（する）：to grow ／成长／ trưởng thành

EXERCISE ✐

次の（　　　　）に入る最も適当なものを 1・2・3・4 から一つ選びましょう。

⇒答えは P.122

1 今のアルバイトは時給がいい（　　　　　）日本語の練習にもなるので、気に入っている。

　　1　うえに　　　　　2　どころか　　　　　3　はもちろん　　　4　つつ

2 彼女に自分の気持ちを伝えようと（　　　　　）、何も言えなかった。

　　1　思ってつつ　　　2　思うつつ　　　　3　思いつつ　　　4　思ったつつ

PART ❶ 基礎編

基礎の復習

「N3 文型」の復習

PART ❷ 対策編

対策準備

実戦練習

PART ❸ 模擬試験

 Emphasis, repetition ／強調、重復／ Nhấn mạnh, lắp lại

1 A こそ

名詞

A を強調する。

① 「どうぞよろしく」「こちら**こそ**、よろしくお願いします」
② 結果よりも、努力すること**こそ**大切だ。

2 A ことか

普通体

なんと A だろう（深く感じる気持ち）。

① 初めて日本に来たときは、どんなに不安だった**ことか**。
② 一人暮らしはなんと自由な**ことか**。

3 A ことに

動詞・た形／可能のない形
い形容詞
な形容詞・な

とても A ことで〜（A という話者の強い感情→
それを引き起こした出来事）。

① うれしい**ことに**、故郷の母から誕生日プレゼントが届いた。
② 驚いた**ことに**、昔の友人が有名な作家になっていた。

4 A にかけては

名詞

（ほかのことはわからないが）A については。
※後には「だれにも負けない」など高い評価が来る。

① 仕事の丁寧さ＊**にかけては**彼女が一番だ。
② 車の知識**にかけては**彼の右に出る者はいない。

＊**丁寧さ**：politeness; scrupulousness ／細致／ cẩn thận, lịch sự

5 A にほかならない

動詞・普通体＋から
名詞

A であると強調。

① わざわざ出かけてきたのは、この景色が見たかったから**にほかならない**。
② あなたを推薦したのは鈴木課長**にほかならない**。

＊**推薦**（する）：to recommend ／推荐／ tiến cử

6 A はもとより

名詞

A は当然のこととして。

① この計画については課長**はもとより**部長も承知している。
② 彼の作品は、日本**はもとより**、海外でも高く評価されている。

EXERCISE ✐

次の（　　　　）に入る最も適当なものを 1・2・3・4 から一つ選びましょう。

⇒答えは p.122

1 不思議な（　　　　　）、誰もいないはずの部屋から笑い声が聞こえてきた。

1　ことで　　　　　　2　ことか　　　　　　3　ことに　　　　　4　ことが

2 マラソンで最後まで走ることができたのは、みんなが応援して（　　　　　）。

1　もらったからにほかない　　　　　　2　もらったからにほかならない
3　くれたからにほかない　　　　　　　4　くれたからにほかならない

3 通訳の仕事は専門的な知識や技術は（　　　　　）、高いコミュニケーション能力も求められる。

1　もとに　　　　　　2　もとづいて　　　　3　もとから　　　　4　もとより

4 友達なら、苦しいとき（　　　　）助け合おう。

1　こそ　　　　　　　2　にかけては　　　　3　のみならず　　　4　はもとより

5 ウェディングドレスを着た姉はどんなに美しかった（　　　　　）。

1　こと　　　　　　　2　ことか　　　　　　3　ことだ　　　　　4　ことだった

6 英語は苦手だが、数学の成績に（　　　　　）、クラスのだれにも負けたくない。

1　わたっては　　　　2　際しては　　　　　3　かけては　　　　4　対しては

---

8 # 逆接・意外な気持ち　Contradictory conjunction, unexpected feelings ／逆接、意外的心情／
Liên kết nghịch, cảm giác bất ngờ

A からといって B　普通体	A を理由に B できない。

① 疲れた**からといって**、仕事は簡単に休めない。
② 金持ちだ**からといって**、何でも買えるわけではない。

2

A（か）と思うと B ／ A（か）と思ったら B 普通体	A という予想・印象だったが（そうでもなく）B 。
① 冷たい人**かと思うと**、全然そんなことはなかった。 ② さっき帰った**と思ったら**、もう出かけて行った。	

3

A くせに／ A くせして 普通体 （な形容詞・な　名詞・の）	A するのに、A なのに（非難する気持ちを表す）。
① 子供の**くせに**、化粧なんてしてはいけません。 ② 知っている**くせして**、どうして教えてくれないの？	

4

A と（は）いうものの 普通体	A ではあるが（A から考えられる結果ではない）。
① 11月だ**とはいうものの**、汗ばむほどの暖かさだ。 ② 資料はすべてそろえた**とはいうものの**、初めての発表は不安だ。	

5

A ながら（も） 動詞・ます形 い形容詞・い な形容詞・な 名詞	A であるけれども。
① 彼女は何度かミスをし**ながらも**、最後までピアノを弾いた。 ② 小学生**ながらも**りっぱなスピーチをした。	

6

A ものの B 普通体 （な形容詞・な　名詞・である）	A は事実だが B 。
① 夕べはよく寝た**ものの**、まだ疲れが取れない。 ② 姉はピアノは得意な**ものの**、歌は苦手だ。	

7

A にもかかわらず B 普通体 （な形容詞・だ／である　名詞・だ／である）	A なのに B（予想と反対の結果）
① 何度も注意された**にもかかわらず**、彼は今日も遅刻した。 ② 大雨**にもかかわらず**、サッカーの試合は行われた。	

EXERCISE ✏️

次の（　　　）に入る最も適当なものを 1・2・3・4 から一つ選びましょう。

⇒答えは p.122

1 狭くて汚い（　　　　）、やっぱり自分の家が一番落ち着く。

　　1　くせに　　　　　2　からといって　　　3　ながらも　　　　4　かと思ったら

2 運転免許を取った（　　　　）、車を買うお金が無い。

　　1　ながらも　　　　2　ものの　　　　　　3　うえで　　　　　4　きり

3 有名な観光地だから、こんでいる（　　　　）、意外に空いていた。

　　1　とはいうものの　　2　と思ったら　　　3　からといって　　4　にかかわらず

4 彼は（　　　　）、うそをついて仕事を休んだ。

　　1　元気にかかわらず　　　　　　　　　2　元気かと思ったら
　　3　元気ながらも　　　　　　　　　　　4　元気なくせに

5 テストは簡単だった（　　　　）、結果を見るまでは安心できない。

　　1　ながらも　　　　2　くせして　　　　　3　ものだが　　　　4　とはいうものの

6 一度や二度失敗した（　　　　）、あきらめるのは早すぎる。

　　1　からこそ　　　　2　からして　　　　　3　からといって　　4　からいうと

7 本当のことを話した（　　　　）、だれにも信じてもらえなかった。

　　1　ながらも　　　　2　からといって　　　3　はともかく　　　4　にもかかわらず

9 結果 Result ／结果／ Kết quả

1 ☐ ☐	**A　あげく B** 動詞・た形	何度も / 長い時間 A した結果、B 。

①何度も断られた**あげく**、とうとうあきらめてしまった。
②いろいろ調べた**あげく**、最初に見つけたホテルにした。

2 □□ **A た きり**
動詞・た形

A した後、そのまま何も起こらない。

① 彼女とは高校の卒業式で会ったきりだ。
② 半年前に帰国したきり、彼からは何の連絡も無い。

3 □□ **A 末にB**
動詞・た形
名詞

長い A の後で B という結果になった。

① 母は苦労の末に3人の子どもを大学に進学させた。
② 迷った末に一番高いバッグを買った。

4 □□ **A （こと／よう）になっている**
名詞

A と決まっている。 A というようにされている。

① 建物の中は禁煙になっている。
② 寒い地方では、家の中に冷たい風が入らないような造りになっている。

EXERCISE 🖊

次の （　　　）に入る最も適当なものを 1・2・3・4 から一つ選びましょう。

⇒答えは p.122

1 彼女は「わかりません」と（　　　）、何も話そうとしなかった。

1　言ったとたん　　　2　言わないうちに　　　3　言ったきり　　　4　言って以来

2 その選手は毎日何時間も（　　　）、とうとう新しい技術をマスターした。

1　練習のうえに　　　2　練習の末に　　　3　練習したうえに　　　4　練習した末に

3 どれを買おうか迷った（　　　）、何も買わずに帰った。

1　きり　　　2　かと思ったら　　　3　あげく　　　4　ところに

4 私の会社では、10年前から男性も育児休暇が取れる（　　　）。

1　ことになっている　　　　　　　2　ことになる
3　ことにする　　　　　　　　　　4　ことにしている

10 条件・基準・方法（じょうけん・きじゅん・ほうほう）

Condition, standard, method ／条件、标准、方法／
Điều kiện, tiêu chuẩn, phương pháp

1 A　以上　B
動詞・た形

A になったのだから B と覚悟（かくご）する。

① 結婚した**以上**、お互い我慢をすることも必要だ。
② 注文した**以上**全部食べてくださいね。

2 A　うえは　B
動詞・た形

A という状況（じょうきょう）では B という決意（けつい）を持（も）つ。

① 大学に合格した**うえは**必ず目的を達成したい*。
② こうなった**うえは**、みんなで力を合わせてやるしかない。

*達成（たっせい）（する）：to achieve ／达成／ thành đạt

3 A　かぎり（では）B
動詞・辞書形／ている
名詞・の

A の範囲（はんい）で B。

① 私が知っている**かぎり**、彼はまだ日本にいるはずだ。
② 力の**かぎり**、がんばります。

4 A　かぎり（は）B
動詞・辞書形／ない形／ている
名詞・の／である

A という条件（じょうけん）が続（つづ）いている間（あいだ）は B。

① お酒をやめない**かぎり**、この病気は治りませんよ。
② 日本に住んでいる**かぎりは**、日本の法律を守るべきだ。

5 A から見ると
名詞

A から考（かんが）えると。A の立場（たちば）から考（かんが）えると。

① 彼の様子**から見ると**、新しい仕事はうまくいっているようだ。
② 親**から見ると**、子供は何歳になってもかわいいものだ。

6 A　ことなく
動詞・辞書形

A しないで。

① 彼女は一日も休む**ことなく**働いている。
② 失敗を恐れる***ことなく**、新しいことにチャレンジしよう。

*恐（おそ）れる：to fear ／恐惧、害怕／ sợ hãi

7 **A** 次第 **B**
動詞・ます形

　　A したらすぐに B 。

① 駅につき**次第**連絡をください。すぐ迎えに行きます。
② 彼からの連絡が入り**次第**、そちらにもお知らせします。

---

8 **A て こそ B**
動詞・て形

　　A があることで初めて B が成り立つ（Aがなければ Bはない）。

① 働い**てこそ**、お金の大切さがわかるものだ。
② 親の苦労は、自分の子どもが生まれ**てこそ**わかる。

---

9 **A て まで（も）B**
動詞・て形

　　A という極端なことをしても B 。

① お金を借り**てまでも**、車を買いたいとは思わない。
② 体をこわし**てまで**、ダイエットしなくてもいいだろう。

---

10 **A ない ことには B**
動詞・ない形

　　A をしなければ B できない。

① 部長が来**ないことには**会議が始められない。
② 実際に話さ**ないことには**、会話は上手になりませんよ。

---

11 **A に 応じて B**
名詞

　　A （基準など）に合わせてB。

① この学校では、レベル**に応じて**クラスが分けられている。
② お客様のご要望**に応じて**さまざまなサービスをご用意しております。

---

12 **A にかかわらず**
動詞・辞書形／ない形
形容詞・くない／じゃない
名詞

　　A に関係なく。

① 出欠 * **にかかわらず**お返事をお願いします。
② 会議室の利用料は、人数**にかかわらず**、1 時間 3000 円です。

＊ 出欠：出席と欠席。また、そのどちらにするか、ということ。

13 □ □
A にかぎり B ／ A にかぎって B
名詞

A（の場合）だけBだ（と話者が思っている）。

① 水曜日は女性**にかぎり**、半額で映画が見られます。
② 傘を持って来なかった日**にかぎって**、雨が降る。

14 □ □
A ものなら B
動詞・可能形

A が可能なら B 。 A はできないこと。

① 飛べる**ものなら**、国に飛んで帰りたい。
② できる**ものなら**、100年後の世界を見てみたい。

15 □ □
A を問わず B
名詞

A を問題にしないで B 、A を条件にしないで B 。

① 年齢・経験**を問わず**、広くアルバイトを募集しています。
② 会場には、老若男女＊**を問わず**、たくさんの人が訪れた。

＊老若男女：all people of all ages ／男女老少／ già trẻ nam nữ

EXERCISE ✎

次の（　　　）に入る最も適当なものを1・2・3・4から一つ選びましょう。

⇒答えは p.122

1 借金をして新しい家を買った（　　　　）、このお金が返せるまでは仕事を頑張るしかない。

　1　以上　　　　　2　ことから　　　　3　かぎり　　　　4　こそ

2 初めての方（　　　　）、シャンプーを無料でサービスいたします。

　1　にくわえて　　2　にきまって　　3　にかぎって　　4　に応じて

3 熱に苦しむ娘を見ていると、代わってやれる（　　　　）代わってやりたいと思う。

　1　ものなら　　　2　次第　　　　　3　ことなく　　　4　かぎりは

4 あの会社は海外に支店が多いので、国籍を（　　　　）社員を募集している。

　1　おいて　　　　2　問わず　　　　3　かぎりに　　　4　よそに

5 この計画に決まった（　　　　　　　）、みんなで協力してこの計画の実現を目指そう。

1　ことで　　　　　　2　かぎり　　　　　　3　うえは　　　　　　4　次第

6 思いつく（　　　　　　）子供の行き先を探したが、子供はどこにもいなかった。

1　以上　　　　　　　2　かぎり　　　　　　3　ことなく　　　　　4　ものなら

7 あんな男に頭を下げて（　　　　　　）、認めてもらいたいとは思わない。

1　こそ　　　　　　　2　ばかり　　　　　　3　だけに　　　　　　4　まで

8 お金を払って（　　　　　　）、こちらも商品をお渡しするわけにはいきません。

1　もらうかぎり　　　　　　　　　　　2　もらわないだけに
3　もらわないことには　　　　　　　　4　もらうものなら

9 あなたが謝らない（　　　　　　）、みんなはあなたを受け入れることができないと思う。

1　だけに　　　　　　2　だけ　　　　　　　3　かぎり　　　　　　4　ばかり

10 彼女の表情（　　　　　　）、A社との交渉はうまくいったみたいだ。

1　に応じて　　　　　2　から見ると　　　　3　は抜きにして　　　4　だけあって

11 どんな困難があっても、彼はあきらめる（　　　　　　）、研究を続けている。

1　ことから　　　　　2　ことなく　　　　　3　こととて　　　　　4　ことだから

12 何か手がかりを見つけ（　　　　　　）、すぐに連絡をいたします。

1　かぎり　　　　　　2　以上　　　　　　　3　次第　　　　　　　4　うえは

13 この像は左右二つそろって（　　　　　　）、価値がある。

1　ばかり　　　　　　2　だけ　　　　　　　3　かぎり　　　　　　4　こそ

14 当店では、お客様の目的とご予算（　　　　　　）どんなパーティーでもできます。

1　にこたえて　　　　2　に際して　　　　　3　に応じて　　　　　4　にかぎり

15 当日のキャンセルは理由に（　　　　　　）、旅行代金を全額お支払いいただきます。

   1　かかわらず　　　　2　問わず　　　　　　3　かぎり　　　　　　　4　ほかならず

11 様子・傾向　State, tendency ／样子、倾向／ Tình hình, xu hướng

1

A おそれがある	A する心配がある。
動詞・辞書形／ない形 名詞・の	

① この建物は崩れる**おそれがある**から、近づかないほうがいい。
② 台風が近づくので、明日は大雨の**おそれがある**。

2

A げ	見た感じでは A のよう。
い形容詞・い	

① 二人は、その間ずっと親し**げ**に話していた。
② 母は別れの時何か言いた**げ**だったが、結局何も言わなかった。

3

A そうにない／ A そうもない	今後、A になるとは考えられない。
動詞・ます形	

① 雨はしばらくやみ**そうにない**。
② 父は私の結婚を許してくれ**そうもない**。

4

A っぽい	少し A を感じさせる。
名詞 動詞・ます形	

① この町は風が強くてほこり**っぽい**。
② 頭が痛くて少し熱**っぽい**から風邪かもしれない。
③ 最近、忘れ**っぽい**から、ちゃんとメモしておこう。

5

（～なら）A というものでもない ／（～ば）A というものでもない	A と思いがちだが、そうでもない。
普通体	

① お金さえあれば幸せだ**というものでもない**。
② 日本に留学すれば、日本語がうまくなる**というものでもない**。

次の（　　　）に入る最も適当なものを１・２・３・４から一つ選びましょう。

⇒答えは p.122

1　事故で電車が止まったのでタクシーを待っているが、なかなか（　　　）。

　　1　来るものでもない　　　　　　　　　　2　来そうにない
　　3　来ないっぽい　　　　　　　　　　　　4　来ないおそれがある

2　母親が買ってくる服は少し子供（　　　）ので、困る。

　　1　らしい　　　　　2　っぽい　　　　　3　げな　　　　　4　そうな

3　野生のパンダが減って絶滅の（　　　）ので、現在は大切に保護されている。

　　1　危機がある　　　　2　おそれがある　　　3　覚えがある　　　4　恐怖がある

4　子供たちは、初めて会ったのに（　　　）に遊んでいた。

　　1　たのしみ　　　　2　たのしげ　　　　3　たのしさ　　　　4　たのしめ

5　日本人なら漢字の読み方がよくわかるという（　　　）。

　　1　ものがある　　　　2　おそれがある　　　3　こともない　　　4　ものでもない

12 話題・対象　Subject, target ／話題、対象／ Đề tài, đối tượng

1 　**A ということは**　普通体	A の内容を説明する。
① 自由参加**ということは**、無理して参加しなくてもいいということだ。 ② 返事がない**ということは**、メールを見ていないということだろうか。	

2 　**A というのは／** **A というのも**　普通体	A ということ／ものは〜、A ということ／ものも〜（A：話題）。
① インターンシップ**というのは**、どんなことをするのですか。 ② 彼が帰国した**というのは**本当ですか。 ③ 彼が病気だ**というのも**、入院した**というのも**うそだった。	

3

A に沿って
名詞

長く続いている A の横を A と同じように

① 線路に沿ってコスモスの花が植えられている。
② 海岸に沿って歩道が整備されていた＊。

＊整備（する）：to prepare; to maintain ／整備、修繕／ bảo dưỡng

4

A をめぐってB
名詞

A（議論や争いのテーマ）を中心に B 。

① この問題をめぐって、専門家の間でも激しい議論＊が起きている。
② 一人の女性をめぐって、四人の男たちが争うこととなった。

＊議論（する）：to discuss; to argue ／争论、议论／ thảo luận

EXERCISE ✐

次の（　　　）に入る最も適当なものを 1・2・3・4 から一つ選びましょう。

⇒答えは p.122

1 国道（　　　　）、ラーメン店からすし店までさまざまな店が並んでいる。

1　にしたがって　　　2　に沿って　　　　3　をめぐって　　　4　を通して

2 初めていらしたという（　　　　）、こちらの施設のご利用方法はご存じではありませんね。

1　のは　　　　　　　2　ものは　　　　　3　ことは　　　　　4　からは

3 サンバという（　　　　）、ブラジルの音楽のことですね。

1　のは　　　　　　　2　ものは　　　　　3　ことは　　　　　4　からは

4 親の財産（　　　　）、子供たちが争うことになった。

1　をめぐって　　　　2　をきっかけに　　3　を契機に　　　　4　を中心に

1

＿A＿ か ＿A＿ まいか

動詞・意向形　動詞・辞書形
（2、3グループはない形も
する→すまい）

＿A＿しようかやめようか（考える<かんが>）。

① 旅行<りょこう>に行<い>こう**か**行<い>く**まいか**迷<まよ>っている。
② 運転免許<うんてんめんきょ>＊を取<と>ろう**か**取<と>る**まいか**考<かんが>えています。

＊免許<めんきょ>：license; permit ／驾照／ bằng, chứng chỉ

2

**Aないことはない／
Aないこともない**

動詞・ない形
い形容詞・くない
な形容詞・でない
名詞・でない

＿A＿の可能性<か のうせい>もある。

① 頼<たの>まれれば協力<きょうりょく>し**ないことはない**。
② テレビがほしく**ないこともない**が、なくてもかまわない。

3

Aないではいられない

動詞・ない形

A ずにはいられない

動詞・ない形ない＋ず（せず）

どうしても＿A＿してしまう。＿A＿したい気持<き も>ちをがまんできない。

① すごく寒<さむ>くて、エアコンをつけ**ないではいられない**。
② 父<ちち>は、困<こま>った人<ひと>を見<み>ると助<たす>け**ずにはいられない**性格<せいかく>でした。

4

**（どうにか／なんとか）
Aないものか**

動詞・ない形

＿A＿を実現<じつげん>することができないものだろうか（どんな方法<ほうほう>でも＿A＿を実現<じつげん>したいという強<つよ>い気持<き も>ち）。

① 交通渋滞<こうつうじゅうたい>の問題<もんだい>を**なんとか**でき**ないものか**。
② この小<ちい>さな命<いのち>を**どうにか**助<たす>けられ**ないか**と、彼<かれ>は動物病院<どうぶつびょういん>へと急<いそ>いだ。

6

＿A＿ まい

動詞・辞書形

＿A＿ないという強<つよ>い意志<い し>。＿A＿ないだろうという推量<すいりょう>。

① こんなにひどいホテルには二度<に ど>と来<く>る**まい**、と思<おも>った。
② 大雪<おおゆき>にはなる**まい**と思<おも>っていたが予想<よ そう>を超<こ>える積<つ>もり方<かた>だ。

EXERCISE ✏️

次の（　　　　）に入る最も適当なものを１・２・３・４から一つ選びましょう。

⇒答えは p.122

1 ダイエットしているけど、おいしそうなケーキをもらった。（　　　　）悩んでいる。

1　食べようか食べるまいか　　　　　　2　食べようが食べるまいが
3　食べたか食べなかったか　　　　　　4　食べようが食べなかろうか

2 テニスの後で冷たく冷えたビールを見たら（　　　　）。

1　飲むものか　　　　　　　　　　　　2　飲まないではいられない
3　飲もうか飲むまいか　　　　　　　　4　飲まないものか

3 半年先まで予約でいっぱいだそうだが、何とか切符を（　　　　）。

1　買うまいか　　　　　　　　　　　　2　買えないものか
3　買うまい　　　　　　　　　　　　　4　買わずにはいられない

4 あんなに叱られたのだから、彼はもう同じ失敗は（　　　　）。

1　するまい　　　　　　　　　　　　　2　するだろう
3　しないこともない　　　　　　　　　4　しないものか

5 ちょっと小さいのが気に（　　　　）が、大した問題ではない。

1　ならないこともない　　　　　　　　2　ならないではいられない
3　ならないものか　　　　　　　　　　4　ならずにはいられない

14 理由・根拠 （りゆう・こんきょ） Reason, basis ／理由、根据／ Lí do, căn cứ

1 A からこそ B
普通体

B は A という強い理由があるからだ（強調）。

① あなたのことを心配しているからこそ、注意するんですよ。
② みんなで協力したからこそ、試合に勝てたのだ。

2 A からすると B
名詞

A の立場や判断材料から考えると B。

① 外国人からすると、ひらがなとカタカナを区別するのは大変だ。
② 値段は高いが、品質 * からすると、こっちのほうがいい。

＊品質：product quality ／品质／ phẩm chất

3 A からには B
普通体

A だから当然 B（であるべきだ）。

① 約束したからには、守ってください。
② 受験する * からには、合格したい。

＊受験（する）：to take an exam ／应考、参加考试／ dự thi

4 A ことから B
普通体
（な形容詞・な／である　名詞・である）

A という原因、理由で B という結果になった。

① うそをついたことから、友達を失ってしまった。
② 子どものころ、太っていたことから「ヨコヅナ *」と呼ばれていた。

＊ヨコヅナ：すもうのチャンピオンのこと。

5 A ことだから／A ことだし
普通体
（な形容詞・な　名詞・の／である）

A という理由があるから。

① 雨もやんだことだから、そろそろ出発しましょうか。
② 時間もないことだから、食事はまた今度にしましょう
③ 子供もできたことだし、そろそろ保険に入ろうと思う。

6 A だけあって B
普通体

「A だから、やはり / さすがに B だ」と感心する。

① 一流ホテルだけあって、部屋もサービスもすばらしい。
② 彼はアメリカに留学していただけあって、英語の発音がいい。

7 **A だけに B**
普通体

A という理由からいっそう B 。

① 彼は若い**だけに**徹夜 * をしても全く平気だ *。
② すごくがんばった**だけに**、失敗して残念でならない。

* 徹夜：all-nighter ／彻夜／ thức suốt cả đêm
* 平気（な）：calm; unconcerned ／冷静、不在乎／ không hề hấn gì

8 **A ばかりに B**
普通体
（な形容詞・な　名詞・である）

A という理由だけで B という悪い結果になる。

① 3分遅刻した**ばかりに**、大事な試験が受けられなかった。
② 日本語ができない**ばかりに**、なかなかいい仕事が見つからない。

9 **A ものだから B**
普通体
（な形容詞・な　名詞・な）

A という理由で B になったと言い訳 * をする表現。

① 疲れていた**ものだから**、つい居眠り * をしてしまいました。
② おいしかった**ものだから**、一人で全部食べてしまった。

* 言い訳：excuse ／辩解／ thanh minh
* 居眠り：doze; nap ／打盹儿、打瞌睡／ ngủ gật

10 **A をきっかけに B ／ A がきっかけで B**
名詞

A がすべての始まり / 一つのポイントとなって B （新しいこと、変化）。

① テニスサークルで出会ったの**がきっかけで**交際が始まった。
② スペインへの旅行**をきっかけに**、フラメンコを習うようになった。

EXERCISE ✐

次の（　　　）に入る最も適当なものを 1・2・3・4 から一つ選びましょう。

⇒答えは p.122

1 実際にいろいろなものを見たり人と出会ったりする（　　　）、旅行は楽しい。

　　1　からこそ　　　　2　からすると　　　　3　からには　　　　4　ことから

2 彼の苦労を知っている（　　　）、今回の彼の受賞はとてもうれしい。

　　1　だけに　　　　2　からすると　　　　3　ばかりに　　　　4　だけあって

3 服装（　　　　　　　）、彼はいい生活をしているようだ。

    1　からこそ　　　　　　2　からすると　　　　　3　からには　　　　　4　からある

4 出張ではあるが、現地に行く（　　　　　　　）、仕事以外にもその土地の空気を感じてきたい。

    1　からこそ　　　　　　2　からすると　　　　　3　からには　　　　　4　からして

5 京都の出身である（　　　　　　）、京都の案内を頼まれた。

    1　ことこそ　　　　　　2　からこそ　　　　　　3　ことから　　　　　4　からには

6 先生も到着された（　　　　　　）、そろそろパーティーを始めましょうか。

    1　ことから　　　　　　2　ことだし　　　　　　3　ことこそ　　　　　4　ことには

7 大雨で電車が遅れた（　　　　　　）、楽しみにしていたコンサートに間に合わなくなった。

    1　ことだから　　　　　2　ものだから　　　　　3　のだから　　　　　4　だから

8 この大会への参加（　　　　　　）、自信を持っていろいろなことに挑戦することができた。

    1　ばかりに　　　　　　2　だけあって　　　　　3　をきっかけに　　　4　ことから

9 さすが本物（　　　　　　）、ほかにはない作品の力強さを感じた。

    1　ばかりに　　　　　　2　からこそ　　　　　　3　だけあって　　　　4　ことから

10 この銅像は、市民の寄付（　　　　　　）つくられたそうだ。

    1　からこそ　　　　　　2　によって　　　　　　3　ことだから　　　　4　ものだから

11 最初に少しのお金を借りた（　　　　　　）、それから借金だらけの生活になった。

    1　だけあって　　　　　2　からこそ　　　　　　3　ばかりに　　　　　4　ことだし

15 可能・不可能 Possible, impossible ／可能、不可能／ Có thể, không thể

1 **A** うる／ **A** える
動詞・ます形

A することができる、A の可能性がある。

① できるならば、帰国して起業したい。
② だれでも交通事故にあうことはあり得るだろう。
③ 彼が約束を破るなんてあり得ない。

2 **A** かねる
動詞・ます形

なかなか A できない。

① 彼がなぜそのようなことをしたのかわかりかねる。
② 責任が持てませんので、この仕事はお引き受けいたしかねます。

3 **A** きる
動詞・ます形

完全に A する、最後まで A する。

① こんなにたくさんの料理、一人では食べきれないよ。
② 彼はみんなの前で、勝つ自信があると言いきった。

4 **A** っこない
動詞・ます形

絶対に A ない（と話者が強く思い込んでいる）。
※話し言葉

① こんな難しい問題、だれもわかりっこないよ。
② あいつはケチだ＊から、お土産なんてくれっこない。

＊**ケチ**（な）： stingy ／小气的／ keo kiệt

5 **A て（は）いられない**
動詞・て形

A できない、A している余裕がない。

① 明日はテストだから、テレビなんか見ていられない。
② 社会に出たら、いつまでも親に甘えて＊はいられない。

＊**甘える**： to depend on another ／撒娇／ ỷ lại

6 **A** ようがない
動詞・ます形

A の方法・手段がない。

① この電車が止まってしまったら、どこにも行きようがない。
② 知っていることは全部話したので、これ以上説明のしようがない。

PART **1** 基礎編

基礎の復習

「N3 文型」の復習

PART **2** 対策編

対策準備

実戦練習

PART **3** 模擬試験

EXERCISE ✏️

次の（　　　）に入る最も適当なものを１・２・３・４から一つ選びましょう。

⇒答えは p.122

1 今度の相手は去年の優勝チームだから、今のうちのチームじゃ、（　　　）。

　　1　勝ってはいられない　　　　　　　2　負けようがない
　　3　勝てっこない　　　　　　　　　　4　負けっこない

2 私がプロのスポーツ選手と出会って結婚することなど、まず（　　　）。

　　1　ありかねる　　　　　　　　　　　2　ありえない
　　3　あってもいい　　　　　　　　　　4　あってはいられない

3 お客様のご要望でも、従業員の個人情報をお知らせすることはいたし（　　　）。

　　1　きります　　　　2　えません　　　　3　かねます　　　　4　ようがありません

4 半年かかって、『源氏物語』の現代語訳を読み（　　　）ことができた。

　　1　うる　　　　　　2　きる　　　　　　3　かねる　　　　　4　よう

5 何となくそうしただけだから、理由を聞かれても説明の（　　　）。

　　1　しかねる　　　　2　しようがない　　3　していられない　4　しっこない

6 遅れて来るほうが悪いんだから、これ以上（　　　）よ。先に行かない？

　　1　待ちかねる　　　　2　待ちうる　　　　3　待ちっこない　　　4　待っていられない

---

16 評価・感想　Evaluation, thoughts ／评价、感想／ Đánh giá, cảm tưởng

1

＿＿A＿＿ かいがある	がんばって ＿A＿ する価値がある。
動詞・辞書形／た形 名詞・の	

① 第一志望＊の大学に合格した。がんばった**かいがあった**。
② 長年＊の努力の**かいがあって**、彼は新薬の開発に成功した。

＊志望（する）：to desire ／志願、志向／ nguyện vọng　　＊長年：long time ／长年／ lâu năm

2 ＿A＿ かいもなく

動詞・辞書形／た形
名詞・の

がんばって ＿A＿ しても残念な結果になって。

① 努力の**かいもなく**、実験は失敗に終わった。
② 毎日ジョギングした**かいもなく**、体重は全く減らなかった。

---

3 A だけのことはある

普通体

さすがに ＿A＿ だと感心する。

① プロ**だけのことはある**。何でも詳しい。
② すばらしい試合だった。さすが決勝戦 * **だけのことはある**。

＊決勝戦：tournament finals; deciding match ／決赛／ trận chung kết

---

4 A だけまし

普通体
（な形容詞・な　名詞・な）

（ほかはよくないが）＿A＿ だから、まだがまんできる。

① ひどい成績だが、卒業できた**だけまし**だ。
② 私の部屋は古くて汚いが、家賃が安い**だけまし**だ。

＊家賃：rent ／房租／ tiền thuê nhà

---

5 ＿A＿ というものだ／
＿A＿ というもんだ

普通体

普通に考えたら ＿A＿ だ。
※「というもんだ」は会話表現。

① 約束したのにできないなんて、無責任 * **というものだ**。
② 子どものためなら何でもできるのが、親**というもんだろう**。

＊無責任(な)：irresponsible ／不负责任／ vô trách nhiệm

---

6 ＿A＿ のももっともだ

動詞・辞書形

＿A＿ するのは当然だ。

① そんな態度をとられたのでは腹を立てる * **のももっともだ**。
② 休みなくずっと働いていたから、病気になる**のも、もっともだ**。

＊腹を立てる：to become upset ／生气／ giận dữ

---

7 ＿A＿ どころではない

動詞・辞書形／ている
い形容詞
な形容詞・だ
名詞・だ

程度や状況が ＿A＿ というレベルではない。

① この車は 300 万円**どころではない**。2000 万円はする。
② 毎月の生活費も足りず、貯金する**どころではありません**。

<table>
<tr><td>8</td><td>＿A＿ ものがある
動詞・辞書形／ない形
い形容詞
な形容詞・な</td><td>＿A＿ ように感じられる。</td></tr>
<tr><td colspan="2">① 彼の話し方にはどこか信用＊できないものがあった。
② この町の風景には故郷を思い出させるものがある。</td></tr>
</table>

＊信用（する）：to trust ／信任／ tin cậy

<table>
<tr><td>9</td><td>＿A＿ ものだ
動詞
形容詞</td><td>心から ＿A＿ と思う。本当に ＿A＿ と深く感じる。</td></tr>
<tr><td colspan="2">① 心のこもった手書きの手紙をもらうのは、うれしいものだ。
② いつか宇宙に行ってみたいものだ。</td></tr>
</table>

EXERCISE

次の（　　　）に入る最も適当なものを１・２・３・４から一つ選びましょう。

⇒答えは p.122

1 講演会はとてもおもしろくて、わざわざ一泊して聞きに行った（　　　）。

1　かいがなかった　　　　　　2　かいがあった
3　ものがあった　　　　　　　4　どころではなかった

2 家に帰ったら、ほっとできる（　　　）。子供の世話やら家事やらで、会社にいるより大変だ。

1　というものだ　　2　だけましだ　　3　かいがない　　4　どころではない

3 この会社の成長の早さには驚くべき（　　　）。

1　かいがある　　　　　　　　2　ものがある
3　どこではない　　　　　　　4　だけのことはある

4 治療の（　　　）、うちの猫はついに、20年という長い寿命を終えることとなった。

1　かいがあって　　　　　　　2　かいもなく
3　ものがあって　　　　　　　4　だけのことはあって

5 部長はいつも世界に目を向けている。さすが、何年も海外で生活してきた（　　　　）。

  1　どころではない　　　　　　　　2　ものがある

  3　だけましだ　　　　　　　　　　4　だけのことはある

6 お宅のご主人、ごみを捨ててくれるだけ（　　　　　）わ。うちはなんにもしてくれないから。

  1　かいがある　　　　2　ましだ　　　　3　のことはある　　　4　というものだ

7 田中さんが会社に評価される（　　　　　）だ。いつも人より努力と工夫をしている。

  1　のももっとも　　　2　だけまし　　　3　というもの　　　4　もの

8 なかなか会えないが、学生時代の友人はいつまでも大切にしたい（　　　　）。

  1　どころではない　　2　というもんだ　　3　ものだ　　　　4　だけましだ

9 一人暮らしには自由があるが、責任もあるという（　　　　　）。

  1　かいがある　　　　2　だけましだ　　　3　ものだ　　　　4　ものがある

17 見方・考え方 Way of seeing, way of thinking ／看法、想法／ Cách nhìn, cách suy nghĩ

1

A　ことだ	A べきだ / べきではない。
動詞・辞書形／ない形	

① 若いうちにいろいろな経験を**する**こと**だ**。
② 自分が悪いと思ったら、素直に * 謝る**ことだ**。

*素直に：obediently; honestly ／天真、朴实、老实／ chân thật

2

A　ことになっている	A というルール、規則を説明する。
動詞・辞書形／ない形	

① 予約は変更 * できない**ことになっている**。
② 私の家では、全員で朝ごはんを食べる**ことになっている**。

*変更（する）：to change ／更改／ thay đổi

<table>
<tr><td>3</td><td>A　こともない
動詞・辞書形</td><td>A する必要はない、A しなくてもいい。</td></tr>
</table>

① 時間はたくさんあるから、急ぐ**こともない**よ。
② まだ使えるから、新しいのを買う**こともない**だろう。

<table>
<tr><td>4</td><td>A　ではないか
動詞・の
い形容詞・の
な形容詞・なの
名詞</td><td>実は A だ、A のよう思える（話者の推測）。</td></tr>
</table>

① 彼が言っていることは本当**ではないか**と思う。
② もしかしたら、彼は彼女が好きなん**じゃないか**。

EXERCISE ✏

次の（　　　　）に入る最も適当なものを1・2・3・4から一つ選びましょう。

⇒答えは p.122

1 昼間にそんなに眠くなるのなら、夜はもっと早くベッドに入る（　　　　）。

 1　ことだ   2　ことではないか
 3　こともない   4　ことになっている

2 彼は日本語が多少わかるから、何から何まで通訳してあげる（　　　　）よ。

 1　ことではない   2　ことだ
 3　こともない   4　ことになっている

3 この建物の中では、たばこを吸ってはいけない（　　　　）。

 1　ことではないか   2　ことはない
 3　ことだ   4　ことになっている

4 こんなによく晴れているのだから、雨が降ることはない（　　　　）なあ。

 1　のではないか   2　ものではないか
 3　ことではないか   4　こともないか

18 ＮＧ・禁止
きんし
Not allowed, prohibited ／ NG、禁止／ Cấm đoán

1 ☐☐ **Ａて はならない**
動詞・て形

_Ａ_ **して** はいけない（硬い表現）。
かた　ひょうげん

① 決してこの箱の中を見**てはならない**。
けっ　　　ばこ　なか　み
② 何があっても、希望を捨て**てはならない**。
なに　　　　　き ぼう　す

2 ☐☐ **Ａ　ものではない**
動詞・辞書形／た形

_Ａ_ してはいけない。
とても _Ａ_ できない。

① 人の悪口を言う**ものではありません**よ。
ひと　わるぐち　い
② 彼の歌は下手すぎて、とても聴けた**ものではない**。
かれ　うた　へ た　　　　　　　き

EXERCISE ✎

次の（　　　）に入る最も適当なものを１・２・３・４から一つ選びましょう。
つぎ　　　　　　　はい　もっと　てきとう　　　　　　　　　　　　ひと　えら

⇒答えは p.122
こた

1 あの祭りにはとても多くの人が来るので、ゆっくり見物できる（　　　　　）。
まつ　　　　　　おお　ひと　く　　　　　　　けんぶつ

1　ものがある　　　　　　　　　　2　ものではない

3　ものだ　　　　　　　　　　　　4　ものではならない

2 試験に１分でも遅刻したら入室は認められないから、絶対遅刻（　　　　　）。
し けん　　ぶん　　ち こく　　　にゅうしつ　みと　　　　　　　ぜったい ち こく

1　することがない　　　　　　　　2　してやまない

3　してはならない　　　　　　　　4　するものではない

EXERCISE の答え

1 時間・時期

1	4	2	1	3	1	4	3	5	1
6	2	7	4	8	4	9	1	10	2
11	3

2 立場・状況・場合

1	2	2	1	3	4	4	2	5	4
6	3	7	1	8	2

3 限定

1	1	2	4	3	2	4	3	5	3
6	1	7	3	8	3	9	2

4 例示・比喩

1	3	2	4	3	2	4	3	5	3

5 対比

1	1	2	2

6 同時・二つの事柄

1	1	2	3

7 強調・繰り返し

1	3	2	4	3	4	4	1	5	2	6	3

8 逆接・意外な気持ち

1	3	2	2	3	2	4	4	5	4
6	3	7	4

9 結果

1	3	2	4	3	3	4	1

10 条件・基準・方法

1	1	2	3	3	1	4	2	5	3
6	2	7	4	8	3	9	3	10	2
11	2	12	3	13	4	14	3	15	1

11 様子・傾向

1	2	2	2	3	2	4	2	5	4

12 話題・対象

1	2	2	3	3	1	4	1

13 意志・意向

1	1	2	2	3	2	4	1	5	1

14 理由・根拠

1	1	2	1	3	2	4	3	5	3
6	2	7	2	8	2	9	3	10	2
11	3

15 可能・不可能

1	3	2	3	3	3	4	2	5	2	6	4

16 評価・感想

1	2	2	4	3	2	4	2	5	4
6	2	7	1	8	3	9	3

17 見方・考え方

1	1	2	3	3	4	4	1

18 ＮＧ・禁止

1	2	2	3

UNIT 2 言葉をつなぐ練習
ことば　　　　れんしゅう

Practice connecting words ／连接词语的练习／ Luyện tập nối từ

文法問題では、さまざまな表現文型の意味を正しく、また、早くとらえなければなりません。紛らわしい文型を区別・整理しながら、一つずつしっかり覚えていきましょう。

N1-level sentence patterns will be split into groups based on meaning and/or function.／将 N1 水平的语法句型根据其意思及机能分组整理。／ Sắp xếp các mẫu câu trình độ N1 chia thành nhóm theo ý nghĩa hoặc chức năng của chúng.

ドリル A

左の表現と同じ意味を表すように、a、bのうち、正しいほうを選んでください。

 **第1回**

⇒答えは p.127　[　/20　] [　/20　]

① 読んだけれど　⇒　読んだ（　　　）

    a．だけに　　　　　　　　　b．ものの

② 言ってはいけない　⇒　言う（　　　）

    a．わけではない　　　　　b．ものではない

③ 連絡しないで　⇒　連絡する（　　　）

    a．ことなく　　　　　　　　b．わけなく

④ 注意したほうがいい　⇒　注意する（　　　）

    a．ことになっている　　　b．ことだ

⑤ なんとなくさびしい　⇒　さびしい（　　　）

    a．だけある　　　　　　　　b．ものだ

⑥ 努力したからこそ　⇒　努力した（　　　）

    a．だけあって　　　　　　　b．ばかりか

⑦ 女性の立場で考えれば　⇒　女性（　　　）

    a．からすると　　　　　　　b．からして

＊立場：situation; standpoint ／立场／ lập trường

⑧ 私が調べた範囲では　⇒　私が調べた（　　　）
　　　a．かぎり　　　　　　　　b．ばかり

＊範囲：extent; scope ／范围／ phạm vi

⑨ お金がなければ　⇒　お金がない（　　　）
　　　a．ことに　　　　　　　　b．ことには

⑩ 壊れるかもしれない　⇒　壊れる（　　　）
　　　a．がちだ　　　　　　　　b．おそれがある

⑪ 考えられる　⇒　考え（　　　）
　　　a．うる　　　　　　　　　b．まい

⑫ 絶対に行かない　⇒　行き（　　　）
　　　a．っこない　　　　　　　b．どころではない

⑬ おもしろいだけでなく　⇒　おもしろい（　　　）
　　　a．うえか　　　　　　　　b．ばかりか

⑭ 全部食べた　⇒　食べ（　　　）
　　　a．きった　　　　　　　　b．かけた

⑮ 終わったらすぐに　⇒　終わり（　　　）
　　　a．しだい　　　　　　　　b．つつ

⑯ 出かけたまま　⇒　出かけた（　　　）
　　　a．きり　　　　　　　　　b．うちに

⑰ 知らないのに　⇒　知らない（　　　）
　　　a．だけに　　　　　　　　b．くせに

⑱ どうしても買いたい　⇒　買わない（　　　）
　　　a．こともない　　　　　　b．ではいられない

⑲ 遊べない　⇒　遊んで（　　　）
　　　a．ならない　　　　　　　b．いられない

⑳ 行こうかやめようか　⇒　行こうか行く（　　　）

　　a．まいか　　　　　　　　　　b．ものか

 **第2回**

⇒答えは p.128　□ /20　□ /20

① 行くしかほかに方法はない　⇒　行く（　　　）

　　a．にこしたことはない　　　b．よりほかない

② 謝らなければならない　⇒　謝ら（　　　）

　　a．ざるを得ない　　　　　　b．ずにはいられない

③ 全体的にほこりが多い　⇒　ほこり（　　　）

　　a．がち　　　　　　　　　　b．っぽい

④ ほかのだれでもない彼だ　⇒　彼（　　　）

　　a．にほかならない　　　　　b．になっている

⑤ 何か言いたそうだ　⇒　何か言いた（　　　）

　　a．げだ　　　　　　　　　　b．がった

⑥ 値段はおいておいて　⇒　値段は（　　　）

　　a．ともかく　　　　　　　　b．問わず

⑦ 水でもお茶でも　⇒　水（　　　）お茶（　　　）

　　a．やら／やら　　　　　　　b．にしろ／にしろ

⑧ するのは難しい　⇒　し（　　　）

　　a．かねない　　　　　　　　b．かねる

⑨ レベルに合わせて　⇒　レベル（　　　）

　　a．に沿って　　　　　　　　b．に応じて

⑩ 入学してからずっと　⇒　入学して（　　　）

　　a．まで　　　　　　　　　　b．以来

⑪ 休んでいるときに ⇒ 休んでいる（　　　）

 a．ところに   b．にあたり

⑫ 春だけれども ⇒ 春（　　　）

 a．とはいうものの   b．はともかく

⑬ どうしても行きたい ⇒ なんとか行けない（　　　）

 a．ものか   b．ものだ

⑭ 切るのとほとんど同時に ⇒ 切るか切らない（　　　）

 a．かのうちに   b．かと思うと

⑮ どうしても言いたい ⇒ 言わ（　　　）

 a．ずにはいられない b．ないことはない

⑯ 小さいけれども ⇒ 小さい（　　　）

 a．ながらで   b．ながらも

⑰ 値段も味も ⇒ 値段（　　　）味も

 a．はもちろん   b．は抜きにして

⑱ 田中さんは当然として ⇒ 田中さん（　　　）

 a．ばかりに   b．はもとより

⑲ 昼夜に関係なく ⇒ 昼夜（　　　）

 a．どころではない   b．にかかわらず

⑳ 客の立場では ⇒ 客（　　　）

 a．にしてみれば   b．にかぎって

ドリル A の答え

✏ 第1回

①　正解：b
　例　説明書を**読んだ（ものの）**、よくわからなかった。

②　正解：b
　例　親に対して、そんなことを**言う（ものではない）**。

③　正解：a
　例　会社に**連絡する（ことなく）**休んだそうだ。

④　正解：b
　例　変な広告にだまされないように**注意する（ことだ）**。

⑤　正解：b
　例　一人で誕生日を過ごすのは**さびしい（ものだ）**。

⑥　正解：a
　例　**努力した（だけあって）**、いい作品ができた。

⑦　正解：a
　例　**女性（からすると）**失礼な言い方だ。

⑧　正解：a
　例　**私が調べた（かぎり）**、それは本当のようです。

⑨　正解：b
　例　**お金がない（ことには）**何も始められない。

⑩　正解：b
　例　このままだと、**壊れる（おそれがある）**。

⑪　正解：a
　例　それが、**考え（うる）**一番確かな方法だ。

⑫　正解：a
　例　彼女がそんな店に**行き（っこない）**。

⑬　正解：b
　例　このマンガは、**おもしろい（ばかりか）**、勉強にもなる。

⑭　正解：a
　例　おいいしかったから、一日で**食べきってし**まった。

⑮　正解：a
　例　**終わり（しだい）**、ご連絡します。

⑯　正解：a
　例　娘は今朝**出かけた（きり）**、まだ帰ってこない。

⑰　正解：b
　例　何も**知らない（くせに）**、偉そうに言わないでほしい。

⑱　正解：b
　例　前から欲しかったので、**買わない（ではいられない）**。

⑲　正解：b
　例　時間がないから、**遊んで（いられない）**。

⑳　正解：a
　例　**行こうか行く（まいか）**、まだ迷っている。

① 正解：b
せいかい
例 招待状をもらったので、**行く（よりほか**
しょうたいじょう　　　　　　　　　　　　　い
ない）。

② 正解：a
せいかい
例 大変な迷惑をかけたので、**謝ら（ざるを得**
たいへん　めいわく　　　　　　　　　　あやま　　　　　　　え
ない）。

③ 正解：b
せいかい
例 倉庫はずっと掃除をしていないので、**ほこ**
そうこ　　　　　　そうじ
り（っぽい）。

④ 正解：a
せいかい
例 これを発見したのは、**彼（にほかならない）**。
はっけん　　　　　　かれ

⑤ 正解：a
せいかい
例 空港で別れた時、父は**何か言いた（げだ）っ**
くうこう　わか　　とき　ちち　なに　い
た。

⑥ 正解：a
せいかい
例 値段は**（ともかく）**、一番気に入ったのは
ねだん　　　　　　　　　いちばん き　い
これです。

⑦ 正解：b
せいかい
例 **水（にしろ）お茶（にしろ）**、何か飲んだ
みず　　　　　　　ちゃ　　　　　　なに　の
ほうがいい。

⑧ 正解：b
せいかい
例 お金がかかりすぎるので、**賛成し（かねる）**。
かね　　　　　　　　　　　　さんせい

⑨ 正解：b
せいかい
例 生徒それぞれの**レベル（に応じて）**指導し
せいと　　　　　　　　　　　　おう　　　しどう
ている。

⑩ 正解：b
せいかい
例 彼は**入学して（以来）**、ずっと寮に住んで
かれ　にゅうがく　いらい　　　　　　りょう　す
いる。

⑪ 正解：a
せいかい
例 家で**休んでいる（ところに）**、仕事の電話
いえ　やす　　　　　　　　　　　しごと　でんわ
がかかってきた。

⑫ 正解：a
せいかい
例 **春（とはいうものの）**、まだ寒い日が続い
はる　　　　　　　　　　さむ　ひ　つづ
ている。

⑬ 正解：a
せいかい
例 仕事で忙しいが、なんとか**行けない（もの**
しごと　いそが　　　　　　　　　　い
か）。

⑭ 正解：a
せいかい
例 **電話を切るか切らない（かのうちに）**、ま
でんわ　き　　き
た別の電話がかかってきた。
べつ　でんわ

⑮ 正解：a
せいかい
例 気になって、**言わ（ずにはいられない）**。
き　　　　　　い

⑯ 正解：b
せいかい
例 この会社は、**小さい（ながらも）**世界最高
かいしゃ　　ちい　　　　　　　せかいさいこう
の技術を持っている。
ぎじゅつ　も

⑰ 正解：a
せいかい
例 **値段（はもちろん）**、味も気に入った。
ねだん　　　　　　　あじ　き　い

⑱ 正解：b
せいかい
例 **田中さん（はもとより）**、ほかのみんなも
たなか
賛成した。
さんせい

⑲ 正解：b
せいかい
例 この道路は、**昼夜（にかかわらず）**、車の
どうろ　ちゅうや　　　　　　　　くるま
量が多い。
りょう　おお

⑳ 正解：a
せいかい
例 売り場が6階に移ると、**客（にしてみれ**
う　ば　かい　うつ　　　　　きゃく
ば）、少し不便になる。
すこ　ふべん

ドリル B

正しい意味の文になるように、左・中・右の各列から一つずつ選んで線で、結んでください。
Select one item from each column, left, center, and right, then draw a line between them to create a sentence with the correct meaning. ／从左・中・右的各列中各选一个组成一个完整正确的句子。／ Chọn một từ mỗi các cột trái-giữa-phải và vẽ đường nối để tạo câu đúng.

第1回

⇒答えは p.133　　/10　/10

① (1) バスが来なかった　・　・ものなら　・　・一人でやれる自信がない。
　 (2) 仕事を休める　　　・　・ものですから ・　・遅刻してしまいました。
　 (3) 任せてくださいと言った ・　・ものの　　・　・一日中寝ていたい。

② (1) このアパートは新しい　・　・だけに　・　・成績がいい。
　 (2) 妹は遊んでばかりいる　・　・うえに　・　・誰もやりたがらない。
　 (3) この仕事は手間がかかる ・　・くせに　・　・家賃もあまり高くない。

③ (1) 彼女とは友達　　　　　・　・ことなく ・　・会社を辞めてしまった。
　 (2) 彼は誰にもあいさつする ・　・ことから ・　・会ったことさえありません。
　 (3) 教室でとなりの席になった ・　・どころか ・　・二人は仲良くなった。

④ (1) 家事が嫌いだ　・　・からといって　・　・負けたくない。
　 (2) 友達がいた　　・　・からには　　　・　・外国での生活もさびしくなかった。
　 (3) 試合に出る　　・　・からこそ　　　・　・全くしないわけにはいかないだろう。

⑤ (1) あいつが謝らない　　　　・　・からして　 ・　・そんなひどいことを言うわけがない。
　 (2) 彼のスピーチはタイトル　・　・かぎり　　 ・　・絶対に許さない。
　 (3) あの人　　　　　　　　　・　・にかぎって・　・おもしろそうだ。

⑥ (1) 名前を書き忘れた　　　　　・　・ばかりか ・　・パソコン教室にも通い始めた。
　 (2) なかなか予約が取れない　　・　・ばかりに ・　・テストで不合格になってしまった。
　 (3) 祖母は英語の勉強を続けている ・　・だけあって・　・この店の料理は本当においしい。

⑦ (1) 内容をよく読んで ・　・かいもなく　・　・パーティーを始めましょう。
　 (2) 手術をした　　　・　・からでないと ・　・祖父は亡くなってしまった。
　 (3) 全員そろった　　・　・ことだから　・　・サインはできません。

⑧ (1) まるで夢を見ている　　　　・　　・かと思ったら　・　　・幸せな気分です。
　 (2) 息子は机の前に座った　　　・　　・かのように　　・　　・彼は部屋に入ってきた。
　 (3) 私がどうぞと言うか言わない・　　・かのうちに　　・　　・すぐに居眠りを始めた。

　＊居眠り：doze; nap ／打盹儿／ ngủ gật

⑨ (1) こちら　　　　　　　・　　・ことに・　　・落とした財布が戻ってきた。
　 (2) 幸運な　　　　　　　・　　・まで　・　　・いつもお世話になっております。
　 (3) 悪いことをして　　　・　　・こそ　・　　・金持ちになりたいとは思わない。

⑩ (1) 国に帰った　　　　　・　　・きり　・　　・彼からは全く連絡がない。
　 (2) 結果がわかり　　　　・　　・つつ　・　　・お知らせします。
　 (3) 母の喜ぶ顔を思い　　・　　・しだい・　　・プレゼントを選んだ。

 **第2回**

⇒答えは p.134 ☐/8　☐/8

① (1) 家族の期待　　　　・　　・に先立ち　・　　・桜の並木が続いていた。
　 (2) 開会　　　　　　　・　　・に際して　・　　・多くの人から励ましをもらった。
　 (3) 駅へ向かう道　　　・　　・にこたえて・　　・彼女は難関大学に合格した。
　 (4) 国を離れる　　　　・　　・に沿って　・　　・市長からごあいさつをいただきます。

　＊並木：row of trees ／层林／ hàng cây　　　＊励まし：encouragement ／鼓励／ sự động viên
　＊難関：そこを通るのが難しいところ。入るのが難しい（学校など）。

② (1) 年齢　　　　　　　・　　・をめぐって　・　　・この店の成功はなかった。
　 (2) 引っ越し　　　　　・　　・をきっかけに・　　・人気がある。
　 (3) 彼女の努力　　　　・　　・を問わず　　・　　・国会で激しい議論が続いている。
　 (4) 新しい法案　　　　・　　・を抜きにして・　　・毎朝ジョギングすることにした。

　＊国会：National Diet; parliament ／国会／ quốc hội　　＊法案：bill ／法案／ dự thảo

③ (1) 初めての者　　　　・　　・にかけては　・　　・採用します。
　 (2) 体力　　　　　　　・　　・にかかわらず・　　・不安が大きい。
　 (3) 開催の５日間　　　・　　・にしたら　　・　　・天候に恵まれた。
　 (4) 経験の有無　　　　・　　・にわたって　・　　・誰にも負けない。

　＊体力：運動や仕事をするための体の基本的な力。病気にならない力。
　＊有無：あるかないか、ということ。
　＊採用(する)：to adopt; to hire ／采用／ tuyển dụng, áp dụng
　＊天候：ある期間内の天気の状態。

④ (1) 自転車にはもう　　　　・　　・あきらめる・　　・ばかりだった。
　 (2) お金がないので　　　　・　　・泣く　　　・　　・まいと心に誓った。
　 (3) この雨では中止に　　　・　　・なる　　　・　　・ほかない。
　 (4) 何を聞いても　　　　　・　　・乗る　　　・　　・のももっともだ。

⑤ (1) 何度も失敗した　　　　・　　・うえで　　・　　・いろいろなところを見てみたい。
　 (2) 上司の了解を得た　　　・　　・末に　　　・　　・後ろも見ないで行ってしまった。
　 (3) 「じゃ、また」と手を挙げた・　・以上　　　・　　・成功した。
　 (4) 日本に来た　　　　　　　・　　・きり　　　・　　・決めたいと思います。

　＊了解（する）：to consent; to comprehend ／諒解、原諒／ nắm rõ

⑥ (1) うわさをしていた　・　・あげく　　　・　・実行するだけだ。
　 (2) ベッドに入った　　・　・うえは　　　・　・買うのをやめた。
　 (3) 何度も試着した　　・　・ところに　　・　・もういびきをかいていた。
　 (4) 結論が出た　　　　・　・と思うと　　・　・本人が現れた。

　＊試す：test ／試、实验／ thử
　＊結論：conclusion ／结论／ kết luận
　＊実行（する）：execute; implement ／实行／ thực thi

⑦ (1) 部屋で静かにしている　・　・にもかかわらず　・　・人に説明できるほどではない。
　 (2) あくびしている　　　　・　・かと思うと　　　・　・ケーキを買ってしまった。
　 (3) 知っている　　　　　　・　・ところを　　　・　・外を走り回っていた。
　 (4) ダイエットしている　　・　・とはいうものの・　・写真に撮られた。

　＊あくび（する）：to yawn ／打哈欠／ ngáp

⑧ (1) 時間やお金をかけて・　・以来　　・　・何も教えてくれなかった。
　 (2) 彼は知って　　　　・　・こそ　　・　・力がつく。
　 (3) 宿題は自分でやって・　・までも　・　・忘れられないでいる。
　 (4) 彼女と会って　　　・　・いながら・　・やる価値はない。

📝 第1回

①

(1) バスが**来なかったものですから**、遅刻してしまいました。（⇒来なかったので）

(2) 仕事を**休めるものなら**、一日中寝ていたい。（⇒不可能だろうが、もし、休めるならば）

(3) 任せてくださいと**言ったものの**、一人でやれる自信がない。（⇒言ったけど）

②

(1) このアパートは**新しいうえに**家賃もあまり高くない。（⇒新しいことに加えて）

(2) 妹は**遊んでばかりいるくせに**成績がいい。（⇒遊んでばかりいるのに）

(3) この仕事は**手間がかかるだけに**誰もやりたがらない。（⇒手間がかかるので、やはり）

③

(1) 彼女とは、**友達どころか**、会ったことさえありません。（⇒友達というようなレベルでは全くなく）

(2) 彼は誰にも**あいさつすることなく**、会社を辞めてしまった。（⇒あいさつしないで）

(3) 教室で**となりの席になったことから**、二人は仲良くなった。（⇒となりの席になったことが始まりとなって）

④

(1) 家事が**嫌いだからといって**、全くしないわけにはいかないだろう。（⇒嫌いという理由で）

(2) **友達がいたからこそ**、外国での生活もさびしくなかった。（⇒まさに友達がいたことによって）

(3) 試合に**出るからには**、負けたくない。（⇒出るなら、もちろん）

⑤

(1) あいつが**謝らないかぎり**、絶対に許さない。（⇒謝らない間は）

(2) 彼のスピーチは、**タイトルからして**おもしろそうだ。（⇒タイトルから判断しただけでも）

(3) **あの人にかぎって**、そんなひどいことを言うわけがない。（⇒特にあの人については）

⑥

(1) 名前を**書き忘れたばかりに**、テストで不合格になってしまった。（⇒書き忘れたこと、それだけのために）

(2) なかなか予約が**取れないだけあって**、この店の料理は本当においしい。（⇒取れないことからも想像できるように、やはり）

(3) 祖母は英語の**勉強を続けているばかりか**、パソコン教室にも通い始めた。（⇒勉強を続けているだけでなく）

⑦

(1) 内容を**よく読んでからでないと**サインはできません。（⇒よく読んでからでなければ）

(2) **手術をしたかいもなく**、祖父は亡くなってしまった。（⇒手術をしたが、望んだ結果は得られず）

(3) 全員**そろったことだから**、パーティーを始めましょう。（⇒そろったという状況なので）

⑧

(1) まるで**夢を見ているかのように**幸せな気分です。（⇒本当に夢を見ているように）

(2) 息子は机の前に**座ったかと思ったら**、すぐに居眠りを始めた。（⇒座ったと思った次の瞬間）

(3) 私がどうぞと**言うか言わないかのうちに**、

彼は部屋に入ってきた。（⇒言ったと同時くらいに）

⑨

(1) **こちらこそ**、いつもお世話になっております。
（⇒私（たち）のほうがもっと）

(2) **幸運なことに**、落とした財布が戻ってきた。
（⇒私にとって幸運なことで）

(3) **悪いことをしてまで**金持ちになりたいとは思わない。（⇒悪いことをするようなことまでして）

⑩

(1) 国に**帰ったきり**、彼からは全く連絡がない。
（⇒帰ったのを最後に）

(2) 結果が**わかりしだい**、お知らせします。（⇒わかったらすぐに）

(3) 母の喜ぶ顔を**思いつつ**、プレゼントを選んだ。
（⇒思いながら）

✐ 第2回

①

(1) 家族の**期待にこたえて**、彼女は難関大学に合格した。（⇒期待のとおりに）

(2) **開会に先立ち**、市長からごあいさつをいただきます。（⇒開会の前に）

(3) 駅へ向かう**道に沿って**、桜の並木が続いていた。（⇒道のそばにずっと）

(4) 国を**離れるに際して**、多くの人から励ましをもらった。（⇒離れるときに）

②

(1) **年齢を問わず**、人気がある。（⇒年齢に関係なく）

(2) **引っ越しをきっかけに**、毎朝ジョギングすることにした。（⇒引っ越しが機会となって）

(3) 彼女の**努力を抜きにして**、この店の成功はなかった。（⇒努力なしに）

(4) 新しい**法案をめぐって**、国会で激しい議論が続いている。（⇒法案について）

③

(1) **初めての者にしたら**、不安が大きい。（⇒初めての者にとっては）

(2) **体力にかけては**誰にも負けない。（⇒体力については）

(3) 開催の**5日間にわたって**天候に恵まれた。（⇒5日間の間ずっと）

(4) 経験の**有無にかかわらず**採用します。（⇒有るか無いかに関係なく）

④

(1) 自転車にはもう**乗るまい**と心に誓った。（⇒決して乗らないぞ）

(2) お金がないので**あきらめるほかない**。（⇒あきらめる以外に選択がない）

(3) この雨では**中止になるのももっともだ**。（⇒中止になるのは当然だ）

(4) 何を聞いても**泣くばかりだった**。（⇒ただ泣く
だけだった）

⑤

(1) 何度も**失敗した末に**出した結論だ。（⇒何度も
失敗した結果）

(2) 上司の了解を**得たうえで**決めたいと思いま
す。（⇒得てから）

(3) 「じゃ、また」と**手を挙げたきり**、後ろも見
ないで行ってしまった。（⇒手を挙げたのを最
後に）

(4) **日本に来た以上**、いろいろなところを見てみ
たい。（⇒日本に来たのだから、やはり）

⑥

(1) うわさを**していたところに**友だちが来た。（⇒
ちょうどその人のうわさをしていたときに）

(2) **ベッドに入ったと思うと**もういびきをかいて
いた。（⇒ベッドに入ったと思ったらすぐに）

(3) 何度も**試着したあげく**、買うのをやめた。（⇒
試した結果、最後には）

(4) 結論が**出たうえは**実行するだけだ。（⇒出たと
いう状況なので）

⑦

(1) 部屋で**静かにしているかと思うと**、外を走り
回っていた。（⇒静かにしているんだろうと思っ
ていたら、そうではなく）

(2) **あくびしているところを**写真に撮られた。（⇒
ちょうどあくびをしているときに、その様子を）

(3) **知っているとはいうものの**、人に説明できる
ほどではない。（⇒一応、知っているが）

(4) **ダイエットしているにもかかわらず**、ケーキ
を買ってしまった。（⇒ダイエットしているの
に）

⑧

(1) **時間やお金をかけてまでも**、やる価値はない。
（⇒時間やお金をかけるようなことまでして）

(2) 彼は**知っていながら**、何も教えてくれなかっ
た。（⇒知っているのに）

(3) 宿題は自分で**やってこそ**力がつく。（⇒やる
ことによって初めて）

(4) 彼女と**会って以来**、忘れられないでいる。（⇒
会ってからずっと）

ドリルC

1〜4の言葉を使って文を完成させてください。

第1回

⇒答えは p.138　□ /16　□ /16

① 1点足りずに ＿＿＿ ＿＿＿ ＿＿＿ ＿＿＿ ことか。

1　なんて　　　　2　どんなに　　　　3　不合格だ　　　　4　くやしかった

② 彼女のピアノはすばらしい。　20年 ＿＿＿ ＿＿＿ ＿＿＿ はある。

1　だけの　　　　2　以上　　　　3　習っている　　　　4　こと

③ カラオケが ＿＿＿ ＿＿＿ ＿＿＿ ＿＿＿ こともない。

1　好きな　　　　2　行かない　　　　3　誘われれば　　　　4　わけではないが

④ できない ＿＿＿ ＿＿＿ ＿＿＿ ＿＿＿ するな。

1　して　　　　2　くせ　　　　3　偉そうな　　　　4　顔を

⑤ まじめに勉強した ＿＿＿ ＿＿＿ ＿＿＿ ことができた。

1　合格する　　　　2　なんとか　　　　3　あって　　　　4　かいが

⑥ ＿＿＿ ＿＿＿ ＿＿＿ ＿＿＿ やめられない。

1　と　　　　2　やめよう　　　　3　タバコが　　　　4　思いつつ

⑦ 自信は ＿＿＿ ＿＿＿ ＿＿＿ ＿＿＿ がんばりたい。

1　ない　　　　2　できる　　　　3　が　　　　4　かぎり

⑧ この仕事を一日で ＿＿＿ ＿＿＿ ＿＿＿ ＿＿＿ ものだ。

1　無理　　　　2　やれ　　　　3　という　　　　4　なんて

⑨ 試験の結果が心配 ＿＿＿ ＿＿＿ ＿＿＿ 。

1　ない　　　　2　眠れそう　　　　3　で　　　　4　も

⑩ 本当のことを ＿＿＿ ＿＿＿ ＿＿＿ ＿＿＿ 迷っています。

1　話す　　　　2　か　　　　3　まいか　　　　4　話そう

⑪ 日本にいるうちに ＿＿＿ ＿＿＿ ＿＿＿ ＿＿＿ ものだ。

　　1　遊びに　　　　　　2　もらいたい　　　3　来て　　　　　　4　両親に

⑫ 旅行の代金は 10 日前までに ＿＿＿ ＿＿＿ ＿＿＿ ＿＿＿ おります。

　　1　お支払い　　　　　2　ことに　　　　　3　なって　　　　　4　いただく

⑬ このアルバイトは ＿＿＿ ＿＿＿ ＿＿＿ ＿＿＿ ました。

　　1　仕事はきつい　　2　だけ　　　　　　3　時給が高い　　　4　が

*時給：hourly wage ／小时工资／ lương theo giờ

⑭ 病気の ＿＿＿ ＿＿＿ ＿＿＿ ＿＿＿ やりたい。

　　1　ものなら　　　　　2　娘と　　　　　　3　代われる　　　　4　代わって

⑮ 旅行に行ったのに、＿＿＿ ＿＿＿ ＿＿＿ ＿＿＿ なかった。

　　1　どころでは　　　　2　海で　　　　　　3　台風で　　　　　4　泳ぐ

⑯ 日本人 ＿＿＿ ＿＿＿ ＿＿＿ ＿＿＿ ものでもない。

　　1　好き　　　　　　　2　なら　　　　　　3　という　　　　　4　すしが

第 2 回

⇒答えは p.142　　/16　　/16

① 山中先生は ＿＿＿ ＿＿＿ ＿＿＿ ＿＿＿ 新しい発見をされました。

　　1　長い研究生活　　2　末　　　　　　　3　の　　　　　　　4　に

② 東京 ＿＿＿ ＿＿＿ ＿＿＿ ＿＿＿ 交通渋滞が大きな問題となっている。

　　1　をはじめ　　　　　2　では　　　　　　3　大都市　　　　　4　として

＊ 渋滞（する）：to be congested ／堵车／ tắc đường

③ 何度 ＿＿＿ ＿＿＿ ＿＿＿ ＿＿＿ しようがない。

　　1　これ以上　　　　　　　　　　　　　2　説明しても
　　3　わからないのなら　　　　　　　　　4　説明の

④ 競技場の ＿＿＿ ＿＿＿ ＿＿＿ ＿＿＿ 述べた。

　　1　めぐって　　　　　　　　　　　　　2　新しいデザインを
　　3　意見を　　　　　　　　　　　　　　4　多くの人が

⑤ 国の ＿＿＿ ＿＿＿ ＿＿＿ ＿＿＿ ＿＿＿ される。
　　1　新しい道路が　　2　建設　　　　3　に沿って　　　　4　計画

⑥ こちらが ＿＿＿ ＿＿＿ ＿＿＿ ＿＿＿ 向かいます。
　　1　次第　　　　2　手伝いに　　　　3　そちらの　　　　4　片づき

⑦ 食堂で ＿＿＿ ＿＿＿ ＿＿＿ ＿＿＿ いない。
　　1　以来　　　　2　会って　　　　3　見かけて　　　　4　彼女に

⑧ 親子の ＿＿＿ ＿＿＿ ＿＿＿ ＿＿＿ 思い出される。
　　1　娘のことが　　2　遠く離れた　　3　につけ　　　　4　姿を見る

⑨ 1か月前に ＿＿＿ ＿＿＿ ＿＿＿ ＿＿＿ いない。
　　1　降って　　　　2　降った　　　　3　雨は　　　　4　きり

⑩ 一度 ＿＿＿ ＿＿＿ ＿＿＿ ＿＿＿ 。
　　1　生の魚を　　　　　　　　　　2　のをきっかけに
　　3　食べなくなった　　　　　　　4　お腹が痛くなった

⑪ ＿＿＿ ＿＿＿ ＿＿＿ ＿＿＿ 働いてきた会社を辞めることにした。
　　1　末に　　　　2　悩んだ　　　　3　1年　　　　4　長年

　＊長年：long time ／长年／ lâu năm

⑫ 契約書は ＿＿＿ ＿＿＿ ＿＿＿ ほうがいい。
　　1　サインした　　2　読んだ　　　　3　よく　　　　4　うえで

⑬ ＿＿＿ ＿＿＿ ＿＿＿ ＿＿＿ 雲の間から日が差してきた。
　　1　止まないか　　2　止むか　　　　3　のうちに　　　　4　雨が

⑭ このリンゴは ＿＿＿ ＿＿＿ ＿＿＿ ＿＿＿ ほどおいしい。
　　1　ことがない　　2　ともかく　　　3　今まで食べた　　4　見た目は

⑮ この店を ＿＿＿ ＿＿＿ ＿＿＿ ＿＿＿ ポイントがつく。
　　1　応じて　　　　2　利用した　　　3　利用すると　　　4　回数に

　＊回数：number of times ／次数／ số lần

⑯ 市長と議会は ＿＿＿ ＿＿＿ ＿＿＿ ＿＿＿ 。
　　1　めぐって　　　2　建設費用を　　3　新しい施設の　　4　対立した

ドリル C の答え

📝 第1回

① **3-1-2-4**

1点足りずに不合格だなんて、**どんなにくや
しかったことか。**（⇒とてもくやしかった）

② **2-3-1-4**

彼女のピアノはすばらしい。20年以上**習っ
ていることだけのことはある。**（⇒習っている
ことを納得する）

③ **1-4-3-2**

カラオケが好きなわけではないが、誘われれ
ば**行かないこともない。**（⇒行ってもいい）

④ **2-1-3-4**

できないくせして、偉そうな顔をするな。（⇒
できないのに）

⑤ **4-3-2-1**

まじめに**勉強したかいあって、**なんとか合格
することができた。（⇒勉強して望んだ結果が
得られて）

⑥ **2-1-4-3**

やめようと**思いつつ、**タバコがやめられない。
（⇒思いながら）

⑦ **1-3-2-4**

自信はないが、**できるかぎり**がんばりたい。
（⇒できるだけ、できる限界まで）

⑧ **2-4-1-3**

この仕事を一日でやれなんて、**無理というも
のだ。**（⇒とても無理だ）

⑨ **3-2-4-1**

試験の結果が心配で**眠れそうもない。**（⇒眠れ
ると思えない）

⑩ **4-2-1-3**

本当のことを**話そうか話すまいか、**迷ってい
ます。（⇒話すか話すべきでないか）

⑪ **4-1-3-2**

日本にいるうちに両親に**遊びに来てもらいた
いものだ**（⇒遊びに来てほしいと願う）

⑫ **1-4-2-3**

旅行の代金は10日前までに**お支払いいただ
くことになっております。**（⇒支払ってもらう
という決まりだ）

⑬ **1-4-3-2**

このアルバイトは仕事はきついが、時給が**高
いだけましだ。**（⇒高いので、その分、ほかのよ
くない場合よりいい）

⑭ **2-3-1-4**

病気の娘と**代われるものなら**代わってやりた
い。（⇒もし代わることができれば）

⑮ **3-2-4-1**

旅行に行ったのに、台風で海で**泳ぐどころで
はなかった。**（⇒泳ぐことなど全く考えられな
かった）

⑯ **2-4-1-3**

日本人ならすしが**好きというものでもない。**
（⇒好きだと決まっているわけではない）

✏️ 第2回

① 1-3-2-4

山中先生は、長い**研究生活の末に**新しい発見をされました。（⇒研究生活を続けてきたその結果）

② 1-4-3-2

東京をはじめとして、大都市では交通渋滞が大きな問題となっている。（⇒東京がその代表例で）

③ 2-3-1-4

何度説明してもわからないのなら、これ以上**説明のしようがない**。（⇒説明の方法がない）

④ 2-1-4-3

競技場の新しい**デザインをめぐって**、多くの人が意見を述べた。（⇒デザインについて）

⑤ 4-3-1-2

国の**計画に沿って**、新しい道路が建設される。（⇒計画に合うように）

⑥ 4-1-3-2

こちらが**片づき次第**、そちらの手伝いに向かいます。（⇒片づいたらすぐ）

⑦ 3-1-4-2

食堂で**見かけて以来**、彼女に会っていない。（⇒見たのを最後に）

⑧ 4-3-2-1

親子の姿を**見るにつけ**、遠く離れた娘のことが思い出される。（⇒見ると、いつも）

⑨ 2-4-3-1

1か月前に**降ったきり**、雨が降っていない。（⇒降ったのを最後に）

⑩ 4-2-1-3

一度お腹が**痛くなったのをきっかけに**、生の魚を食べなくなった。（⇒痛くなったことが理由で、それから）

⑪ 3-2-1-4

1年**悩んだ末に**、長年働いてきた会社を辞めることにした。（⇒悩んで、その結果）

⑫ 3-2-4-1

契約書は**よく読んだうえで**サインしたほうがいい。（⇒よく読んで、それから）

⑬ 4-2-1-3

雨が**止むか止まないかのうちに**、雲の間から日が差してきた。（⇒止むのと同時に）

⑭ 4-2-3-1

このリンゴは、**見た目はともかく**、今まで食べたことがないほどおいしい。（⇒見た目について問題はあるが）

⑮ 3-2-4-1

この店を利用すると、利用した**回数に応じて**ポイントがつく。（⇒回数に合わせて）

⑯ 3-2-1-4

市長と議会は、新しい施設の**建設費用をめぐって**対立した。（⇒建設費用について）

次の言葉を並べ替えて正しい文を作ってください。
Rearrange the following words to create a correct sentence. ／将下列词语组成正确的句子。／ Sắp xếp lại các từ sau để tạo thành câu hoàn chỉnh.

例 予約を／入れません／でないと／店は／から／その／して
⇒ <u>その店は予約をしてからでないと入れません。</u>

第1回

⇒答えは p.144 □/8 □/8

① 負けて／練習した／も／試合／しまった／かい／に／なく

⇒ _______________________________________

② 部屋／も／に／ありません／せずに／もの／ノック／では／入る

⇒ _______________________________________

③ あったら／には／すぐに／わからない／いられない／が／こと／聞かず

⇒ _______________________________________

④ 二人／あり／が／あの／得ない／なんて／結婚する

⇒ _______________________________________

⑤ 母親／から／この写真／似て／と／彼女／あまり／は／に／見る／いない

⇒ _______________________________________

⑥ 新幹線／朝から／遅れる／雪／おそれ／が／やまない／ある／は／が／ので

⇒ _______________________________________

＊おそれ：fear; concern ／恐怕／ nguy cơ

⑦ 全部／うる／を／試して／考え／みた／ダメだった／が／方法

⇒ _______________________________________

＊試す：test ／试、实验／ thử

⑧ 数え／の／輝いていた／空／切れない／星／ほど／たくさん／が／には
　（かぞ）　　　　（かがや）　　　（そら）　（き）　　　（ほし）

　⇒ ____

　＊輝く：shine ／閃耀／ sáng choang
　　（かがや）

✏ 第2回
　　（だい）（かい）

⇒答えは p.144　　/8　　/8

① ない／の／進む／でしょうか／では／温暖化／は／地球／一方
　　　　　　（すす）　　　　　　　（おんだんか）　　（ちきゅう）（いっぽう）

　⇒ ____

　＊温暖化：global warming ／変暖／ sự nóng lên
　　（おんだんか）

② 誰／こんな／っこない／に／高ければ／も／よ／買い
　（だれ）　　　　　　　　（たか）　　　　　（か）

　⇒ ____

③ ゆっくり／ない／時間／が／を／から／いられない／ご飯／食べては
　　　　　　　（じかん）　　　　　　　　　　　　（はん）（た）

　⇒ ____

④ 人／が／ならない／あっても／どんな／を／なぐって／理由／は
　（ひと）　　　　　　　　　　　　　　　　　　　　　　（りゆう）

　⇒ ____

　＊なぐる：hit; strike ／殴打／ đánh, đấm

⑤ 消し／急いで／から／しまった／エアコン／ものだ／を／いた／忘れて
　（け）（いそ）　　　　　　　　　　　　　　　　　　　　　　（わす）

　⇒ ____

⑥ 休む／風邪／を／無理／です／を／しないで／こと／ひいたら
　（やす）（かぜ）　　（むり）

　⇒ ____

⑦ さえ／の／足／折って／歩く／骨／どころか／できない／立つ／を／こと
　　　　　（あし）（お）　（ある）（ほね）　　　　　　　　　（た）

　⇒ ____

⑧ まで／を／破って／らしく／勝ちたい／ない／なんて／スポーツマン／ルール
　　　　　（やぶ）　　　　　（か）

　⇒ ____

　＊ルールを破る：break the rules ／破壊規定／ phá vỡ quy tắc
　　　　（やぶ）

① 以前／が、／この／つつ／汚れていた／最近は／空気は／改善され／町の／ある。
　　いぜん　　　　　　　　　　よご　　　　　さいきん　　くうき　　かいぜん　　まち

　⇒ ____

　＊改善（する）：to improve ／改善／ cải thiện
　　かいぜん

② 契約書／以上／義務／あなた／この契約／守る／サインした／には／を／に／がある。
　　けいやくしょ　いじょう　ぎむ　　　　　　けいやく　まも

　⇒ ____

③ これ／いちばん／値段は／が／デザインは／ともかく／いい。
　　　　　　　　　ねだん

　⇒ ____

④ マンションは／窓が／台所／リビング／大きくて／にしろ／にしろ／この／明るい。
　　　　　　　　まど　だいどころ　　　　　　おお　　　　　　　　　　　　　あか

　⇒ ____

⑤ 象徴／ブタ／豊かさ／国／は／を／と／の／いる／問わず／されて
　　しょうちょう　　ゆた　　くに　　　　　　　　　　　　　と

　⇒ ____

⑥ 受け入れる／努力した／ほか／結果／から／より／末の／なのだ／ない。
　　う　い　　どりょく　　　　けっか　　　　　　すえ

　⇒ ____

⑦ あきらめざるを／天候不良／ので／で／飛ばなかった／旅行を／飛行機が／得なかった。
　　　　　　　　　てんこうふりょう　　　　と　　　　　　りょこう　ひこうき　　え

　⇒ ____

　＊不良：よくないこと。
　　ふりょう

⑧ 山田課長／提案した／ほか／を／は／に／の／この計画／ならない。
　　やまだかちょう　ていあん　　　　　　　　　　　　けいかく

　⇒ ____

　＊提案（する）：to propose ／提案／ đề nghị
　　ていあん

 **第4回**
<ruby>だい<rt></rt></ruby><ruby>かい<rt></rt></ruby>

⇒答えは p.145　☐ /8　☐ /8

① 今回の／彼は／試合に／出た／経験が／大きな／から／ある／入賞は／ない／まい。

　⇒ ____

　＊**入賞**（する）：to win a prize ／獲奨／ được giải thưởng

② せっかく／うえは／この交渉に／機会を／いただいた／成功して／作って／みせます。

　⇒ ____

③ 大きい／サインする／読んだ／金額が／契約書を／うえで／よく／から／べきだ。

　⇒ ____

　＊**金額**：amount of money ／金額／ số tiền

④ あまり／声も／プレゼントに／クラスメート／突然の／からの／驚きの／出なかった。

　⇒. ____

⑤ 新しい物質を／研究の／大川教授は／20年／末に／にも／とうとう／及ぶ／発見した。

　⇒ ____

　＊**物質**：material; matter ／物资／ vật chất

⑥ うれしい／きっかけで／伝われば／素晴らしさが／このコンサートが／皆様に／音楽の／です。

　⇒ ____

⑦ きり／この店／今年の／来て／来た／彼らは／には／夏に／いない。

　⇒ ____

⑧ 並みだ／私の／料理の／かけては／プロ／母は／腕に／と思う。

　⇒ ____

※ 問題によっては、部分的に別の語順が可能な場合もあります。

🖊 第1回

① **練習したかいもなく**、試合に負けてしまった。（⇒練習したが、望んだ結果は得られず）

② ノックもせずに部屋に**入るものではありません**。（⇒入ってはいけない）

③ わからないことがあったら、すぐに**聞かずにはいられない**。（⇒とても聞きたくて、それを止められない）

④ あの二人が結婚するなんて**あり得ない**。（⇒そんなことは起こるはずがない）

⑤ **この写真から見ると**、彼女はあまり母親に似ていない。（⇒この写真から判断すると）

⑥ 朝から雪がやまないので、新幹線は**遅れるおそれがあります**。（⇒遅れる心配がある）

⑦ **考えうる方法**を全部試してみたが、ダメだった。（⇒考えられるあらゆる方法）

⑧ 空には**数え切れない**ほどたくさんの星が輝いていた。（⇒全部数えられない）

🖊 第2回

① 地球の温暖化は**進む一方**ではないでしょうか。（⇒進むだけでほかはない）

② こんなに高ければ、誰も**買いっこない**よ。（⇒絶対買わない）

③ 時間がないから、ゆっくりご飯を**食べてはいられない**。（⇒食べることなど、できない）

④ どんな理由があっても、人を**なぐってはならない**。（⇒なぐってはいけない）

⑤ **急いでいたものだから**、エアコンを消し忘れてしまった。（⇒急いでいたので）

⑥ 風邪をひいたら、無理をしないで**休むことです**。（⇒休むのが正しい）

⑦ 足の骨を折って、**歩くどころか**、立つことさえできない。（⇒歩くというレベルではなく）

⑧ **ルールを破ってまで**勝ちたいなんて、スポーツマンらしくない。（⇒ルールを破るというようなことまでして）

✏ 第3回

① 以前、この町の空気は汚れていたが、最近は**改善されつつある。**（⇒少しずつ改善されてきている）

② 契約書に**サインした以上**、あなたには、この契約を守る義務がある。（⇒サインしたのだから、当然）

③ **値段はともかく**、デザインはこれがいちばんいい。（⇒値段について問題はあるが）

④ **リビングにしろ、台所にしろ**、このマンションは窓が大きくて明るい。（⇒たとえばリビングも台所もそうだが）

⑤ **国を問わず**、ブタは豊かさの象徴とされている。（⇒どの国かは関係なく）

⑥ **努力した末の結果**なのだから、受け入れるよりほかない。（⇒十分努力した結果）

⑦ 天候不良で飛行機が飛ばなかったので、旅行を**あきらめざるを得なかった。**（⇒あきらめるしかなかった）

⑧ この計画を提案したのは、**山田課長にほかならない。**（⇒まさに山田課長で、ほかの人ではない）

✏ 第4回

① 彼は大きな試合に出た経験がないから、今回の**入賞はあるまい。**（⇒入賞の可能性はないだろう）

② せっかく機会を**作っていただいたうえは**、この交渉に成功してみせます。（⇒つくってもらったという状況なので）

③ 金額が大きいから、契約書を**よく読んだうえで**サインするべきだ。（⇒よく読んでから）

④ クラスメートからの突然のプレゼントに、**驚きのあまり**、声も出なかった。（⇒とても驚いて）

⑤ 大川教授は、20年にも及ぶ**研究の末に**、とうとう新しい物質を発見した。（⇒研究の結果）

⑥ この**コンサートがきっかけで**、皆様に音楽の素晴らしさが伝われば、うれしいです。（⇒コンサートが機会となって）

⑦ 彼らは、今年の夏に**来たきり**、この店には来ていない。（⇒来たのを最後に）

⑧ 私の母は、**料理の腕にかけては**プロ並みだと思う。（⇒料理の腕については）

文法問題では、一つひとつの文だけでなく、文と文のつながりや文章の流れの中で、言葉や表現を正しく理解することが問われます。それには、文と文をつなぐ言葉の意味や働きを理解することが大切です。指示詞や接続詞、副詞などを中心に復習しましょう。

Grammar questions test your ability to correctly understand words and expressions as they function when used not only in single sentences, but also when used to connect sentences or in the course of a paragraph. This is why it is important to understand the meaning and function of words that connect sentences together. Let's go over some demonstratives, conjunctions, and adverbs. ／在语法问题方面，不仅仅只局限每个句子，重要的是在句子与句子连接的文章中，正确地理解词汇意思和表现。以指示词、接续词、副词为中心复习一下。／ Trong bài ngữ pháp, bạn cần phải hiểu ý của các từ ngữ hoặc biểu hiện một cách chính xác trong sự kết hợp giữa nhiều câu hoặc đoạn văn chứ không chỉ trong một câu. Để thực hiện điều đó, bạn cần phải hiểu ý nghĩa hoặc chức năng của những từ ngữ kết hợp câu. Hãy ôn lại từ chỉ định, liên từ và phó từ v.v..

ドリル A

次の＿＿＿部の言葉は 1〜4 のどれを指していますか。最も適当なものを 1 つ選んでください。

第 1 回

⇒答えは p.142 [/9] [/9]

① 　ここに新しい店がオープンしたとき、あれ？　前は何があったっけ？　と考えても思い出せなかった。知り合いの店はもちろん、周りの店も思い出せるのに、不思議なことに<u>そこ</u>だけがぽっかりと記憶から抜けているのだ。

1　新しい店　　　　2　無くなった店　　　　3　知り合いの店　　　　4　周りの店

＊オープン（する）：開店（する）
　　　　　　　　　　　かいてん
＊知り合い：acquaintance ／熟人／ người quen
＊記憶：memory ／记忆／ kí ức

② 　仕事場のカレンダーには付せんがペタペタ張ってある。急ぐものは黄色。数日以内なら青。残りはピンク。そして、「これを過ぎてはだめ！」は赤。<u>これ</u>は心臓に悪いので、できれば使いたくないのだが。

1　黄色の付せん　　　　2　青の付せん　　　　3　ピンクの付せん　　　　4　赤の付せん

＊付せん：tag; label ／标签／ giấy ghi việc

③　みなさんは桜の花びらのようにＶ字型に耳をカットされた猫を見たことがありますか。飼い主がいない猫が増えないように、つかまえて繁殖を防ぐ手術をする活動が、ボランティアとどうぶつ基金によって行われています。耳のカットはその目印で、「さくら猫」と呼ばれ、手術後は地域の猫として生きていけるように、元の場所に戻されます。

1　飼い主がいない目印
2　手術した目印
3　元の場所に戻った目印
4　どうぶつ基金の目印

＊花びら：flower petal ／花瓣／ cánh hoa
＊飼い主：pet owner ／养主／ người chủ
＊目印：landmark; sign ／标记／ dấu hiệu
＊地域：その地域社会、その町。

④　娘：　お母さん、私、整形手術が受けたいの。来年は就職活動も始まるし。
　　母：　何言ってるの。外見より中身を磨きなさい。
　　娘：　お母さんだって、毎月、しわ取りクリームに何千円も使っているじゃない。
　　母：　だめだめ！　(1)それと(2)これとは話が別でしょう。

(1)　1　整形手術を受けること
　　　2　就職活動が始まること
　　　3　中身を磨くこと
　　　4　しわ取りクリームに大金を使うこと

(2)　1　整形手術を受けること
　　　2　就職活動が始まること
　　　3　中身を磨くこと
　　　4　しわ取りクリームに大金を使うこと

＊整形手術：plastic surgery ／整形手术／ phẫu thuật chỉnh hình
＊外見：outward appearance ／外表／ bề ngoài, ngoại hình
＊中身：insides ／里面／ bên trong
＊しわ：wrinkle ／皱纹／ vết nhăn

⑤　日本には国民の祝日が年間で 16 日あるが、このうち「成人の日」「海の日」「敬老の日」「体育の日」の４つは毎年月曜日で、「ハッピーマンデー」と呼ばれている。かつて、日本人は働きすぎだと盛んに言われたものだが、公務員や多くの企業で週休 2 日制が進み、さらに(1)これによって、土曜日と日曜日を加えた３連休も増えたわけだ。

　休日が増えるのはいいことだと思われがちだが、学校の授業時間が足りなくなったり、病院も休みになったりすることで、問題が起きたりしている。製造や流通、サービス業などの仕事によっては、実際問題としてそんなに休んではいられないなど、(2)その廃止についても繰り返し議論されている。

(1)　1　国民の祝日

　　2　月曜日

　　3　週休二日制

　　4　ハッピーマンデー

(2)　1　週休二日制

　　2　ハッピーマンデー

　　3　学校や病院の休み

　　4　サービス業の休日

＊祝日：holiday ／节假日／ ngày lễ
＊成人：adult ／成人／ người đã trưởng thành
＊敬老：老人を尊敬し、大切にすること。
＊体育：健康な体をつくること。また、そのための教育科目。
＊製造：manufacture; production ／制造／ sản xuất
＊流通：circulation ／流通／ lưu thông
＊サービス業：service industry ／服务业／ ngành phục vụ
＊廃止（する）：to discontinue ／废止／ bãi bỏ

⑥　もし、時間を戻せるとしたら、何歳の自分に戻りたいだろうか。

　　小学生の頃は、クラスにいじめっ子がいたから、あまりいい思い出がない。中学時代は、初めてガールフレンドができたし、それなりに楽しかった。高校では吹奏楽部に入って、家でも学校でも音楽漬け。それで浪人して、一年予備校に通って受験勉強。なんとか第2志望の大学に滑り込んだ。(1)＿＿あの苦労はもう二度としたくない。そうやって入った大学生活はあっという間の4年間だった。特に真面目でも不真面目でもなく、授業とアルバイトを適当にこなす、どこにでもいるような学生だった。だが、卒業証書を受け取ったとき、いったい自分は本気で学んだのか、軽い後悔の気持ちが浮かんだのは事実だ。

　　そうだ、戻れるものなら、やっぱり(2)＿＿あの時に戻りたい。今度こそ、しっかり勉強して、「私はこれをやった」と言いたい。

(1)　1　小学校でいじめられたこと
　　 2　吹奏楽部で一生懸命練習したこと
　　 3　予備校で一年受験勉強をしたこと
　　 4　第2志望の大学にしか入れなかったこと

(2)　1　高校時代
　　 2　大学時代
　　 3　初めてガールフレンドができたとき
　　 4　大学の卒業式

＊〜漬け：pickled ～ ／〜腌制／ nghiện

＊浪人(する)：入学試験や入社試験に不合格となって入学や就職ができないこと。どこにも入学しないで次の受験に備えること。

＊予備校：prep school ／补习学校／ trường dự bị

＊志望(する)：to desire; to hope for ／志愿／ nguyện vọng

＊適当に：in moderation ／适当地／ vừa phải

＊こなす：to perform; to complete ／完成、达到／ làm, đối xử

＊本気：serious ／认真／ chân thật, nghiêm chỉnh

＊（気持ちが）浮かぶ：（気持ちが）起きる、沸く、生じる。

① 地下鉄の階段を上がると目の前に信号があった。角にはラーメン屋があり、その前にはサラリーマンが何人か列を作っていた。

1　目
2　信号
3　角
4　ラーメン屋

② 私は休みの日には必ずここに来る。公園が見える窓際に座ってコーヒーを注文し、朝、散歩の際に寄った図書館で借りた本のページを開く。そして、気のすむまで時間を過ごし、アパートに帰る。

1　公園
2　図書館
3　喫茶店
4　アパート

③ 水蒸気を多く含んだ空気が山の斜面に当たり、雨を降らす。その空気が山を越えて乾燥した空気となり、山の下に向かうにしたがって温度が高くなる。これをフェーン現象という。日本海側の地域の温度がほかの地域より高くなるのは、このせいである。

1　水蒸気を含んだ空気が雨を降らすこと
2　山を越えた空気が乾燥した空気になること
3　山を越えた空気の温度が、山の下の方で高くなること
4　日本海側の地域の温度が高くなること

＊水蒸気：steam ／水蒸气／ hơi nước
＊斜面：slope ／斜面／ mặt nghiêng
＊現象：phenomenon ／现象／ hiện tượng
＊日本海：Sea of Japan ／日本海／ biển Nhật Bản
＊このせいだ：このためだ。これが原因だ。

④　最近、町中でとれたはちみつをもらった。都会の中の都会、東京の銀座で 10 年以上前からはちみつを作っているという。どこから蜜をと思うが、都会は公園や町のあちこちに美しい花がある。作られたものとはいえ、自然は自然だ。意外性と品質の良さから好評だそうだ。そうは言っても、ハチはハチ。人を刺すこともあるので、ビルの上などにハチの巣箱が置かれているらしい。自然に恵まれた田舎ではなく、鉄とコンクリートの町ではちみつ、というのが面白い。

　　　1　東京の銀座ではちみつを作っている。
　　　2　公園のほか、町のあちこちに花がある。
　　　3　町で作るはちみつは、ユニークな上に質も高い。
　　　4　ハチの巣箱はビルの上に置かれている。

＊はちみつ：honey ／蜂蜜／ mật ong 　　　＊蜜：nectar; honey ／蜜／ mật

＊意外性：意外であること。　　　＊品質：product quality ／气质／ phẩm chất

＊好評：good reputation ／好评／ được ưa thích　　　＊刺す：stab; stick ／蛰／ xiên, đốt

＊巣箱：birdhouse; nest box ／蜂箱／ hộp tổ ong

⑤　神社や寺に行くと必ずおみくじを引くという人もいるくらい、おみくじは気軽に自分の運勢を占う方法だ。日本のおみくじの多くは、入れ物を振り、小さい穴から出てきた棒に書かれた番号によって、幸せを表す「吉」や不幸せを表す「凶」の紙をもらう。この寺は「凶」が多いとか、おみくじの紙は木に結ぶといいとか悪いとか、おみくじをめぐる話題も多い。(1)これを信じる信じないは自由だが、いいおみくじを引くといい気分になる。悪い運勢でも、ちょっとしたアドバイスがもらえる。昔は国の運勢も占ったということだが、今では 100 円か 200 円で楽しめる。(2)これは日本人にとって小さなレジャーだ。

(1)　1　神社や寺で必ずおみくじを引く人
　　　2　おみくじを引いたときにもらう紙の内容
　　　3　この寺は「凶」が多いということ
　　　4　おみくじを木に結ぶといいということ

(2)　1　神社や寺でおみくじを引くこと
　　　2　おみくじの話題が多いこと
　　　3　ちょっとしたアドバイスをもらえること
　　　4　100 円か 200 円で国の運勢を占うこと

＊おみくじ：fortune ／签／ thẻ bói　　　＊運勢：fortune; luck ／运气、运势／ tử vi

＊占う：to tell a fortune; to divine ／算卦／ bói　　　＊吉：good fortune ／吉／ điềm lành

＊凶：poor fortune ／凶／ điềm dữ

⑥　日本の交通事故死者数が減ってきているという。1970 年には 1 万 7 千人近くにまで達していたが、ここ数年は 4000 人前後と最悪のころの 4 分の 1 を下回る。(1)これは世界的な流れでもあるが、ひとつ日本だけに目立つ傾向がある。(2)それは 65 歳以上の高齢者の死亡が半分以上を占めていることである。国際的な機関の調査によると、諸外国では 25 歳から 65 歳までの層の死亡者数が全体の 50％を超え、(3)これは人口構成比にも対応している。警察としても、(4)この部分に力を入れて対策をとり、さらなる減少を目指したいところだ。

(1)　1　交通事故死亡者の減少
　　2　交通事故死亡者の増加
　　3　交通事故の減少
　　4　交通事故の増加

(2)　1　世界的な流れ
　　2　世界と日本に共通すること
　　3　日本だけに起こっていること
　　4　日本だけに起こっていないこと

(3)　1　65 歳以上の交通事故死亡者が全体の 50％を超えていること
　　2　65 歳以上の交通事故死亡者が全体の 50％を下回っていること
　　3　25 歳から 65 歳までの交通事故死亡者が全体の 50％を超えていること
　　4　25 歳から 65 歳までの交通事故死亡者が全体の 50％を下回っていること

(4)　1　子どもに対する交通安全対策
　　2　若者に対する交通安全対策
　　3　働く世代に対する交通安全対策
　　4　老人に対する交通安全対策

＊層：layer ／层／ tầng
＊構成：composition; organization ／构成／ cấu thành
＊比：ratio; proportion ／比、比例／ tỉ lệ
＊対応（する）：to interact; to deal with ／对应／ đối xử
＊対策（する）：to make a countermeasure ／对策／ đối sách

⑦　土俵といえば、相撲が行われる４メートル半ほどの円のことだ。(1)これはバレーボールやテニスのコート、ボクシングのリング、野球やサッカーで言えばグラウンドにあたる。日本には相撲にちなんだことわざや慣用句が多く、日常生活でもよく使われている。ところが先日、新しくプロ野球選手になることが決まった選手がインタビューを受けていて、すでにプロ野球で活躍している同じ年の選手について聞かれたとき、「同じ土俵で戦えるのがうれしい」という感想を述べていた。やっと自分も(2)彼と同じ高いレベルにたどり着けてうれしいということだろうが、若い20歳そこそこの野球選手が「土俵」という相撲の言葉を使ったので、少し驚いた。野球やサッカーに比べると、ファンの数は少なくなっているだろうが、相撲の言葉は現代にもしっかり生きているのだなぁと思った。

(1)　1　土俵

　　　2　コート

　　　3　リング

　　　4　グラウンド

(2)　1　新しくプロ野球選手になる選手
　　　2　すでにプロ野球で活躍している選手
　　　3　野球やサッカーが好きな若者
　　　4　すでに相撲で活躍している同じ年の若者

＊グラウンド：sports grounds ／操场、运动场／ sân vận động

＊〜にあたる：ちょうど〜がそれだ。

＊相撲：sumo ／相扑／ đấu vật sumo

＊〜にちなむ：be connected with 〜 ／因〜、由〜／ nhân 〜

＊ことわざ：proverb; saying ／谚语／ tục ngữ

＊慣用句：idiom ／惯用句／ thành ngữ

＊たどり着く：いろいろ苦労して、やっと目的に着く。

＊現代：nowadays ／现代／ hiện đại

⑧　記念日というと、誕生日や会社や学校の創立記念日を思い浮かべるが、有名なのは「時の記念日」だ。(1)これは6世紀ごろ、日本で初めて時計が鐘を打ったとされる6月10日を記念して、大正時代に設けられた。日本人も欧米のように時間を守ろうという趣旨で作られた記念日だが、十分その使命を果たしたといえよう。また、近年マスコミが取り上げて話題になっているのが、11月22日の「いい夫婦の日」だ。(2)こちらは、11を「いい」と読み、22を「ふうふ」と読む語呂合わせによる。業界団体が宣伝のために勝手に作るので、毎日が何かの記念日になっていて、(3)それに関連する本まで出版されている。2月11日の「建国記念の日」や5月3日の「憲法記念日」などの祝日以外はいちいち覚えていないが、覚えていないとこわいのは結婚記念日などの家族の記念日だ。(4)これを忘れると、家での立場が危うくなる。

(1)　1　記念日
　　 2　誕生日
　　 3　創立記念日
　　 4　時の記念日

(2)　1　2月11日
　　 2　5月3日
　　 3　6月10日
　　 4　11月22日

(3)　1　いい夫婦の日
　　 2　何かの記念日
　　 3　建国記念の日
　　 4　憲法記念日

(4)　1　誕生日
　　 2　創立記念日
　　 3　結婚記念日
　　 4　家族の記念日

*創立(する)：to be established ／创立／ thành lập
*大正時代：Taisho era ／大正时代／ thời đại Taisho
*使命：mission ／使命／ sứ mệnh
*語呂合わせ：rhyme; pun ／双关语／ chơi chữ
*〜に関連する：〜に関係する。
*危うくなる：危険な状態になる。

*鐘を打つ：ring a bell ／敲钟、打铃／ đánh chuông
*趣旨：meaning; point ／主旨／ ý đồ, mục đích
*マスコミ：mass media ／媒体／ truyền thông đại chúng
*業界：industry ／业界／ ngành, giới
*祝日：holiday ／节假日／ ngày lễ

ドリル A の答え

📝 第1回

① 正解：2

「〜っけ？」は、不確かなことについて自分で自分に問うような表現。「前は何があったっけ？」は「以前はそこに何の店があったかなあ」ということ。

② 正解：4

すぐ前の「これを過ぎてはだめ！」は警告を表し、「心臓に悪い」「使いたくない」という筆者の気持ちに合うもの。

③ 正解：2

すぐ前の「手術をする活動が…行われています」を受けて、「その目印」と続いている。この「目印」は、（手術をされた）問題のない猫であることを示すことになる。

④ (1) 正解：4

(2) 正解：1

「それ」は直前に相手が言ったこと。「これ」はもともとの話題。

⑤ (1) 正解：4

３連休が増えるように月曜日に定めたのが「ハッピーマンデー」。

(2) 正解：2

「問題が起きたり…」「そんなに休んでいられない」は、休みが増えることに対する否定的なこと。「その廃止」は、祝日を増やすことを目的にした「ハッピーマンデー」をやめることを表す。

⑥ (1) 正解：3

小学校、中学校、高校と話題が次々に移っている。「あの苦労」が指すのは、そのすぐ前の部分になる。「浪人して、１年予備校に通って」「なんとか」に苦労が表れている。

(2) 正解：2

「あの時」に戻って「しっかり勉強したい」と言っている。そう思ったのは、大学生活についての後悔の気持ちから（前の段落）。

① 正解：4
せいかい
「〜があり」と物の存在＊を示して「その前」
もの そんざい しめ まえ
と言っているので、場所を表していることが
い ばしょ あらわ
わかる。

　　＊存在：existence ／存在／ tồn tại
　　 そんざい

② 正解：3
せいかい
「公園が見える窓際（の席）」「コーヒーを注
こうえん み まどぎわ せき ちゅう
文」から「喫茶店」が合う。「散歩の際に寄っ
もん きっさてん あ さんぽ さい よ
た図書館」から図書館は過去のこととわかる。
としょかん としょかん かこ

③ 正解：3
せいかい
「温度が高くなること」がこの文章のポイン
おんど たか ぶんしょう
トになっている。「〜のはこのせい」は「〜
のは、これが原因・理由だ」の意味。前の部
げんいん りゆう いみ まえ ぶ
分に注目する。
ぶん ちゅうもく

④ 正解：3
せいかい
「そうは言っても」は「そうではあるが」と
い
いう意味。「前に述べられたとおりではなく、
いみ まえ の
それと異なることがある」と言いたいときの
こと い
表現。すぐ前の部分に注目する。
ひょうげん まえ ぶぶん ちゅうもく

⑤(1) 正解：2
せいかい
「いいおみくじ」の「いい」は占いの結果を
うらな けっか
表し、それによって「いい気分」になる。占
あらわ きぶん うらな
いの結果は、「吉」や「凶」のように紙に書
けっか きち きょう かみ か
かれている。一つ前の文は、おみくじに関す
ひと まえ ぶん かん
るいろいろな話題の紹介。
わだい しょうかい

(2) 正解：1
せいかい
100円、200円でできること、つまり、おみく
えん えん
じを引くこと。国の運勢を占ったのは昔のこと。
ひ くに うんせい うらな むかし

⑥(1) 正解：1
せいかい
この文章では、最初から最後まで、「事故」
ぶんしょう さいしょ さいご じこ

の数ではなく、「事故による死者」の数を問
かず じこ ししゃ かず もん
題にしている。第2文は第1文を具体的に説
だい ぶん だい ぶん ぐたいてき せつ
明したもの。
めい

(2) 正解：3
せいかい
すぐ前の「日本だけに目立つ傾向」を言い換
まえ にほん めだ けいこう い か
えた答えを探す。
こた さが

(3) 正解：3
せいかい
諸外国の場合について述べ、「これは」以下
しょがいこく ばあい の いか
でその補足をしている。すぐ前の部分を指し
ほそく まえ ぶぶん さ
たもの。

(4) 正解：4
せいかい
〈日本は「65歳以上」の死者数が多い〉（し
にほん さい いじょう ししゃすう おお
かし）〈諸外国は「25歳から65歳まで」の
しょがいこく さい さい
の死者数が多い〉という流れを押さえる。
ししゃすう おお なが お

⑦(1) 正解 1
せいかい
第1文も第2文も「土俵」についての説明。
だい ぶん だい ぶん どひょう せつめい

(2) 正解：2
せいかい
ここは、「すでにプロ野球で活躍している同じ
やきゅう かつやく おな
年の選手について聞かれたとき」の発言を説明
とし せんしゅ き はつげん せつめい
したもの。「同じ土俵」は「同じレベル」を表す。
おな どひょう おな あらわ

⑧(1) 正解：4
せいかい
「これ」は、〈有名なのは「時の記念日」だ〉
ゆうめい とき きねんび
と強調したのを受けたもの。
きょうちょう う

(2) 正解：4
せいかい
「11」と「22」を取り上げて説明しているので、
と あ せつめい
直接的にすぐ前の言葉を指していることは明
ちょくせつてき まえ ことば さ あき
らか。

(3) 正解：2
せいかい
文の前の部分を受けて、さらに説明している。
ぶん まえ ぶぶん う せつめい

(4) 正解：4
せいかい
まぎらわしいのは「結婚記念日」だが、「結
けっこん きねんび けっ
婚記念日などの家族の記念日」と言っている。
こん きねんび かぞく きねんび い
「結婚記念日」は代表的な一つの例で、ほか
けっこん きねんび だいひょうてき ひと れい
に子供の誕生日など、さまざまなものを含む。
こども たんじょうび ふく

ドリル B

次の□□□□の中に入る最もよいものを、1・2・3・4から一つ選んでください。

 **第1回**

⇒答えは p.164　☐/15　☐/15

① 休館日は日曜・祝日、□(1)□年末年始です。□(2)□日曜日と祝日が重なる場合は、翌日の月曜日も休館とします。

(1)　1　かつ　　　　　2　および　　　　　3　または　　　　　4　そのうえ

(2)　1　なお　　　　　2　すなわち　　　　3　それに　　　　　4　とはいえ

＊**重なる**：上にのる、さらに加わる（→同じ日になる）。

② ときどき、自分は花粉症にならない体質だと言う人がいるが、それは正しくない。□(1)□人はある日突然、花粉症になるのではなく、今までに体内に入った花粉が一定量を超えたときに症状が出るからだ。□(2)□だれでも花粉症になる可能性があるということだ。

(1)　1　なぜなら　　　2　ただし　　　　　3　いわば　　　　　4　反対に

(2)　1　それでは　　　2　そこで　　　　　3　もしくは　　　　4　要するに

＊**花粉症**：hay fever ／花粉症／ dị ứng phấn hoa　　　　＊**体質**：predisposition; make-up ／体质／ thể chất
＊**症状**：symptoms ／症状／ triệu chứng

③ 80歳の祖父がスマホを買うと言い出した。今までどんなに勧めても携帯電話も持とうとせず、□(1)□パソコンさえ触ったこともなかったのに、急にほしくなったらしい。□(2)□一緒に店に行って、操作が易しいタイプのものを買ってきた。初日は2時間で「わからない！」と投げ出し、次の日は目がチカチカして肩が凝ると泣き言を言っていた。□(3)□あきらめずにがんばったようで、3日目には短いメールが送られてきた。

(1)　1　とはいえ　　　2　たとえば　　　　3　そればかりか　　4　いっぽう

(2)　1　そこで　　　　2　すると　　　　　3　しかし　　　　　4　さて

(3)　1　そのため　　　2　したがって　　　3　それとも　　　　4　それでも

＊**操作**（する）：to operate ／操作／ thao tác　　　　　＊**チカチカする**：to flicker ／晃眼、闪耀／ lấp loáng
＊**肩が凝る**：to have stiff shoulders ／肩膀坚硬、酸疼／ bị đau vai
＊**泣き言を言う**：to complain ／发牢骚／ phàn nàn

④　「情けは人のためならず」ということわざがある。誰かにいいことをすれば、それはいつか自分にいい結果となって返ってくるということだ。＿＿(1)＿＿人に親切にするのは自分のためになるという意味だ。＿＿(2)＿＿最近はこれを間違えて、「人を助けてあげることは、結局、その人のためにはならない」と思っている人が半数近くいると聞いた。＿＿(3)＿＿誰かが困っていても、「自分のことは自分でやりなさい。私は手伝わないから。だって、情けは人のためならずでしょ」と言う人までいるようだ。

(1)　1　そのうえ　　　　2　なぜなら　　　　3　あるいは　　　　4　すなわち
(2)　1　というのは　　　2　ところが　　　　3　そのため　　　　4　そのくせ
(3)　1　それどころか　　2　それにしても　　3　だからといって　4　それはそうと

*情け：pity ／怜憫／ cảm thông　　　　*ことわざ：saying; proverb ／谚语／ tục ngữ
*半数：半分の数、半分の人数。

⑤　山歩きが趣味だと言うと、「汗をかきながら苦労して登った後、山頂から見る景色は素晴らしいでしょうね」と言われることが多い。＿＿(1)＿＿酒好きの人からは「ああ、山の上での一杯は最高でしょう」などとも言われる。確かにそれも魅力的だが、私はただ単に山道を歩くのが好きなのだ。花を探したり、鳥の声を聞いたりしながら、一歩一歩足を進めるのが楽しい。特に、積もった落ち葉のふかふかとした感触は、いつまでも歩き続けたいと思うほどだ。＿＿(2)＿＿頂上が近づくと、ああ、楽しみが終わってしまうという気持ちになってしまうことさえある。

(1)　1　および　　　　2　また　　　　　　3　そこで　　　　4　それで
(2)　1　もしくは　　　2　それなら　　　　3　むしろ　　　　4　すると

*ふかふか：fluffy ／蓬松／ mềm mại　　　　*感触：sensation; feeling ／感觉／ xúc giác

⑥　あなたはイヌ派？　＿＿(1)＿＿ネコ派？　どちらもかわいいし、それぞれ理由はあるだろうが、最近、初めてネコの人気がイヌを上回ったという。その理由はまず、ネコはトイレのトレーニングが不要なこと。そして、散歩に行かなくてもいいこと。＿＿(2)＿＿イヌに比べて予防接種や薬などの医療費もあまりかからない。＿＿(3)＿＿初めて動物を飼う人にとっては、世話が楽で、イヌよりもずっと飼いやすいそうだ。＿＿(4)＿＿ペットショップで働く友人は「イヌを1匹飼うなら、ネコが3匹飼える」とまで言っている。

(1)　1　それとも　　　2　それでは　　　　3　そのかわり　　4　つぎに
(2)　1　たとえば　　　2　そのうえ　　　　3　いっぽう　　　4　逆に
(3)　1　それにしては　2　そのくせ　　　　3　すると　　　　4　したがって
(4)　1　ところで　　　2　または　　　　　3　ただし　　　　4　ちなみに

*〜派：～ faction; ～ denomination ／〜派／ phái ～　　＊上回る：to exceed ／超过／ vượt quá
*不要(な)：必要でない。
*予防接種：immunization; vaccination ／预防针／ tiêm chủng dự phòng
*医療：medical care ／医疗／ y tế

⑦　A：　大山さん、どうしたんだろう。約束は3時だったよね？

　　B：　うん。でも、彼女はときどき遅れるから、そのうち来るんじゃないかな。

　　A：　[(1)] 遅すぎない？　もう3時半だよ。忘れていなければいいけど……。

　　B：　じゃ、もう少し待って電話しよう。[(2)] 来週のゼミの飲み会、行く？

　　A：　ううん、ちょっと都合が悪くて……。

　　B：　え、そうなの？　[(3)] 参加者は5人だけか。大山さんも出られないって言ってたし、
　　　　残念だなあ。

(1)　1　ところが　　　　2　そのくせ　　　　3　それにしても　　4　それにしては
(2)　1　それはそうと　　2　それどころか　　3　それなのに　　　4　それなら
(3)　1　すると　　　　　2　そこで　　　　　3　さて　　　　　　4　なのに

*ゼミ：seminar ／研讨会／ buổi học seminar

⑧　　スーパーの魚売り場で「あら、お久しぶり」と中年の女性に声をかけられて、反射的に「まあ、お久しぶりです」と答えた。[(1)]、いったい誰なのか、よく思い出せない。どこかで会ったことがあるのは確かだ。[(2)]「失礼ですが、どなたでしたっけ？」と聞くこともできず、適当に話を合わせていた。[(3)]、その人は「こんなところでお会いするなんて、お恥ずかしいわ」と言いながら、魚の切り身をかごに入れ、「ではまた」と歩いて行った。あ、そうだ！　その瞬間に思い出した。前に住んでいた街の魚屋さんの奥さんだ。エプロン姿しか見たことがなかったので、わからなかったのだ。

(1)　1　そればかりか　　2　とはいうものの　　3　それはさておき　4　いっぽう
(2)　1　ところが　　　　2　そのため　　　　　3　だから　　　　　4　だからといって
(3)　1　けれども　　　　2　すると　　　　　　3　さて　　　　　　4　それでは

*反射的に：reflexively ／本能的／ một cách phản xạ
*切り身：魚を食べやすい大きさに切ったもの。また、それがパックに入って売られているもの。

① 　新幹線の線路のすぐ横にある工場が火事になった。　(1)　、風が新幹線の方向に向かっ
て吹いていた。　(2)　、火が消えるまで新幹線は運転を取りやめることになった。

(1) 　1　けれども 　　　　2　そのうえ 　　　　3　つまり 　　　　4　それどころか

(2) 　1　なお 　　　　　　2　それに 　　　　　3　そこで 　　　　4　また

② 　冬の晴れた日の翌朝、温度が低くなることを「放射冷却」という。雲があると雲にふた
をされ、地表の気温はあまり下がらなくなる。　(1)　、晴れると暖かい空気が上空に逃れる、
　(2)　熱を放射することになり、気温が下がるのである。

(1) 　1　すると 　　　　　2　ところが 　　　　3　それに 　　　　4　たとえば

(2) 　1　つまり 　　　　　2　そのかわり 　　　3　つぎに 　　　　4　それなら

＊放射：（光や熱などが）あるところからあらゆる方向に広がり出ること。
＊ふた：lid ／蓋子／ nắ
＊上空：空の上の方。
＊地表：surface ／地表、地皮／ mặt đất

③ 　小林さんには田舎で暮らしたいという夢があった。　(1)　、若いころから将来住みたい
と思う地方を旅しては、いろいろ調べてきた。　(2)　、好きな釣りが楽しめ、ガーデニン
グが趣味の奥さんも気に入った土地に空き家を買った。これから少しずつ手を加えて、定年
とともに移住する計画だ。

(1) 　1　とはいえ 　　　　2　それで 　　　　　3　すると 　　　　4　そのうえ

(2) 　1　それでは 　　　　2　そのかわり 　　　3　ただし 　　　　4　そして

＊ガーデニング：gardening ／园艺／ làm vườn
＊土地：soil; land ／土地／ đất đai
＊定年：retirement age ／退休／ tuổi về hưu
＊移住（する）：to migrate ／移居／ di cư

④　日本でケーキとして多くの人がイメージするのが、柔らかいスポンジ生地に白い生クリームを塗り、その上に真っ赤なイチゴを飾ったイチゴのショートケーキと呼ばれるものだろう。ケーキ屋の店頭には、一年中、イチゴのケーキが並んでいる。　(1)　、このイチゴ、自然の状態では初夏が旬で、以前は 4 〜 5 月が収穫のピークであった。　(2)　、現在ではビニールハウスでの栽培の技術が進み、12 月から 3 月にかけての出荷が多いそうである。

(1)　1　一方　　　　　　　2　それでも　　　　3　さらに　　　　　4　さて
(2)　1　なお　　　　　　　2　ところで　　　　3　しかし　　　　　4　それとも

＊スポンジ：sponge ／海綿／ bánh bông lan
＊生地：dough; material ／面、面団／ hỗn hợp bột trứng
＊店頭：店の中で、客の目に入るところ全体。
＊初夏：夏の初め。
＊旬：魚や野菜、くだものの味が最も良い時期。ある物事をするのに最も良い時期。
＊ピーク：peak ／高峰／ đỉnh, cao điểm
＊栽培（する）：to cultivate ／栽培／ trồng trọt
＊出荷（する）：to ship ／发货／ giao hàng

⑤　夏の暑さを少しでも少なくしようということで、日本で昔から行われてきた打ち水が、都市を中心に行われるようになった。打ち水とは、単に道路や庭などに水をまくだけのことだが、水が蒸発するときに周りの温度が下がるという性質を利用している。　(1)　、水なら何でもいいわけではなく、水道水は使ってはいけないというルールがある。　(2)　、もったいないからである。　(3)　飲める水を使わないということだ。実際の効果も確かめられているが、気分の問題も大きい。　(4)　、大勢で一斉にするほうが効果があるということで、企業や自治体も参加するイベントとして行われることも、増えてきた。今年の夏は、あなたも打ち水に参加してみませんか。

(1)　1　もしくは　　　　2　だからといって　3　それにしては　4　そればかりでなく
(2)　1　それなのに　　　2　かつ　　　　　　3　なぜなら　　　4　なお
(3)　1　要するに　　　　2　したがって　　　3　ただし　　　　4　むしろ
(4)　1　すると　　　　　2　それにしても　　3　また　　　　　4　逆に

＊まく：to spread ／撒、浇／ tưới
＊一斉に：at once ／同时／ cùng một lúc

⑥　会社の前には公園があり、そこには背の高い木が何本か立っていた。ちょうど南側にあたるため、夏は日差しをさえぎってくれて、木が揺れると、木の枝を通して小さな光も揺れた。仕事に疲れたときにその木を見ると、ほっとしたものだ。　(1)　ある日、なんか明るいなぁと思ってふと外を見ると、その木が消えていた。思わず窓から下の公園を見下ろすと、木は切りとられ、残った切り株だけが見えた。誰かが何か苦情を言ったのだろうか。　(2)　、木は老木で、倒れる危険があったのか。実際、古い木だったようにも思う。　(3)　、その木は私にとってはかけがえのない友だった。台風の時は枝が折れないか心配したし、木にやって来る鳥たちになぐさめられたし、誰にも言えない悩みも木は黙って聞いてくれた。　(4)　、突然、あまりにも突然の別れだった。冬の光が差し込み明るくなったオフィスの中で、私は一人で泣いた。

(1)　1　そこで　　　　　2　すると　　　　　3　ところが　　　　4　たとえば

(2)　1　それでは　　　2　あるいは　　　　3　むしろ　　　　　4　そればかりでなく

(3)　1　そのかわり　　2　それはそうと　　3　すると　　　　　4　それでも

(4)　1　ただし　　　　2　それどころか　　3　なのに　　　　　4　したがって

*さえぎる：to block; to obstruct ／遮、遮住／ che
*苦情を言う：make a complaint ／抱怨／ phàn nàn

*切り株：stump ／樹墩／ gốc cây
*差し込む：物の中や間に細く入ってくる。

⑦　生活の中に花があれば、日々の暮らしが明るく楽しくなると思う。　(1)　、花は値段が高い。　(2)　切り花はすぐ枯れる。　(3)　鉢植えがいいのかといえば、水をやったり日に当てたりと、毎日の世話も大変だ。　(4)　、枯れてしまったりするとがっかりしてしまう。　(5)　、あまり手がかからないサボテンなどの多肉植物といわれる植物が、若い女性などに人気があるという。形もさまざまで個性がある。サイズも小さいものならいくつも置くことができ、室内でインテリアとしても楽しめる。　(6)　植物は植物。日々の成長や季節による変化も楽しめる。　(7)　小さな花を咲かせるものもある。都会の人にとっては、小さな癒しの効果もあるのかもしれない。

(1)　1　したがって　　2　けれども　　　　3　それどころか　　4　いわば

(2)　1　それに　　　　2　それにしても　　3　なお　　　　　　4　いっぽう

(3)　1　それなのに　　2　それから　　　　3　それなら　　　　4　それとも

(4)　1　それでも　　　2　ちなみに　　　　3　さらに　　　　　4　つぎに

(5)　1　すると　　　　2　なのに　　　　　3　反対に　　　　　4　そのため

(6)　1　とはいうものの 2　すなわち　　　　3　それはさておき　4　たとえば

(7)　1　それでは　　　2　そのかわり　　　3　そればかりでなく 4　そのかわり

*鉢植え：容器に土を入れて植物を植えること。
*個性：personality; individuality ／个性／ cá tính

*サボテン：cactus ／仙人掌／ xương rồng
*癒し：疲れや痛みを減らし、やわらげること。

⑧　携帯電話を誰もが持ち歩くようになって、私たちは以前に比べて、写真を撮ることが多くなった。　(1)　、写真を見るときも、なんらかの機器を持っていなければならない。どの家庭にもあったアルバムも、いつの間にか見かけなくなった。紙の写真は消えつつある。　(2)　、私たちの写真を、私たちの子供世代や孫たちはどうやって見るのだろう。インターネット上には多くの画像が残されている。　(3)　、デジタル機器の進化は、私たちに次々に新しい機器を持つことを求め続ける。　(4)　、少しずつ古い機器で残した記録の再現が難しくなっていく。　(5)　、再現する機器がないと過去の画像を見ることができない。　(6)　、暗証番号で保護されているデータなどは、暗証番号がなければ呼び出すこともできない。私たちは、子や孫に古い機器と暗証番号を残さなければならないのだろうか。気軽に撮った写真を時代を超えて気軽に見ることは、もう望めないのだろうか。

(1)	1	だが	2	それで	3	すると	4	そのうえ
(2)	1	それでは	2	そのかわり	3	ただし	4	そのうえ
(3)	1	それにしては	2	および	3	とはいえ	4	一方（いっぽう）
(4)	1	ちなみに	2	また	3	だけど	4	そして
(5)	1	つまり	2	いわば	3	それでは	4	なお
(6)	1	そこで	2	それどころか	3	逆に（ぎゃく）	4	そうはいっても

＊機器：device; equipment ／机器／ máy móc
＊画像：image ／画像／ hình ảnh
＊進化(する)：to progress; to evolve ／进化／ tiến hoá
＊再現(する)：to reproduce; to reappear ／再现／ tái hiện
＊暗証番号：numerical password; PIN ／密码／ mật khẩu

📝 第1回

①**(1) 正解：2**
「ＡおよびＢ」は「ＡまたＢ」の意味で、単純に並べて挙げたもの。「ＡかつＢ」は「Ａであると同時にＢでもある」という意味。

(2) 正解：1
より詳しいことや注意してほしいことなど、内容を補足をするとき、「なお」を使う。

②**(1) 正解：1**
これから理由を述べるとき、「なぜなら」を使う（ほかに、「というのも／は」「どうしてかというと」など）。

(2) 正解：4
まとめて結論を述べるときの表現。

③**(1) 正解：3**
「ＡだけでなくＢも」と、驚きやあきれた気持ちを言いたいときに使う（ほかに「それだけでなく」など）。

(2) 正解：1
ある状況が示され、それが大きな背景や要因となって何かがされるとき、「そこで」を使う。

(3) 正解：4
何かが起きても変わらない様子を述べるとき、「それでも」を使う。

④**(1) 正解：4**
同じ意味のことを言い換えるとき、「すなわち」や「つまり」などを使う。

(2) 正解：2
このあとに「これを間違えて」と続き、前の文とは別の方向に展開している（⇒逆接）。

(3) 正解：1
思っているだけでなく、言葉や態度に表してしまっている。

⑤**(1) 正解：2**
もう一つ別の例を挙げていることがポイント。

(2) 正解：3
〈どちらかというと、楽しさよりも残念な気持ちが強くなっていく〉という筆者の気持ちをとらえるのがポイント。

⑥**(1) 正解：1**
ここでは「ＡかＢか、どっち？」と質問している。

(2) 正解：2
前に加えてさらにネコが飼いやすい条件を述べている。

(3) 正解：4
それまでの説明から結論を導く表現が入る。

(4) 正解：4
それまで述べたことに関係して、参考になるようなことを付け足すときの表現。

⑦**(1) 正解：3**
「ときどき遅刻する」ということを考えても（⇒そうであっても）、「（今日は）遅すぎる」。「それにしては」は、前の話と実際が異なる点がポイント。
㋐日本に10年住んでいるというが、それにしては日本語が下手だ。

(2) 正解：1
今まで話していたこととは別の話題に移るときの表現。

(3) 正解：1
Ａ（判断の材料）→Ｂ（結論）という流れ。聞いた情報から、何人来るかという結果を考えている。

⑧(1) 正解：**2**

「答えた」けれど、「誰なのか、思い出せない」。

(2) 正解：**4**

「思い出せない」からという理由で、「（名前を）聞くことはできない」。

(3) 正解：**2**

Aの後、続いてBが起こることを表している。場面の展開を客観的に述べる表現。

✏ 第2回

①(1) 正解：**2**

〈「火事」だけでなく、ほかにも好ましくないことが起きた〉ことをとらえる。

(2) 正解：**3**

二つのよくないことが原因・理由→「運転を取りやめる」という流れをとらえる。

②(1) 正解：**2**

「雲がある」場合と「晴れる」場合を対比して説明している。

(2) 正解：**1**

「暖かい空気が上空に逃れる」ことの言い換えが「放射」になる。

③(1) 正解：**2**

「田舎」と「地方」はほぼ同じ意味。〈自分の希望→そのために行動したこと〉という流れをつかむ。

(2) 正解：**4**

〈「夢」⇒「いろいろ調べて」⇒「買った」〉という流れをつかむ。

④(1) 正解：**4**

「イチゴのケーキ」の話から「イチゴ」そのものの話に話題が変わっている。

(2) 正解：**3**

「以前は」と「現在では」を対比していることをとらえるのがポイント。

⑤(1) 正解：**2**

「単に」で「打ち水」の簡単さを表しているが、それだけではないことを言いたい。

(2) 正解：**3**

「〜からである」から理由を説明する文ととらえる。

(3) 正解：**1**

このあとに「もったいない」という気持ちや考えを説明する具体的なことが述べられている。

(4) 正解：**3**

前の部分に続いて、「打ち水」に対する人々の考え方や取り組み方が述べられている。

⑥(1) 正解：**3**

〈いつも「ほっと」しながら「木」を見ていた→その「木」が消えていた〉という流れを押さえる。

(2) 正解：**2**

理由をあれかこれかと考えている状況。

(3) 正解：**4**

前の部分で「木」について否定的なことを言っているが、結局、プラスの評価（⇒かけがえのない友）をしている。

(4) 正解：**3**

相談相手だった「木」が突然消えた。筆者の驚きと残念な気持ちを感じ取ろう。

⑦(1) 正解：**2**

花に対する肯定的な意見と否定的な意見をつなぐ。

(2) 正解：1

否定的な面として、「（値段が）高い」にさらに「すぐ枯れる」を加える。

(3) 正解：3

新たな案、「鉢植え」について述べている。

(4) 正解：3

否定的な意見「大変」に「がっかりする」を加えている。

(5) 正解：4

「大変」なことが理由で「手がかからないサボテン」が提案されている。

(6) 正解：1

「インテリア」だが「変化も楽しめる」という流れ。

(7) 正解：3

それまでの部分でサボテンのいい点について述べていたが、さらに付け加えている。花がいいものであることは、最初の文に示されている。

前の文を言い換えている。

(6) 正解：2

今は情報を保護する「暗証番号」が未来ではどういう意味を持つのか。「機器」だけの問題ではないという筆者の意見。

⑧**(1) 正解：1**

「写真を撮る」ことは以前より気軽になったが、「写真を見る」ことは以前より面倒になった（←機器が必要になった）。

(2) 正解：1

「紙の写真は消えつつある」という現在の状況に対して、「どうやって見るのだろう」と疑問を示している。

(3) 正解：3

一見便利そうな「インターネット」だが、「機器の進化」のスピードは私たちの想像を超えている。

(4) 正解：4

「機器の進化」の結果、私たちの使っている「機器」はあっという間に「古い機器」になる。結果を表すものを選ぶ。

(5) 正解：1

PART 2
対策編
Practice Examples ／模拟练习／ luyện tập thực tế

第2章
実戦練習
Practice Examples
模拟练习
luyện tập thực tế

UNIT 1 「問題7」に挑戦！──文に合う言葉を選ぶ

1 文型を選ぶパターン
2 助詞を選ぶパターン
3 動詞の形のパターン
4 会話に合う表現を選ぶパターン
5 正しい敬語表現を選ぶパターン
6 文の流れの中で考えるパターン

UNIT 2 「問題8」に挑戦！──正しい文を組み立てる

1 前後の関係から考えるパターン
2 文型を復元するパターン
3 疑問詞と組になるパターン
4 否定の表現と組になるパターン
5 助詞で始まる文型のパターン

UNIT 3 「問題9」に挑戦！──文章の展開をつかむ

1 文の流れを読むパターン
2 「だれが」、「なにを」を読み取るパターン
3 文の正しい形を選ぶパターン
4 選択肢の組み合わせを選ぶパターン
5 人と人との関係を見るパターン
6 決まった語句との結び付きを選ぶパターン
7 助詞と助詞の組み合わせに注目するパターン

UNIT 1 「問題7」に挑戦！—文に合う言葉を選ぶ

もんだい　　　　　ちょうせん　　　　ぶん　あ　ことば　えら

Try question 7!
挑战问题 7 / Thử thách với Bài 7!

Selecting a word that matches the sentence
选择适当的词语 / chọn từ phù hợp với câu

❓ どんな問題？

「問題7」は、文中の（　　　　）の中に入る正しい言葉を選ぶ問題です。

例

あ、危ない！　たなから荷物が（　　　）そうですよ。

   1　落ちた　　　　　　2　落ちる　　　　　　3　落ちて　　　　　　4　落ち

（解答のしかた）

1. 正しい文はこうです。

2.
> あ、危ない！　たなから荷物が（　落ち　）そうですよ。

3. （　　　）に入る言葉の番号を解答用紙にマークします。

（解答用紙）　| （例） | ① | ② | ③ | ● |

🕊 解き方のポイント

① どのパターンの問題か、考える

⇒文型・助詞・動詞の形・・・などのパターンの中から、どのパターンの問題かを考える。

②（　　　　）の前後に注意する

⇒（　　　）の前後＊をよく見る。文型は、接続する活用形＊や助詞といっしょに覚えよう。
過去か現在か、時制＊にも気をつけよう。

＊〜の前後：〜の前と後。　　＊活用形：conjugated form ／活用形／ hình thức chia　　＊時制：tense ／时态／ thời

③ 似ている形、似ている意味に注意する

⇒形は似ていても意味が違う文型、形は違っても意味が似ている文型がある。よく比べられる文型などは、整理しておこう。

④ セットになる言葉を見つける

⇒文型の中には、同じ言葉を繰り返すもの、数字とセットになるもの、必ず後半が「〜ない」になるもの、などがある。セットで覚えておこう。

＊後半：後の半分。⇔前半

① 文型を選ぶパターン

♪ POINT

野菜が嫌いだ（　　　　　）肉ばかり食べていてはいけませんよ。

    1　から　　　　　　2　からといって　　　3　からこそ　　　4　からには

　まず、この文は何が言いたいのか、考えましょう。「野菜が嫌いだ」から「肉ばかり食べる」のですが、それは「いけませんよ」と言っています。つまり、単純な理由を述べるのではなくて、「そういう理由があっても、してはいけない」という意味の文型です。1 は単純な理由説明、3 と 4 は理由の強調なので、違います。「からといって」は「A という理由があっても B にはならない」と言うときに使います。

（正解：2）

＊**単純**(な)：simple ／单纯／ đơn giản

EXERCISE ✐

次の（　　　）に入る最もよいものを一つ選びましょう。

⇒答えは p.179

1　彼の電話番号もメールアドレスもわからないので、連絡（　　　　　）んです。

    1　するほかない　　　2　しようがない　　　3　しっこない　　　4　するにすぎない

2　この計画はかなり難しいが、やればできない（　　　）。

    1　ものだ　　　　　2　ものがある　　　3　ものか　　　　4　ものでもない

3　8 時間に（　　　　　）議論したが、結論は出なかった。

    1　わたって　　　2　かけて　　　　3　おいて　　　　4　応じて

4　空が明るくなってきた。雨が（　　　　　）出発しよう。

    1　やんだとたん　　　　　　　　　　　2　やむかやまないかのうちに
    3　やみ次第　　　　　　　　　　　　　4　やむかと思ったら

5　父は年のせいか、最近、短気で（　　　　　）。

    1　怒り気味だ　　　2　怒りっぽい　　　3　怒りげだ　　　4　怒りつつある

6　兄はだれにも相談する（　　　　　）、会社を辞めた。

    1　ことなく　　　2　どころか　　　3　抜きに　　　4　ほかなく

7 彼女は心配の（　　　　　）、病気になってしまった。

 1　あげく   2　きっかけに   3　あまり   4　かぎり

8 ボーリングは年齢（　　　　　）楽しめるスポーツです。

 1　を抜きにして 2　を問わず   3　はともかく 4　にかぎり

9 さいふを落としたが、幸運な（　　　　　）、親切な人が交番に届けてくれていた。

 1　ことだから 2　おかげで   3　せいで   4　ことに

 ＊届ける：report ／送到／ đưa đến

10 自分でする（　　　）、人に頼む（　　　）、早く決めなければならない。

 1　にしろ／にしろ 2　やら／やら 3　か／まいか   4　といい／といい

② 助詞を選ぶパターン

♪ POINT

書類の内容をよく読んだうえ（　　　　　）、サインをしてください。

   1　は   2　を   3　で   4　に

　まず、「うえ」に注目しましょう。「うえ」を使った文型には「〜うえは」「〜うえで」「〜うえに」の3つがあります。次に、（　　）の前後から文の意味を考えます。「内容をよく読む」→「サインをする」ということですから、「読んでから」という意味の文型、つまり「〜うえで」が正しいです。このように同じ言葉を使っていても、助詞によって意味が変わる文型は要注意＊です。

（正解：3）

＊要注意：注意が必要。

EXERCISE

次の（　　）に入る最もよいものを一つ選びましょう。

⇒答えは p.179

1 やっと静かに本が読めるか（　　　）思ったら、また電話がかかってきた。

 1　と   2　は   3　の   4　が

2 父親の財産（　　　　　）めぐって、3人の兄弟が争っている。

1　に　　　　　　　　2　の　　　　　　　　3　が　　　　　　　　4　を

＊財産：property; assets ／財产／ tài sản

3 子供のころに見たアニメ（　　　　　）きっかけに、日本に興味を持つようになった。

1　が　　　　　　　　2　を　　　　　　　　3　で　　　　　　　　4　の

4 進学する（　　　）せよ、就職する（　　　　　）せよ、国には帰らないつもりです。

1　に／に　　　　　　2　か／か　　　　　　3　や／や　　　　　　4　も／も

5 本日はお忙しいところ（　　　　　　）、来てくださって、ありがとうございます。

1　に　　　　　　　　2　へ　　　　　　　　3　を　　　　　　　　4　で

6 ファンのリクエスト（　　　　　）こたえて、彼女はもう1曲歌った。

1　へ　　　　　　　　2　は　　　　　　　　3　に　　　　　　　　4　を

＊リクエスト（**する**）：to request ／要求、点播／ yêu cầu

7 彼が金メダルを取ったとき、本人（　　　　　）もちろん、両親（　　　　　）涙を流して喜んだ。

1　が／も　　　　　2　も／は　　　　　3　も／が　　　　　4　は／も

＊メダル：medal ／奖章／ huy chương

8 このたなの商品は、もとの値段（　　　　　）かかわらず、すべて500円です。

1　に　　　　　　　　2　と　　　　　　　　3　は　　　　　　　　4　を

9 買う（　　　　）買うまい（　　　　）迷ったが、結局、買わなかった。

1　と／と　　　　　2　か／か　　　　　3　も／も　　　　　4　や／や

10 かわいい服を買ったもの（　　　　　　）、着て行くところがないんです。

1　を　　　　　　　　2　で　　　　　　　　3　の　　　　　　　　4　か

③ 動詞の形のパターン

♪ POINT・1

彼女は朝早く（　　　　　　）きり、夜になっても戻ってこなかった。

　　　1　出かけた　　　　2　出かける　　　　3　出かけている　　　　4　出かけ

　（　　　　）の前後の文型を確認しましょう。後ろに「きり」という文型があるので、その前に来る形は「た形」です。

（正解：1）

♪ POINT・2

昔、イタリアンレストランで（　　　　　　）だけあって、彼女はパスタに詳しい。

　　　1　働いて　　　　　2　働く　　　　　　3　働いている　　　　4　働いていた

　それがいつのことか（時制）、主語は何か、などにも注意して、動詞の形（受け身、可能など）を選びましょう。ここでは、「だけあって」の前は普通形＊ですが、過去のことなので、4の「働いていた」が正解です。

（正解：4）

＊普通形：食べる（←食べます）、きれいな（←きれいです）、などの形。

EXERCISE ✏

次の（　　　）に入る最もよいものを一つ選びましょう。

⇒答えは p.180

1 実際に（　　　　　　）ことには、できるかどうか、わかりません。

　　　1　やってみる　　　2　やってみない　　　3　やってみて　　　4　やってみた

3 子供が生まれた時は、言葉では（　　　　　　）がないほどうれしかった。

　　　1　言おう　　　　　2　言いよう　　　　3　言う　　　　　　4　言えよう

3 林さん夫婦は（　　　　　　）以来、一度もけんかしたことがないそうだ。

　　　1　結婚の　　　　　2　結婚する　　　　3　結婚して　　　　4　結婚した

＊夫婦：married couple ／夫妇／ vợ chồng

4 何度も（　　　　　　）末に、やっとスピーチの原稿が完成した。

　　　1　書き直す　　　　2　書き直して　　　3　書き直さず　　　4　書き直した

＊原稿：manuscript ／原稿／ bài viết

5　検査の結果が（　　　　　）次第、お知らせいたします。

　　1　わかり　　　　　2　わかって　　　　　3　わかる　　　　　4　わかった

6　（　　　　　）と思っても、流れる涙を止めることができなかった。

　　1　泣きまい　　　　2　泣かまい　　　　3　泣くまい　　　　4　泣こうまい

7　がんばっても、この仕事は今日中に（　　　　　）にないから、残りは明日にしませんか。

　　1　しそう　　　　　2　するそう　　　　3　できそう　　　　4　できるそう

8　若者の間で 1980 年代のファッションが（　　　　　）つつあるそうだ。

　　1　見直して　　　　2　見直し　　　　3　見直されて　　　　4　見直され

　　＊ファッション：fashion ／时装／ thời trang

9　自分一人でできると（　　　　　）からには、一人で（　　　　　）ほかなかった。

　　1　言った／する　　2　言った／しない　　3　言って／する　　4　言って／しない

10　（　　　　　）べきことは全部（　　　　　）きった。あとは結果を待つだけだ。

　　1　やる／やる　　　2　やる／やり　　　3　やり／やり　　　4　やり／やる

4　会話に合う表現を選ぶパターン

POINT

A：どうしたんですか。青木さんが遅れて来るなんて、めずらしいですね。
B：すみません、ちょうど出かけるときに電話が（　　　　）。

　　1　かかってきたもんですから　　　　2　かかってきたばかりに

　　3　かけてきたもんですから　　　　4　かけてきたばかりに

　　会話文を読んで、まず、どんな場面で、だれとだれが話しているのかを想像しましょう。ここでは、文型の知識よりも、場面や内容に合った表現を選べるかどうかが大切です。特に会話でよく使われる表現は、使い方や特徴を覚えておきましょう。

（正解：1）

《会話文の問題の注意点》

・どんな場面か。だれの動作か。だれのことを話しているか。

・話をしている人たちの関係は？　敬語やていねいな表現を使わなければならないかどうか。

EXERCISE ✏️

次の（　　）に入る最もよいものを一つ選びましょう。

⇒答えは p.180

1 母「じゃあ、お母さんは出かけるから、ちゃんと宿題やっておきなさいよ。あ、それから、
洗濯物を干しておいてくれる？　あと、部屋の掃除もね。」
子「え〜、そんなにいっぱい（　　　　　）よ。」

1　やりかねない　　　2　できかねない　　　3　やりっこない　　　4　できっこない

2 A「さっきの佐藤さんの意見、どう思いました？」
B「う〜ん、彼の言うことも（　　　　　）けれど、現実的には難しいんじゃないでしょうか。」

1　わかることもない　　　　　　　　　　2　わからないこともない
3　わかるものがある　　　　　　　　　　4　わからないものがある

＊現実的に：realistically／现实的／thực tế

3 〈窓の外を見ながら〉
A「あ、雨だ。」
B「え〜、傘を持ってない日（　　　　　）降るんだから！」

1　にばかり　　　　　　2　にだけ　　　　　3　にしか　　　　　4　にかぎって

4 A「あの店、いつも行列になってるけど、そんなにおいしいのかなあ。」
B「（　　　　　）！　この前行ったけど、全然だったよ。」

1　おいしいもんか　　　　　　　　　　2　おいしいもんじゃない
3　まずいもんか　　　　　　　　　　　4　まずいもんじゃない

⑤ 正しい敬語表現を選ぶパターン

♪ POINT

A 「先生、明日はお宅に（　　　　　）。」
B 「ええ、午前中はいますよ。」

　　1　まいりますか　　2　いらっしゃいますか　　3　おりますか　　4　うかがいますか

*お宅：「家」の丁寧な言い方。

　まず、だれがだれに話しているのか、だれの行為について言っているのかを正しく理解することが必要です。そうすれば、尊敬語と謙譲語のどちらを使えばいいかがわかります。特別な形の敬語、規則的な形の敬語、丁寧語も、このテキストの43〜53ページを見て、しっかり整理しておきましょう。

（正解：2）

《主な表現パターンの例》

❶ 尊敬語	相手や話題の人などを高める	いらっしゃる　おっしゃる　召し上がる　お持ちになる　待たれる
❷ 謙譲語 I	自分や話題の人などを低めて相手を高めて敬意を表す	伺う　差し上げる　申し上げる　お持ちする
❸ 謙譲語 II	自分や話題の人を低めて聞き手に敬意を表す	申す　参る　いただく　おる　存じる
❹ 丁寧語	話し手の丁寧な気持ちを表す	です　ます　ございます
❺ 美化語	言葉の上品さや美しさを表す	お料理　ご近所

*おっしゃる：言う。　　　　*おかけになる：いすに座る。　　　　*ご覧になる：見る。
*召し上がる：食べる、飲む。　　*伺う：訪ねる、聞く。　　　　*差し上げる：あげる。
*申し上げる：言う。　　　*申す：言う。　　　*参る：行く。
*いただく：もらう、食べる、飲む。　　*おる：いる。　　　*存じる：知っている。

EXERCISE

次の（　　）に入る最もよいものを一つ選びましょう。

⇒答えは p.181

1　A 「田中さんは先生の奥様に（　　　　　）ことがありますか。」
　　B 「いいえ、一度もありません。」

　　1　ご覧になった　　2　拝見した　　3　お目にかけた　　4　お目にかかった

2 | A 「もう、お昼ご飯は（　　　　　）。」
B 「はい、食べてきました。」

1　お召し上がりでしたか　　　　　　2　召し上がりましたか
3　いただきましたか　　　　　　　　4　いただかれましたか

3 | 〈お店で〉
A 「もう少し大きいサイズはありますか。」
B 「申し訳ありません。こちらのサイズしか（　　　　）ので……。」

1　ぞんじません　　2　おりません　　3　ございません　　4　いたしません

4 | 〈お店で〉
A 「どうぞ、こちらでくつを（　　　　　）ください。」
B 「はい。」

1　おぬいで　　　　　2　おぬぎ　　　　3　ぬがれて　　　4　おぬぎして

5 | A 「パーティーの司会を私に（　　　　　）いただけませんか。」
B 「ありがとうございます。よろしくお願いします。」

1　やって　　　　　2　やらせて　　　　3　やられて　　　4　やらされて

6 | 〈電話で〉
A 「田中課長をお願いしたいんですが。」
B 「申し訳ありません。田中はただ今席を（　　　　　）。」

1　はずしております　　　　　　　　2　はずしていらっしゃいます
3　おはずしになっています　　　　　4　おはずしでございます

7 | A 「よろしかったら、駅まで車で（　　　　　）。」
B 「ありがとうございます。では、お言葉にあまえて。」

1　お送りしませんか　　　　　　　　2　お送りになりませんか
3　お送りしましょうか　　　　　　　4　お送りになりましょうか

8 | A 「あ、おいしそうなお菓子ですね。」
B 「ええ、私の国のお菓子です。先生も（　　　　　）。」

1　いただいてください　　　　　　　2　いかがですか
3　さしあげましょうか　　　　　　　4　めしあがりたいですか

6 文の流れの中で考えるパターン

♪ POINT

彼女はいつも、遅くまで一人で学校に残って勉強していた。勉強が終わると、すぐにアルバイトに行った。帰宅は深夜になったが、学費を得るため、しかたなかった。そんな姿を（　　　　）、彼女が合格したと聞いて、クラスメートたちは心から喜んだ。

1　見ていたからには	2　見ていたばかりに
3　見ていただけに	4　見ていた以上は

＊帰宅（する）：家に帰ること。
＊深夜：late night ／深夜／ đêm khuya
＊学費：tuition ／学费／ học phí

文型などは、一つの文の中だけで意味を判断できないこともあります。ここでは、文章の流れの中でどの文型や表現がふさわしいかを考える練習をしましょう。この問題では、前半に示された理由があるから、喜ぶ気持ちがさらに強くなったということがわかります。

（正解：3）

EXERCISE

次の（　　　）に入る最もよいものを一つ選びましょう。

⇒答えは p.181

1　A 「森さん、風邪、治った？」
　　B 「うん、熱は下がったから、もう大丈夫。それより、旅行は楽しかった？」
　　A 「うん、ホテルも温泉も最高だったよ。森さんも（　　　　）ね。」

1　来ればいいのに	2　来ればよかったのに
3　来られたらいいのに	4　来られたらよかったのに

2　授業が始まって10分たつかたたないうちに、彼の居眠りが始まった。頭が前後左右に大きく揺れ始める。グラッ、グラッ……。「あ、危ない！」とだれかが（　　　　）、彼は大きな音を立てて、いすから転げ落ちた。

1　さけんだきり	2　さけんだ末に
3　さけんだかと思ったら	4　さけび次第

＊揺れる：sway ／摇晃／ rung

3 ハチの群れには必ず1匹の女王バチがいます。最初に巣を作り、卵を産んで群れを大きくするのが女王の役割です。ほかのハチは卵を産めないので、巣の中のすべてのハチの（　　　　　）というわけです。

1　女王様　　　　　2　先祖　　　　　3　子供　　　　　4　お母さん

*ハチ：bee／蜜蜂／con ong　　　　　*群れ：swarm／群／đàn, bầy
*女王：queen／女王／nữ hoàng　　　　*巣：nest／窩／tổ

4 会議で意見が分かれて、だれも何も言わない。1分、2分…空気が重くなる。そんな時、「一息入れましょうか」と温かいコーヒーをいれる。いい香りに、思わず笑顔になる。温かい飲み物には人の気持ちをリラックスさせる（　　　　　）のだろう。

1　ものがある　　　　　　　　　　　2　だけのことはある
3　ものではない　　　　　　　　　　4　にほかならない

*一息入れる：仕事などの途中で少し休みをとること。

5 全員「乾杯！」
A　「わあ～、おいしそう。いただきま～す。」
B　「ところで、みなさん、来期の予算のことですが……。」
C　「まあまあ、鈴木さん、仕事の話（　　　　　）、まずは食べましょうよ。」

1　どころじゃなくて　　　　　　　　2　ことなく
3　は抜きにして　　　　　　　　　　4　に先立って

*予算：budget／預算／ngân sách

6 初めてまり子さんに会った時のことが忘れられない。大きな声に大きな身ぶり手ぶりで、元気のいい人だと思った。何より、まるでピンクのかたまりが部屋に飛び込んできたかのようなファッション（　　　　　）、それまでに会った日本人とは全く違っていた。

1　からといって　　　2　からして　　　3　からすると　　　4　からこそ

*身ぶり：gesture／姿态（比手画脚）／cử chỉ
*手ぶり：hand gesture／手势（打手势）／cử chỉ bằng tay
*かたまり：一つに固まったもの、一つの形になったもの。

7 子供のころ、よく父方の祖母の家に遊びに行った。祖母が父に「健ちゃん、寒いから、ちゃんとくつしたをはいて」と言うのを聞いて、「もう大人なのに」と笑っていたが、自分が親になった今ならわかる。親にしたら、子供が何歳になっても（　　　　　）のだ。

1　心配させずにはいられない　　　　2　心配せずにはいられない
3　心配するほかない　　　　　　　　4　心配せざるを得ない

*父方：父の方、父の側。

EXERCISE の答えとポイント

1　文型を選ぶパターン

📖 ことばと 表 現

□ **届ける**：report ／送到／ đưa đến
□ **引き受ける**：undertake; take up ／负责、承办／ đảm nhiệm

1　正解：**2**
連絡する方法がない

2　正解：**4**
「できないものでもない」＝「できる可能性がある」。

3　正解：**1**
「〜の間」という時間の範囲。「かけて」は常に「AからBにかけて」の形で用いられる。

4　正解：**3**
（雨がやむのを待って）やんだらすぐに。

5　正解：**2**
怒りやすい（性格）。

6　正解：**1**
相談しないで。

7　正解：**3**
心配しすぎて。「あげく」はた形に接続する。

8　正解：**2**
年齢に関係なく、どんな年齢の人でも。

9　正解：**4**
「親切な人が交番に届けてくれていた」のは、とても幸運だった。

10　正解：**1**
自分でする場合も、人に頼む場合も、どちらでも。

2　助詞を選ぶパターン

📖 ことばと 表 現

□ **財産**：property; assets ／财产／ tài sản
□ **リクエスト**（する）：to request ／要求、点播／ yêu cầu
□ **メダル**：medal ／奖章／ huy chương

1　正解：**1**
「本が読めるかと思った」のに、予想外のことが起こる。

2　正解：**4**
「〜を」は動作や考えの直接的な対象。

3　正解：**2**
「〜をきっかけに（して）」の形。

4　正解：**1**
進学する場合も、就職する場合も、どちらでも。

5　正解：**3**
「お忙しい」のは相手。

6　正解：**3**
「に」は「質問に答える」の「に」と同じ。

7　正解：**4**
「Aは当然〜で、Bも〜」という意味。

8　正解：**1**
もとの値段に関係なく。

9　正解：**2**
買おうかやめようか。

10　正解：**3**
買ったのに。

③ 動詞の形のパターン

📖 ことばと 表現

□ **夫婦**：married couple ／夫妇／ vợ chồng
□ **原稿**：manuscript ／原稿／ bài viết
□ **ファッション**：fashion ／时装／ thời trang
□ **見直す**：re-examine ／重新研究／ nhìn lại, xem lại

1 **正解：2**
「ＡないことにはＢない」＝「ＡしなければＢできない」

2 **正解：2**
「〜ようがない」＝「方法がなくて〜できない」。もともと不可能の意味が含まれているので、「言えよう」は×。

3 **正解：3**
「〜以来」に続くのは「動詞ーて形」か「名詞」。「結婚の」は×。

4 **正解：4**
何度も書き直した結果として。

5 **正解：1**
わかったらすぐに知らせる。

6 **正解：3**
「〜まい」は「（私は）絶対に〜！」という固い意志を表す。

7 **正解：3**
「できるとは思えない」の意味にしたいので、「しそう」は×。

8 **正解：4**
主語は「ファッションが」なので、受け身形を使う。「つつある」の前はます形。

9 **正解：1**
「言った以上、するしかない」という意味。

10 **正解：2**
それぞれの文型に接続する形に注意。

④ 会話に合う表現を選ぶパターン

📖 ことばと 表現

□ **現実的に**：realistically ／现实的／ thực tế

1 **正解：4**
「そんなにいっぱいできないよ」なので、可能形を使う。

2 **正解：2**
二重の否定に注意。「理解しようと思えばできるが」。

3 **正解：4**
「私が傘を持ってこない日はいつも雨が降る」という思い込みの表現。

4 **正解：1**
「全然おいしくない！」という意味。

⑤ 正しい敬語表現を選ぶパターン

1 正解：4
「お目にかかる」は「会う」。「お目にかける」は「見せる」。間違えやすいので注意。

2 正解：2
「召し上がる」か「お召し上がりになる」が正しい。「お召し上がりだ」は×。

3 正解：3
「ありません」の丁寧な表現。

4 正解：2
「〜ください」の尊敬語は「お／ご〜ください」が基本パターン。

5 正解：2
司会をするのは自分。「〜させていただく」の形を選ぶ。

6 正解：1
外に対して、自分の上司（内）の行為には謙譲語を使う。

7 正解：3
自分の行為については「お〜します」。

8 正解：2
敬語を使っても、3と4は失礼な表現になる。

⑥ 文の流れの中で考えるパターン

📖 **ことばと表現**

- □ **揺れる**：sway ／揺晃／ rung
- □ **ハチ**：bee ／蜜蜂／ con ong
- □ **群れ**：swarm ／群／ đàn, bầy
- □ **女王**：queen ／女王／ nữ hoàng
- □ **巣**：nest ／窝／ tổ
- □ **一息入れる**：仕事などの途中で少し休みをとること。
- □ **予算**：budget ／預算／ ngân sách
- □ **身ぶり**：gesture ／姿态（比手画脚）／ cử chỉ
- □ **手ぶり**：hand gesture ／手势（打手势）／ cử chỉ bằng tay
- □ **かたまり**：一つに固まったもの。

1 正解：4
来たくても（風邪をひいて）来ることができなかったので4。

2 正解：3
叫んだと同時に。

3 正解：4
巣を作った女王バチしか卵を産めない。

4 正解：1
そのような働きもあるという意味。

5 正解：3
「仕事の話はしないで」の意味。「に先立って」は「仕事の話の前に」だが、硬いのでこの場面に合わない。

6 正解：2
ファッションはまず目に入るもの。それも含めて、まり子さんはすべてが印象的だ。

7 正解：2
どうしても自然に心配してしまう。3と4は「したくないのにしなければならない」という意味なので×。

UNIT 2 「問題8」に挑戦！―正しい文を組み立てる

Try question 8!　　　　　　　　　　　　　　　　Assembling a correct sentence
挑战问题 8 ／ Thử thách với Bài 8!　　　　　　　　组成正确的句子 ／ Xây dựng câu hoàn chỉnh

❓ どんな問題？

　「問題8」は文の中に空欄が4つあり、そのうちの＿＿★＿＿に入るものを選ばせる語順＊の問題です。文を組み立てる力が求められます。

＊語順：文や句の中の言葉の順序。

> **例**
>
> A「＿＿＿＿　＿＿＿＿　＿★＿＿　＿＿＿＿　か。」
> B「山田さんです。」
> 　　　1　です　　　　　　2　は　　　　　　3　あの人　　　　　4　だれ
>
> （解答のしかた）
> 1．正しい文はこうです。
>
> 2．
> 　　「＿＿＿＿＿＿　＿＿＿＿＿＿　＿＿★＿＿＿　＿＿＿＿＿＿　か。」
> 　　　3　あの人　　　2　は　　　4　だれ　　　1　です
>
> 3．＿★＿に入る番号を解答用紙にマークします。
> 　　　　　　（解答用紙）　（例）　①　②　③　●

🐦 解き方のポイント

①知っている文型がないか、チェックする

⇒選択肢の中に知っている文型がないか、探す。それを見つけたら、その前と後に入る言葉は何か、考える。文型は助詞が切り離されている（別の選択肢になっている）場合も多い。

②ペアを見つける

⇒〈選択肢と選択肢〉〈選択肢とその前後の言葉〉でつながるものがないか、探す。

③試しに入れてみる、つないでみる

⇒考えた組み合わせを一つの文にして、変なところはないか、ほかの組み合わせはどうか、考える。そうしてやっているうちに、だんだん文の形や意味が見えてくる。

＊組み合わせ：combination ／組合／ sự kết hợp

[1] 前後の関係から考えるパターン

♪ POINT

彼は ＿＿＿ ＿＿＿ ★ ＿＿＿ なってしまった。

　　1　あまり　　　　　2　すぎた　　　　3　働き　　　　4　病気に

　まず、4つの空欄＊の前後の言葉（ここでは「彼は」「なってしまった」）に注目し、それらに続く選択肢はないか、考えます。「なってしまった」の前に〈結果〉の「病気に」、「彼は」の後に〈動作〉の「働き」が来るとわかれば、文の全体が見えてきます。

（正解1）

＊空欄：blank ／空白／ ô trống

EXERCISE ✏

1〜4を適当な順番で入れて文を完成させましょう。　　　　　　⇒答えは p.191

1 こんな遅い ＿＿＿ ＿＿＿ ★ ＿＿＿ ありませんよ。

　　1　時間に　　　　2　さわぐ　　　　3　ものでは　　　　4　大声で

2 彼が私の友人の ＿＿＿ ＿＿＿ ★ ＿＿＿ なってしまった。

　　1　けんかに　　　2　言った　　　　3　ことから　　　　4　悪口を

3 彼女はクラスメート ＿＿＿ ＿＿＿ ★ ＿＿＿ いた。

　　1　さびしげに　　2　から　　　　　3　離れて　　　　　4　立って

4 まだ、仕事が終わり ＿＿＿ ＿＿＿ ★ ＿＿＿ もらえますか。

　　1　そうも　　　　2　先に　　　　　3　ないので　　　　4　帰って

5 私がよけいなことを ＿＿＿ ＿＿＿ ★ ＿＿＿ しまった。

　　1　怒らせて　　　2　ばかりに　　　3　言った　　　　　4　父を

2 文型を復元するパターン Reconstructing a sentence pattern ／復原句型模式／
Dạng phục hồi mẫu câu

♪ POINT

実際に ＿＿＿ ＿＿＿ ★ ＿＿＿ お金は払えません。

　　1　でないと　　　　　2　から　　　　　3　商品を　　　　4　見て

　　まず、選択肢の中に「からでないと」という文型があることに気がつけば、2→1
となることがわかります。この文型は動詞のて形に接続するので「見てからでないと」
となり、「商品を見てからでないと」という文ができます。

（正解 2 ）

EXERCISE ✏️

1〜4を適当な順番で入れて文を完成させましょう。

⇒答えは p.191

1 エレベーターの ＿＿＿ ＿＿＿ ★ ＿＿＿ 彼は外に飛び出していった。

　　1　開くか　　　　　2　ドアが　　　　　3　のうちに　　　　4　開かないか

2 A：映画、おもしろかった？
　　B：まあまあだったけど、＿＿＿ ＿＿＿ ★ ＿＿＿ ほどじゃないよ。

　　1　まで　　　　　2　払って　　　　　3　お金を　　　　4　見る

3 彼がいっしょに ＿＿＿ ＿＿＿ ★ ＿＿＿ 帰ることができた。

　　1　無事に　　　　　2　くれたから　　　　3　こそ　　　　4　いて

4 私の生活は ＿＿＿ ＿＿＿ ★ ＿＿＿ 考えられません。

　　1　抜きに　　　　　2　大好きな　　　　3　しては　　　　4　音楽を

③ 疑問詞と組になるパターン
ぎ もん し　　くみ

Patterns joined with interrogatives ／与疑问词组合的模式／
Dạng đi cùng với từ nghi vấn

♪ POINT

10年ぶりに故郷に ＿＿＿ ＿＿＿ ★ ＿＿＿ 。
ねん　　　　　こきょう

　　1　どんなに　　　　2　なつかしかった　3　帰って　　　　4　ことか
　　　　　　　　　　　　　　　　　　　　　　　　　　かえ

　文型の中には、いつも決まった疑問詞や副詞と組になって使われるものがあります。
ぶんけい　なか　　　　　　　き　　　　ぎもん し　ふくし　くみ　　　　つか

この場合は「どんなに〜ことか」が組になる言葉です。その間には普通体が入るので、
　ば あい　　　　　　　　　　　　　　くみ　　　ことば　　　　　あいだ　ふつうたい　はい

「どんなになつかしかったことか」で文が終わることがわかります。
　　　　　　　　　　　　　　　　ぶん　お

（正解2）
せいかい

EXERCISE ✏

1〜4を適当な順番で入れて文を完成させましょう。
　　　てきとう　じゅんばん　い　　ぶん　かんせい

⇒答えは p.191

1 　どんな仕事に ＿＿＿ ＿＿＿ ★ ＿＿＿ 立ちたいと思う。
　　　　しごと　　　　　　　　　　　　　　た　　　　　おも

　　1　つく　　　　　　2　人の　　　　　　3　にせよ　　　　4　役に
　　　　　　　　　　　　　　ひと　　　　　　　　　　　　　　　　やく

2 　お忙しいでしょうが、なんとか ＿＿＿ ＿＿＿ ★ ＿＿＿ でしょうか。
　　　いそが

　　1　作って　　　　　2　もの　　　　　　3　いただけない　4　お時間を
　　　　つく　　　　　　　　　　　　　　　　　　　　　　　　　　じかん

3 　何時間もスピーチを ＿＿＿ ＿＿＿ ★ ＿＿＿ できなかった。
　　なん じ かん

　　1　練習した　　　　2　緊張して　　　　3　かいもなく　　4　うまく
　　　れんしゅう　　　　　きんちょう

④ 否定の表現と組になるパターン

Patterns joined with expressions of negation ／
与否定表现组合的模式／ Dạng đi cùng với các từ phủ định

♪ POINT

彼は何でも ＿＿＿ ＿＿＿ ★ ＿＿＿ いられないようだ。

　　1　目で　　　　　2　確かめない　　　3　自分の　　　　4　では

　　文型の中には常に否定形のものもあります。この問題では「〜ないではいられない」という文型に気がつけば、「確かめないではいられない」で文が終わることがわかります。

（正解 2 ）

EXERCISE

1〜4を適当な順番で入れて文を完成させましょう。

⇒答えは p.192

1 勇気を出して、本当の ＿＿＿ ＿＿＿ ★ ＿＿＿ 迷っている。

　　1　話すまいか　　　2　ことを　　　　3　話そうか　　　4　ずっと

2 あんなにケチな彼が ＿＿＿ ＿＿＿ ★ ＿＿＿ 得ない。

　　1　あり　　　　　2　なんて　　　　3　くれる　　　　4　ごちそうして

3 お酒はあまり ＿＿＿ ＿＿＿ ★ ＿＿＿ こともない。

　　1　が　　　　　　2　好きではない　　3　出されれば　　4　飲まない

4 彼は私の ＿＿＿ ＿＿＿ ★ ＿＿＿ 貸してくれた。

　　1　悩みを　　　　2　のみならず　　　3　お金まで　　　4　聞いてくれた

5 人にけがをさせて、すみませんと ＿＿＿ ＿＿＿ ★ ＿＿＿ だろう。

　　1　という　　　　2　あやまれば　　　3　ものでもない　　4　いい

⑤ 助詞で始まる文型のパターン

♪ POINT

これから私の　＿＿＿　＿＿＿　★　＿＿＿　したいとおもいます。

1　ついて　　　　　2　国の　　　　　3　お話し　　　　　4　お祭りに

文型の中には助詞で始まるものがたくさんあります。この場合は「ついて」の前に「に」が入ることを覚えていれば「お祭りについて」という組み合わせができます。その後には動詞が続くので「お祭りについてお話ししたい」という流れになります。

（正解1）

EXERCISE

1～4を適当な順番で入れて文を完成させましょう。

1 本日は　＿＿＿　＿＿＿　★　＿＿＿　さしあげます。

1　かぎって　　　　2　記念品を　　　　3　50名様に　　　　4　先着

2 このことから明らかなように、彼が　＿＿＿　＿＿＿　★　＿＿＿　。

1　事件の　　　　　2　この　　　　　3　犯人に　　　　　4　ほかならない

3 犬を　＿＿＿　＿＿＿　★　＿＿＿　会話が増えた。

1　家族の　　　　　2　始めたのを　　　3　飼い　　　　　4　きっかけに

4 学生時代の　＿＿＿　＿＿＿　★　＿＿＿　思い出す。

1　アルバムを　　　2　つけ　　　　　3　見るに　　　　　4　彼女を

5 年齢、　＿＿＿　＿＿＿　★　＿＿＿　人を採用したいと思います。

1　問わず　　　　　2　性別を　　　　　3　やる気が　　　　4　ある

6 お客様の　＿＿＿　＿＿＿　★　＿＿＿　いたします。

1　ご予算に　　　　2　旅行プランを　　3　応じた　　　　　4　ご用意

[7] このコートは ＿＿＿ ＿＿＿ ★ ＿＿＿ 気に入っている。

1　軽くて　　　　　2　暖かいのが　　　3　デザインは　　　4　ともかく

[8] アルバイトの ＿＿＿ ＿＿＿ ★ ＿＿＿ 50円だけだ。

1　たった　　　　　2　時給が　　　　　3　上がったとは　　4　いうものの

[9] その会議には ＿＿＿ ＿＿＿ ★ ＿＿＿ 出席することになっている。

1　はじめとして　　2　重役が　　　　　3　ほとんどの　　　4　社長を

[10] 父は ＿＿＿ ＿＿＿ ★ ＿＿＿ 戻ってきた。

1　と　　　　　　　2　散歩に　　　　　3　思ったら　　　　4　出かけた

EXERCISE の答えとポイント

1 前後の関係から考えるパターン

📖 ことばと表現

□ **余計**（な）：unnecessary ／多余的／ thừa, không cần thiết

1 正解：**2**

こんな遅い時間に大声でさわぐ**ものではありません**よ。（＝さわいではいけない）

類「～ものではない」＝「～てはいけない」

2 正解：**3**

彼が私の友人の悪口を言った**ことから**けんかになってしまった。（＝悪口を言ったことが原因で）

＊けんかの原因は「彼が私の友人の悪口を言ったこと」。

3 正解：**1**

彼女はクラスメートから離れて**さびしげに**立っていた。（＝さびしそうに）

4 正解：**2**

まだ、仕事が終わり**そうもない**ので先に帰ってもらえますか。（＝終わるような感じではないので）

類「～そうもない」＝「～ように思えない」

5 正解：**4**

私が**よけいなことを言ったばかりに**父を怒らせてしまった。（＝よけいなことを言ったために）

＊「私が父を怒らせた」という意味。

2 文型を復元するパターン

1 正解：**4**

エレベーターのドアが**開くか開かないかのうちに**彼は外に飛び出していった。（＝開いたと同時に）

＊「開くか開かないかのうちに」＝「開くとすぐに」「開くのとほぼ同時に」

2 正解：**1**

A：映画、おもしろかった？

B：まあまあだったけど、**お金を払ってまで**見るほどじゃないよ。（＝お金を払うようなことまでして）

＊「まで」がどこに入るか。「わざわざお金を払ってまで」という気持ち。

3 正解：**3**

彼が**いっしょにいてくれたからこそ**無事に帰ることができた。（＝いっしょにいてくれた、まさにそのおかげで）

＊「からこそ」の文型を見つける。「いてくれた」は話者の感謝の気持ち。

4 正解：**1**

私の生活は大好きな**音楽を抜きにしては**考えられません。（＝音楽なしでは）

＊「～を抜きにしては」の文型を見つける。

③ 疑問詞と組になるパターン

📖 ことばと表現

□ **ケチ**（な）：stingy; miserly ／小气／ hà tiện, keo kiệt

□ **なんとか**：難しいだろうが、ぜひ。どうにかして。somehow ／设法／ bằng cách nào đó

1 正解：**2**

どんな仕事につく**にせよ**、人の役に立ちたいと思う。（＝どんな仕事をすることになっても）

2 正解：**3**

お忙しいでしょうが、**なんとか**お時間を作っていただけ**ないものでしょうか**。（＝作っていただく
ことはできないでしょうか）

＊「なんとか〜ないものだろうか」の文型。「お時間を作っていただけないでしょうか」と強く
　お願いしている。

3 正解：**2**

何時間もスピーチを練習した**かいもなく**、緊張してうまくできなかった。（＝練習しただけの効果
や結果を得られないで）

＊「緊張して」は「うまくできなかった」理由。

④ 否定の表現と組になるパターン

📖 ことばと表現

□ **先着**：the first ／先到／ đến trước

□ **重役**：top managerial role; major role ／公司董事／ cán bộ

1 正解：**1**

勇気を出して、本当のことを**話そうか話すまいか**、ずっと迷っている。（＝話すべきか、話すべきで
はないか）

類「話そうか話すまいか」＝「話したほうがいいか、話さないほうがいいか」「話すべきかどうか」

2 正解：**2**

あんなにケチな彼がごちそうしてくれるなんて、**あり得ない**。（＝そんなことは起こるはずがない）

類「〜なんてあり得ない」＝「〜など起こるはずがない」「〜ということは全く考えられない」

3 正解：**3**

お酒はあまり好きではないが、出されれば**飲まないこともない**。（＝飲んでもいい、多少は飲む）

＊「好きではない」と「飲まない」のどちらが「こともない」の前に来るかがポイント。「出されれば」
　があるので、「出されれば飲まない」という流れになる。

4 正解：**2**

彼は私の悩みを聞いてくれた**のみならず**、お金まで貸してくれた。（＝聞いてくれただけでなく）

類「〜のみならず」＝「〜だけでなく」

⑤ **正解：1**
人にけがをさせて、すみませんと<u>あやまれ**ばいいというものでもない**</u>だろう。（＝あやまれば済むことではない）

＊「AばBというものでもない」の文型。

⑤ 助詞で始まる文型のパターン

① **正解：1**
本日は先着 50 名様<u>**にかぎって**</u>記念品をさしあげます。（＝ 50 名様だけに）

② **正解：3**
このことから明らかなように、彼がこの事件の<u>犯人**にほかならない**</u>。（＝犯人であることに間違いない）
類「〜にほかならない」＝「きっと〜だ」「間違いなく〜だ」

③ **正解：4**
<u>犬を飼い始めたのを**きっかけに**</u>家族の会話が増えた。（＝飼い始めたのが始まりとなって）
類「〜たのをきっかけに」＝「〜たのが始まりとなって」

④ **正解：2**
学生時代の<u>アルバムを見る**につけ**</u>、彼女を思い出す。（＝アルバムを見ると、その度に）
類「AにつけB」＝「AをするときはいつもB」

⑤ **正解：3**
<u>年齢、性別**を問わず**</u>、やる気がある人を採用したいと思います。（＝年齢、性別は関係なく）
類「〜を問わず」＝「〜は関係なく」

⑥ **正解：2**
お客様のご<u>予算**に応じた**</u>旅行プランをご用意いたします。（＝ご予算に合わせた）
類「〜に応じた」＝「〜に合わせた」

⑦ **正解：1**
このコートは、<u>デザイン**はともかく**</u>、軽くて暖かいのが気に入っている。（＝デザインは別の問題として）　＊「AはともかくB」の文型。

⑧ **正解：4**
アルバイトの時給が<u>上がった**とはいうものの**</u>、たった 50 円だけだ。（＝上がったけれども）
＊時給は上がったが、満足できるほどではないという気持ち。

⑨ **正解：3**
その会議には、<u>社長**をはじめとして**</u>、ほとんどの重役が出席することになっている。（＝社長が代表例だが、ほかにも）
＊社長は一人だけなので、「ほとんどの」は重役に続く。

⑩ **正解：1**
父は散歩に<u>出かけた**と思ったら**</u>、戻ってきた。（＝出かけてからすぐに）
類「〜たと思ったら」＝「〜たら、すぐ」

UNIT 3 「問題9」に挑戦！—文章の展開をつかむ

Try question 9!　Understand how the sentence progresses
挑战问题 9 ／ Thử thách với Bài 9!　抓住文章的展开 ／ Nắm vững cốt truyện trong bài viết

❓ どんな問題？

「問題9」は「文章の文法」と呼ばれるものです。長文の中の5つの□に合うものを4つの選択肢*の中から選んで、文の流れ*に合った文にします。□に入るのは、接続詞や助詞、文型だけではなく、文中のキーワードも含まれます。□の前後*の文を読んだだけでは答えられないこともあります。文の流れを読み取り*、その流れに合ったものを選びます。

*選択肢：choices ／选择余地／ sự lựa chọn

*流れ：flow ／流程、顺序／ dòng

*〜の前後：〜の前と後。before and after 〜 ／〜前和后／ trước và sau 〜

*読み取る：read; figure out ／读懂／ đọc hiểu

例

　　母が山歩きを楽しみはじめたのは、私が大学に進学したころだろうか。兄もすでに就職していて、ちょうど子育ても一段落したころだ。それまでもテニスや乗馬などスポーツを楽しんではいたが、長続きしているようではなかった。仲のいい友達に誘われて、近くの山に出かけたのがきっかけだったように思う。その友達は愛好者のグループに入っていて、その中の誰かが計画を立てて、みんなを引っ張って行っているようだった。山の名前も知らなかった　1-a　が、　1-b　も知っている有名な山に登った話を聞くにつけ、驚かされた。

　　中高年の登山ブームだと言われたり、「山ガール」といった、おしゃれをして山を楽しむ若い女性がもてはやされたりするが、山歩きはやはりスポーツだ。気軽に楽しむだけのものでもないだろう。それなりの準備が必要だし、体力や気力を欠いた人には、いつでも危険が待っている。けれども、山は足を止めさえしなければ誰でもゴールにたどりつけるスポーツでもある。早いか遅いかは問題ではない。心と体をきちんと備えて行けば、自然が迎え入れてくれるのだ。

　　最近、山　2　遭難者に中高年の占める割合が増えていると聞く。　3　、意外なことに、母のような初心者より、若いころに登山経験のある人や10年以上の経験のあるベテランの遭難が多いらしい。原因は、過去の記憶と現状の認識のずれにあるという。来たことがある、知っている、以前はこうだったという思いにとらわれ、今の自分自身の体力や運動能力を見誤ったり、目の前の状況に対して過去の経験からの推測で行動したりするかららしい。

　母は地図さえ読めず、磁石も持たないで山に行っている。経験者からするととんでもないことかもしれないが、その場その場で的確な判断ができるリーダーがいて、全員の行動を見守ってくれているのだろう。毎回天気に恵まれるわけでもないのに、いつも楽しそうな笑顔とともに帰宅する母を見ていると、無理せず楽しく山を続けてねと　4　。そして、下界では経験のできない風景に出合ったり自然にふれたりして、心のリフレッシュをしてほしいと思う。子育てが終わった母に、今度は親の介護がのしかかっている。しかし、いつも明るく元気いっぱいで、いやな顔をしているのを見たことがない。山は母の心の　5　のだろうと思う。

1

1　a　私　／　b　母　　　　2　a　友だち　／　b　母
3　a　友だち　／　b　私　　　　4　a　母　／　b　私

だれの視点＊で何の話をしているのかを押さえる。何も知らないままに山登りを始めたのはだれか。それをそばで見ているのはだれか。

＊視点：point of view ／视点／ điểm nhìn

2

1　では　　　　2　でも　　　　3　での　　　　4　でを

助詞の問題。「山」と「遭難者」をつなぐ。「山」は場所。「遭難者」は名詞。

3

1　しかし　　　　2　それで　　　　3　だから　　　　4　つまり

接続詞の問題。「遭難者」が「増えている」ことと「初心者より」「ベテランの遭難が多い」という文の流れをつなぐ。ヒントは「意外なことに」。

4

1　願うどころではない　　　　　　2　願ってほしい
3　願ってしまった　　　　　　　　4　願わずにはおれない

「楽しく続けてね」は願望＊を表す。だれからのだれに対する願望か。

＊願望：desire ／愿望／ nguyện vọng

5

1　洗濯を手伝ってあげている　　　　2　洗濯を手伝ってくれている
3　洗濯を手伝ってもらっている　　　　4　洗濯を手伝われている

だれの「心の洗濯」で、誰が「手伝って」いるのか。また、母が「心の洗濯」をすることについて、筆者はどのように思っているのか。

① 選択肢を見て、何の問題かを考える。助詞の
　問題か、接続詞の問題か、何について問われ
　ているのか、まずきちんと押さえましょう。

② □の前後、□のある文、また、その前と
　後ろの段落が特に重要です。それらが入って
　いる段落＊全体をよく読んで、流れをつかみ
　ましょう。

＊段落：paragraph／段落／đoạn văn

③〈場面や出来事＊〉〈時間の流れや順序＊〉〈筆
　者の意見や考え〉などがどのように関係して
　いるか、整理＊しながら読みましょう。

＊出来事：incident; occurrence／事件／sự kiện
＊順序：order; sequence／順序／thứ tự
＊整理(する)：to sort; to put in order／整理／sắp xếp

④ 接続の表現はとても大切です。まずは順接＊
　なのか、逆接＊なのか、言い換え＊か、たと
　え＊なのか、しっかり把握＊しましょう。

＊順接：resultative／順接／liên kết thuận
＊逆接：contradictory conjunction／逆接／liên kết nghịch
＊言い換え：put in other words／换句话说／nói cách khác
＊たとえ：example; metaphor／比方／tỉ dụ
＊把握(する)：to grasp; to understand／把握／nắm bắt

⑤「だれが、いつ、どこで、なにを、なぜ、ど
　うした」といった5W1Hを常に頭の中に置
　いて、文の基本の形を考えましょう。

📖 ことばと 表現

□ 一段落：物事が一応かたづき、区切りがつ
　くこと。

□ 乗馬：（スポーツとして）馬に乗ること。

□ 長続き：物事が長く続くこと。

□ 愛好者：lover; enthusiast／爱好者／những
　người yêu thích cái gì hoặc làm cái gì

□ 中高年：45歳または40歳くらいから上の
　年齢の人を指す大まかな言い方。

□ 気力：vitality; energy／魄力、气力／tinh lực

□ たどりつく：いろいろ苦労して目的地にやっ
　と着くこと。

□ 遭難(する)：to become stranded／遇难／
　thảm hoạ

□ 現状：現在の状況。

□ 認識(する)：to recognize／认识／nhận thức

□ 推測(する)：to guess／推测／suy đoán

□ 磁石：magnet／磁石／nam châm

□ 的確(な)：precise; accurate／确切／rõ ràng,
　chính xác

□ 見守る：無事であるように注意しながら見
　る。

□ 下界：高い所から見下ろした、人々がふだ
　んの生活をする日常の世界。

□ リフレッシュ：気持ちを新たにすること。
　疲れなどをとって、再び元気になること。

□ 介護(する)：care for／看护、照护／chăm sóc

□ のしかかる：weigh on／承担、承受／gánh vác

---

1 文の流れを読むパターン
Reading the flow of a sentence ／读懂句子先后顺序模式／
Dạng nắm vững dòng câu truyện

POINT

　文の流れを読み取るために大切なのは、接続詞です。接続詞は文と文をつなぐ言葉
ですが、いろいろな働き＊をします。働きをまとめて＊覚えておくことが必要です。
また、意見を言う時に使う表現にも注意が必要です。筆者の意見はどれか、しっか
り押さえます＊。

⇒ p.32「接続詞」を参照

* 働き：work; labor ／功能、作用／ chức năng　＊まとめる：all together; as one ／集中、归纳／ tóm tắt
* 押さえる：pin down ／抓住／ nắm bắt

◇ 接続表現 conjunctive expression ／接续表现／ từ ngữ liên kết

順接 じゅんせつ resultative ／顺接／ liên kết thuận	原因・理由 げんいん　り ゆう cause, reason ／原因・理由／ nguyên nhân, lí do	したがって　すると　そこで　そのため それで　だから
逆接 ぎゃくせつ contradictory conjunction ／ 逆接／ liên kết nghịch	対立 たいりつ confrontation ／对立／ đối lập	が　けれども　しかし　それでも それにしても　ところが
並列・付加 へいれつ　ふ か in parallel, addition ／并列・附加／ quan hệ song song, phụ thêm		および　さらに　そして　そのうえ それに　また　なお
補足・説明 ほ そく　せつめい supplement, explanation ／补充・说明／ bổ sung, giải thích		すなわち　ただし　たとえば　ちなみに つまり　なぜなら
対比・選択 たい ひ　せんたく comparison, choice ／对比・选择／ so sánh, lựa chọn		あるいは　一方　逆に　反対に　または いっぽう　ぎゃく　はんたい むしろ　それとも
話題転換 わ だいてんかん change in topic ／转换话题／ đổi chủ đề		さて　それでは　それはさておき つぎに　では　ところで

◇ 筆者の主張・意見を表す show the author's assertion, opinion ／表示笔者的主张・意见／
ひっしゃ　しゅちょう　い けん　あらわ　biểu thị chủ trương hoặc ý kiến của người viết

反論 はんろん to rebut ／反论／ phản bác	**たしかに～**（一般的な意見）**～。しかし、～**（筆者の意見）**～。** いっぱんてき　い けん　　　　　　ひっしゃ　い けん
	～（一般的な意見）**～。そうはいっても、～**（筆者の意見）**～。** いっぱんてき　い けん　　　　　　　　　ひっしゃ　い けん
主張の表現 しゅちょう ひょうげん expression of assertion ／主张的 表现／ biểu thị chủ trương	**～のだ　～べきだ　～だろう　～にちがいない　～はずだ** **～わけだ**
	～なければならない　～てはいけない　～たほうがいい **～たいものだ**
	～と／ように思う／思われる　～と言わざるをえない おも　　おも　　　　　　い **～ないものか**
	～たらどうか　～ではないか　～ではないだろうか
主張の省略 しゅちょう しょうりゃく abbreviation of assertion ／主张 的省略／ lược bỏ chủ trương	**だれが～だろうか。** ➡　**だれも～ない＝**（筆者の意見） ひっしゃ　い けん
	なぜ～か。 ➡　**～ないほうがいい＝**（筆者の意見） ひっしゃ　い けん
	だろうか。 ➡　**～ではない＝**（筆者の意見） ひっしゃ　い けん
問題提起 もんだいてい き raising a problem ／提出问题／ đặt vấn đề	**なぜ／どうして…**（一般的な意見）**…か。それは…**（筆者の いっぱんてき　　い けん　　　　　　　　　　　ひっしゃ 意見）**からだ。** い けん

PART ❶ 基礎編
基礎の復習
「N3文型」の復習
PART ❷ 対策編
対策準備
実戦練習
PART ❸ 模擬試験

次の□□□に入る最も適当なものを１～４から一つ選んでください。

　渋谷の駅前が有名だ。駅前と言っても、正確に言うとハチ公という小さな犬の銅像がある方で、その駅前のスクランブル交差点が有名なのだ。スクランブル交差点とは、人と車の動きを分けたもので、縦・横・斜めに歩行者が同時に渡れる交差点のことだ。特に交通量の多い全国 300 か所以上の交差点に導入されている。□ 1 □、インターネットで単に「スクランブル交差点」と入力してみると、ずらーっと並ぶ検索結果はみな東京渋谷駅前の例のスクランブル交差点だ。今ではライブカメラも設置され、世界中のどこからでもいつでも渋谷のスクランブル交差点の様子を見ることができる。

　なぜ、こんなにもこの渋谷のスクランブル交差点が有名になったのか。今ではそれを見に、あるいは渡りに、わざわざ観光客がやって来るほどだ。実は渋谷駅前の道は複雑に交差している。□ 2 □若者に人気のある店が並ぶ通りが駅前から西の方に延びている。□ 3 □、この交差点を渡る人の数が 1 回 3000 人という都市伝説も生まれたぐらいだ。真偽はともかく、そうだよねと納得してしまうところがある。

　この交差点、なにかと盛り上がりたいと考える人たちの格好の集合場所になっているようで、サッカーのワールドカップなど、国際試合で日本が勝ったときは、大勢の人が繰り出してみんなで喜びを分かち合う。それが広場とかではなく交差点であるところが、日本的といえるだろうか。イベントのたびに警察官が多く動員され、若者をうまく誘導する警察官を DJ ポリスと呼び、マスコミがその手腕をほめたりもする。

　□ 4 □、最近、警察もあふれかえってくる多くの人を誘導したり規制したりするのではなく、スクランブル交差点の開放という手段に出ている。ハロウィーンや新年のカウントダウンといった、若者がエネルギーを発散したくなるようなイベントの際には、交差点なのに、車の方を規制するようになった。歩行者は信号や車を気にせず、好きに交差点上で盛り上がってください、というのだ。

　渋谷のスクランブル交差点は、交差点であっても単なる交差点ではない。□ 5 □、世界的に有名な観光スポットであると同時に、若者が自由に騒げるお祭り広場という顔もあわせ持っているのだ。

196

1

1　それでは　　2　けれども　　3　なぜなら　　4　すると

2

1　なお　　2　そこで　　3　すなわち　　4　そして

3

1　そのため　　2　そのうえ　　3　それなのに　　4　それでも

4

1　ところで　　2　したがって　　3　ところが　　4　それはさておき

5

1　ならびに　　2　しかし　　3　もしくは　　4　つまり

解答へのアプローチ
かいとう

正解： せいかい ☐1 **2**　☐2 **4**　☐3 **1**　☐4 **3**　☐5 **4**

📖 ことばと 表現
ひょうげん

☐ **正確に**：accurately ／正确地／ chính xác
せいかく

☐ **銅像**：bronze statue ／铜像／ tượng đồng
どうぞう

☐ **スクランブル交差点**：車をすべて止めた間に、好
きな方向に歩けるようにした交差点。

☐ **歩行者**：（車や自転車などに対して）歩いている人。

☐ **導入**（する）：to introduce; to bring in ／引进／ đưa
vào

☐ **単に**：simply ／仅／ đơn giản

☐ **入力**（する）：to input ／输入／ nhập vào

☐ **検索**（する）：to search ／检索／ tìm kiếm

☐ **設置**（する）：to install ／设置／ thiết lập

☐ **伝説**：legend ／传说／ truyền thuyết

☐ **都市伝説**：都市でひそかに伝えられる伝説。
a legend told in whispers in urban areas ／在都市
被暗中传播的传说。""truyền thuyết đô thị:

☐ **真偽**：authenticity ／真假／ đúng hay sai

☐ **〜はともかく**：〜はわからないが、〜については
今は考えないで。

☐ **なにかと**：いろいろと、あれこれと。

☐ **格好の**：ちょうどいい。

☐ **繰り出す**：多くの人がいっしょになって出かける、
ある場所に出てくる。

☐ **分かち合う**：いっしょに持つ、いっしょに感じる。

☐ **動員**（する）：to mobilize ／动员／ huy động

☐ **誘導**（する）：to lead; to guide ／诱导／ hướng dẫn,
dìu dắt

☐ **手腕**：物事をする技術、能力。
the skill or ability to do things ／办事的技能、能力。
／ kĩ năng, khả năng:

☐ **あふれかえる**：ひどくあふれる。

☐ **規制**（する）：regulation ／限制／ quy chế

☐ **開放**（する）：to regulate ／管制、限制／ qui chế

☐ **発散**（する）：to open ／开放／ mở cửa

☐ **あわせ持っている**：いっしょに持っている。

<table>
<tr><td rowspan="9">文章の流れ
（ぶんしょう なか）</td></tr>
</table>

渋谷のスクランブル交差点の紹介…〈特殊性①〉注目されている

↓

渋谷のスクランブル交差点の利用者の多さ…〈特殊性②〉利用者が多い

↓

渋谷のスクランブル交差点の利用のされ方…〈特殊性③〉広場の機能

↓

渋谷のスクランブル交差点での警察の対応の変化…〈特殊性④〉規制から開放へ

↓

渋谷のスクランブル交差点の今の位置づけ…特殊性のまとめ

「単なる交差点ではない」⇒「観光スポット」＋「お祭り広場」

1

ポイント

○「全国300か所にあるスクランブル交差点」と「インターネット検索結果のスクランブル交差点」の関係をみる。

・「**AとはBのことだ**」⇒Aは名称、Bはその内容の説明。

・「**今では**」⇒以前とは違う状況が生まれている。

2 3

ポイント

○「1回3000人という都市伝説」とその理由

・「**真偽はともかく**」⇒本当かどうか、わからないが。

・「**AとかではなくBであるところがC**」⇒Aは普通、Bは特別、Cは筆者の評価。

4

ポイント

○ 最近の変化〜「交差点なのに」

・「**好きに＋動詞**」⇒「好きに」は「自由に、気持ちのままに」という意味。

5

ポイント

・「**単なる**」⇒ごく普通の、どこにでもある。

・「**Aと同時にB**」⇒Aの側面とBの側面の両方を持つ。

② 「だれが」、「なにを」を読み取るパターン

　「いつ」「どこで」「だれ／なにが」「なにを」「なぜ」「どんなふうに」「どうした／どうする」といった文の基本的な構造＊は、どんなに文が長くなっても読み取れるように練習しておきましょう。

＊構造：structure ／构造／ cấu trúc

EXERCISE

次の　　　に入る最も適当なものを1〜4から一つ選んでください。

　私たち日本人は、電車は時刻表通りに　1　ものだと思っている。ラッシュアワーの時間帯でも、数分間隔でほぼ時刻表通りに電車は運行されるのは　2　だと考えていた。少しでも電車の到着が遅れると、駅員に質問に行ったり、中には怒ってしまう人もいた。なぜなら、日本では時間通りに行動することはとても　3　からだ。「もっと速く、もっと正確に」が合言葉だった。しかし、最近、「安全確認のため」という言葉を足して電車の　4　を知らせるアナウンスを聞くことが増えた。それでも、人々は以前ほどには「時間通りでない」と怒らなくなったように感じる。「時間通り」より「安全」のほうがずっと大切だということに、大きな事故で多くの犠牲を払って、私たちはやっと　5　のだ。

1

1　来る　　　　　2　来た　　　　　3　来ない　　　　　4　来ることがある

2

1　よくあること　　　　　　　　　2　めずらしいこと

3　当たり前のこと　　　　　　　　4　おどろくべきこと

3

1　まじめだ　　　　2　立派だ　　　　3　大切だ　　　　4　有効だ

4

1　時間　　　　　2　出発　　　　　3　到着　　　　　4　遅れ

5

1　考えた　　　　2　忘れていた　　　　3　知らなかった　　　　4　気づいた

解答へのアプローチ

正解： 1 **1**　2 **3**　3 **3**　4 **4**　5 **4**

📖 ことばと表現

□ **ラッシュアワー**：rush hour ／交通高峰／ giờ cao điểm

□ **間隔**：space; interval ／间隔／ cách quãng

□ **運行**（する）：to operate ／运行、运转／ vận hành

□ **合言葉**：password ／口令、呼号／ mật khẩu

文章の流れ
日本人にとって、「時間通り」はとても大切なこと。→「時間通り」より「安全」のほうが大切だと気づくようになる。

1

ポイント

○ キーワード…「日本人」「電車（＋電車を主語とする動詞）」「時刻表通り」。
・「**Aものだ**」⇒当然Aと考えている。

2

ポイント

○「…と思っている」「…と考えていた」と、似た内容の繰り返しだが、「ている」が「ていた」に変わっていることで、変化があったことを示している。
・AでもB⇒Aはふつう考えられないこと。

3

ポイント

○「〜人もいた」…すでに過去の話として筆者は考えている。
・「**A。なぜなら、Bからだ。**」⇒Aは状況、Bはその理由。
　㋿部屋の掃除をした。なぜなら、何か月もしていなかったからだ。

4

ポイント

○「しかし、最近…」…以前とは違う最近の状況。
○「増えた」「怒らなくなった」…変化を表す言葉に注目。
・「**それでも**」⇒そういう状況でも。
　㋿1 雨が降っていた。<u>それでも</u>、出かけた。
　㋿2 値段は高い。<u>それでも</u>、ほしい。

5

ポイント

○ なぜ人々の考え方が変化したのか。
・「**やっと**」⇒長い時間や苦労をかけて到達した物事の前に入る。
　㋿やっと終わった。／やっとわかった。

③ 文の正しい形を選ぶパターン

文の形に注意しましょう。

時制 tense ／时态／ thời	「です／ます」 ↳「でした／ました」	・いつの話か。 現在か？　過去か？
問題提起 * raising a problem ／提出问题 ／ đặt vấn đề	「か？」	・読者に向かって問いを投げかける ときには疑問文の形。
条件 condition ／条件／ điều kiện	「たら」「ば」「なら」「と」	・すでに起きたことなのか。 まだ起きていないことなのか。 ・現実の話か。仮定 * の話か。

＊**問題提起**：解決すべきこととして、新たな問題や課題を投げかけること。
＊**仮定**：hypothesis ／假定／ giả định

EXERCISE ✏️

次の□□□に入る最も適当なものを1〜4から一つ選んでください。

（1）

> 卵のひびを見つける機械がどんどん進化しているらしい。日本は卵の生食をするので、ひびがあるかないかをチェックすることは、命にかかわることでもある。だから、念には念を入れて、いろいろな会社がその精度を　1　。ところが、ある会社が自社の機械を輸出しようとして展示会を開いてみたところ、思ったような反響が　2　。優秀な機械なのに、なぜ、海外からはそれほど関心が寄せられないのか。展示会に来た人に聞いてみると、そんなに精度の高い機械はいらないという答え。なぜなら、もともと加熱した卵しか食べない国では、多少のひびは問題にならないのだ。ところが、精度の高い機械は、その国では十分食べられるレベルの卵も、食べられない卵としてどんどんはねてしまう。そこで、精度を落とした機械ならどうかと提案してみると、見事　3　そうだ。日本人が細かすぎるのか、心配しすぎなのかはわからないが、より高度な機械だから売れるというわけでもないということだ。使う側が何を求めているのか、　4　ことが、製品づくりや販売計画には欠かせない。

1

1　競っていた　　　2　競っている　　　3　競う　　　4　競った

2

1　なった　　　2　なかった　　　3　あった　　　4　ある

3

1　受注する　　　　　　　　　2　受注してみた
3　受注できた　　　　　　　　4　受注しなかった

4

1　相手の事情に通じている　　　　2　相手の事情に通じていた
3　相手の事情に通じていない　　　4　相手の事情に通じない

（2）

「なまっちろい」という言葉がある。色が白く、生気がなく、多少病的で弱々しい印象を与えるような肌のことを言う。女性が求める白く美しい肌のことではない。もともとは生白いという言葉から出てきた表現だ。太陽の光を浴びていない、健康的でないというマイナスのイメージがある。では、なまっちろい男などはどうすればよいか。ある者は、人工的に紫外線を浴びて日焼けできる日焼けサロンを利用するようだ。まあ、筋肉の全くない体で日焼けしているのもどうかと思うが、活動的で生命力にあふれた印象を与えたいと思う男心だろう。ところが昨今、紫外線の害について語られることも多くなってきた。紫外線はガンの要因に [1] とも言われているが、温暖化の影響でオゾン層が破壊され、肌に直接浴びる紫外線の量が増えている。そのため、紫外線を避ける傾向が強くなっているのだ。春先から夏にかけては、紫外線カットを宣伝の材料にさまざまの商品が売られる。さて、日焼けサロンの人工的な紫外線はどうなのだろう。直接ガンには結び付かないようには調整されているということだが、問題はそれだけではないらしい。紫外線を浴び続けると「光老化」という作用が起こるそうだ。「光老化」はしわしわでシミだらけという、いわゆる老人顔に [2] ということだ。どうやらそれは [3] らしい。20 代の君、今は黒く日焼けした野性味あふれるモテ男かもしれないが、30 代で一気に老人顔に近づくと [4] と、さあ、どうする？

＊シミ：（老人などの）皮膚の一部が茶色くなったもの。

1

  1　なった　　　　　2　なる　　　　　3　なりよう　　　　4　なってみた

2

  1　なった　　　　　2　なる　　　　　3　なれる　　　　　4　なっている

3

  1　避けられそうにない　　　　　　2　避けられそうだ
  3　避けられないそうだ　　　　　　4　避けられなさそうだ

4

  1　なった　　　　　2　なる　　　　　3　なってしまう　　　4　なりたい

解答へのアプローチ
かいとう

（1）

正解：　1 2　　2 2　　3 3　　4 1
せいかい

📖 ことばと 表 現
ひょうげん

☐ **ひび**：crack ／天天、朝夕／ vết nứt

☐ **生食**：生で食べること。
なましょく　なま　た

☐ **念には念を入れる**：always be sure to check twice
ねん　　　ねん　い
／以防万一／ hết sức cẩn thận

☐ **精度**：precision ／精度／ độ tinh xác
せいど

☐ **反 響**（する）：reverberation; response ／反响／
はんきょう
phản ứng

☐ **優 秀**（な）：superior ／优秀／ ưu tú
ゆうしゅう

☐ **加熱**（する）：to heat ／加热／ làm nóng
かねつ

☐ **提案**（する）：to propose ／提案／ đề xuất
ていあん

文章の流れ ぶんしょう　なか	卵のひびを見つける機械がどんどん高度になっている。➡（卵を生で食べない）海外 たまご　　　　み　　　　きかい　　　　　　　こうど　　　　　　　　たまご　なま　た　　　かいがい では高度な機械は人気がない。➡海外に合わせてレベルを下げた機械を提案して、成 こうど　きかい　にんき　　　　かいがい　あ　　　　　　　　　　さ　　　きかい　ていあん　　　せい 功。➡使う立場に立った製品づくりが大切だ。 こう　つか　たちば　た　　　せいひん　　　　たいせつ

1

ポイント	○ キーワード…「卵のひびを見つける機械」「どんどん進化」 たまご　　　　み　　　きかい　　　　しんか ○「いろいろな会社」が今どうしているのか。 かいしゃ　いま ・「**念には念を入れて**」⇒十分すぎるくらい気をつける・注意する・確認する。 ねん　　　ねん　い　　　じゅうぶん　　　　　き　　　　　ちゅうい　　　かくにん

2

ポイント	○「というわけで」に注目。今までの経験をもとに次の展開を考える。 ちゅうもく　いま　　　けいけん　　　　つぎ　てんかい　かんが ○「思ったような反響が〜」と「関心が寄せられない」は同じような意味。 おも　　　　はんきょう　　　かんしん　よ　　　　　　　おな　　　　いみ ・「**AてみたところB**」⇒試しにAをやってみたら、結果はB。 ため　　　　　　　　　けっか ・「**なぜAか。なぜならB。**」⇒Aは疑問、Bはその理由。 ぎもん　　　りゆう ・「**ところが**」⇒意外な展開。 いがい　てんかい

3

ポイント	○「精度の高い機械＝いい機械」という一般的なイメージを打ち消した対策。 せいど　たか　きかい　　　　きかい　　　　　いっぱんてき　　　　　　う　け　　たいさく ・「**そこで**」⇒課題を解決するための行動（対策や提案）。 かだい　かいけつ　　　　　こうどう　たいさく　ていあん ・「**Aと、見事B**」⇒Aが対策、Bは（それによる）素晴らしい結果。 みごと　　　　たいさく　　　　　　　　　　すば　　　けっか

4

ポイント	○「使う側が何を求めているか」と同じ意味にする。 つか　がわ　なに　もと　　　　　　おな　いみ ・「**Aわけでもない**」⇒一般的に考えられる、常識的なAだけではない。 いっぱんてき　かんが　　　じょうしきてき ・「**Aには欠かせない**」⇒Aには必要、Aにはなければならない。 か　　　　　　ひつよう

（2）

正解： 1️⃣ **2**　2️⃣ **2**　3️⃣ **1**　4️⃣ **2**
せいかい

📖 ことばと 表現
　　　　　ひょうげん

□ **生気がない**：生き生きした感じがない。
　せいき　　　　　い　い　　　　かん

□ **病 的（な）**：健康的でない、普通でない。
　びょうてき　　けんこうてき　　　　ふつう

□ **弱々しい**：見て明らかに弱そうな様子。
　よわよわ　　み　あき　　　よわ　　　ようす

□ **紫外線**：ultra-violet rays ／紫外线／ tia cực tím
　しがいせん

□ **日焼け（する）**：sunburn ／晒黑／ cháy nắng
　ひや

□ **筋肉**：muscle ／肌肉／ cơ bắp
　きんにく

□ **温 暖 化**：warming; global warming ／温暖化／ sự
　おんだんか
　nóng lên

□ **オゾン層**：ozone layer ／臭氧层／ tầng ôzôn
　　　　そう

□ **しわ**：wrinkles ／皱纹／ nếp nhăn

□ **野性**：wildness ／野性／ hoang dã
　やせい

□ **〜味**：〜の性質や傾向。
　み　　　　　せいしつ　けいこう
　the nature or inclination of 〜. ／〜性质及倾向／
　tính chất hoặc xu hướng của 〜.

□ **モテ男**：モテる男。 a romantically successful
　おとこ　　　　　　おとこ
　man. ／帅哥／ con trai được nhiều con gái thích

□ **一気に**：in one go ／一气、一股劲儿／ cùng một lúc
　いっき

文章の流れ ぶんしょう　なが	「なまっちろい」の言葉の説明➡「なまっちろい男」の対策→「紫外線」の功罪→紫外 　　　　　　　　　　ことば　せつめい　　　　　　　　おとこ　　たいさく　　しがいせん　こうざい　　しがい 線を避ける傾向 せん　さ　けいこう
ポイント	○ 役立つ面［日焼け］とマイナスの面［ガンの要因］←「ところが」に注目 　やくだ　めん　ひや　　　　　　　めん　　　　よういん　　　　　　　　ちゅうもく ○「紫外線」に対する考え方・対応 　しがいせん　たい　かんが　かた　たいおう ○「問題はそれだけではない」⇒ 新しい問題「光老化」の説明 　もんだい　　　　　　　　あたら　もんだい　ひかりろうか　せつめい

1️⃣　2️⃣　4️⃣

ポイント	「ガンの要因に」 　　よういん 「老人顔に」 ろうじんがお 「近づくと」 ちか	｝いずれも変化を表している。 　　　　　へんか　あらわ

3️⃣

ポイント	○ 前後から「避けることができないだろう」という意味でとらえる。 　ぜんご　さ　　　　　　　　　　　　　　　　　いみ ・**どうやらＡらしい** ⇒ 推測 　　　　　　　　　　すいそく

④ 選択肢の組み合わせを選ぶパターン

Selecting a combination of choices ／选择选项组合的模式／ Dạng chọn sự kết hợp của các sự lựa chọn

♪ POINT

　文中に出てきた言葉を組み合わせで選びます。文の流れを押さえておかないと、正しい組み合わせが選べません。

◇ いつ（when）　どこで（where）　だれが（who）　何を (what)　どうやって（how）　なぜ (why)

　5W1Hは、常にしっかり押さえておくようにしましょう。

◇ **文法的に組み * になる表現**

　いつも否定を表す言葉と結び付く * 副詞など、決まった言葉と組になって使われる言葉があります。その組み合わせ * を覚えておきましょう。

* 組：group; set ／分组／ cặp
* 結び付く join together ／连接／ nối
* 組み合わせ：combination ／组合、配合／ liên kết, kết hợp

⇒ p. 23「副詞」参 照

もし　万一	―	ても　ば　なら　たら
たとえ	―	ても　とも
おそらく　きっと　おおかた さぞ　たぶん　どうせ	―	だろう
いっこうに　さっぱり　必ずしも	―	ない
ぜひ　どうか　どうぞ	―	たい　ほしい　／　ください
まるで　ちょうど	―	ようだ　みたいだ
まさか	―	ないだろう　まい
はたして	―	だろうか
つい	―	てしまう
どうも	―	らしい　ようだ
ぜったい　かならず	―	つもりだ

EXERCISE

次の□□□に入る最も適当なものを1～4から一つ選んでください。

　「イクメン」、つまり、「育児をするかっこいい男性（メンズ）」という言葉がふつうに使われるようになってきたが、日本では育児をはじめ、家事に参加する夫がそれほど増えたわけではない。「イクメン」にも「あなたは育児もするんだ。すごい！（新しくてかっこいい）」的なニュアンスがまだまだあるように思う。雑誌やテレビなどで取り上げられる育児をこなすメンズは物珍しいから取り上げられるのであって、ふつうのことなら、むしろ話題にならないはずだ。また、保育所が足りないというニュースが、いつまでも解決しない問題としてマスコミに登場するとき、「困っています」「大変なんです」と訴えているのは、いつもお母さんたちだ。

　総務省が、6歳未満の子供を持つ夫の家事・育児時間の国際比較を発表しているが、比較対照されている欧米先進国で一番少ないフランスの半分、1時間というのが日本の現状だ。

　この差を埋めるのは容易ではないだろう。国はいろいろな政策を打ち出してはいるが、おそらく男性の価値観を変えるところまでは　1　。また別の資料では、夫が2時間以上家事・育児をする家庭では、一人っ子の割合が少ない。反対に、夫が家事・育児を全くしないと、子供が2人以上という家庭は1割を切る。このような状況で子供の数が増えていくとはとても思えない。では、どうすれば、日本の男性は家事・育児を自分の仕事だと　2　ようになるのだろうか。

　おもしろい話を聞いた。男女平等の意識改革が進んだ中国では夫婦共働きも多いが、料理が得意な男性も多い。その理由を聞いてみると、「お腹が空いたら　3　より作ったほうがいい」という合理的な考えや「妻より私のほうが上手だから」「早く帰ったほうが作って当然」など、それぞれの家庭に合った事情などのほかに、「妻を助けたい」「妻は大変だ」という愛に満ちた答えもあった。うらやましいと言うしかない。

　世の中はますます便利になっている。昔は一緒に暮らす家族も多く、家事や家計の負担を分け合った。しかし、幸か不幸か、今では一人でも不自由なく　4　。そればかりが理由ではないだろうが、独身のままでいいと考える人たちも増えてきている。一生結婚しない男性は5人に1人、女性も10人に1人いる。

　必要なのは、結婚や家事・育児が、大変で手間がかかるだけのものではなく、もっと大きな意味があるということを理解することだ。そして、相手に対する思いやりの心を

持つことが ___5___ 、妻だけに負担が偏ることもないだろう。

1

1 考えるだろう　　　　　　　　2 考えたことがある
3 考えていないだろう　　　　　4 考えることがある

2

1 考えた　　　2 考えない　　　3 考える　　　4 考えれば

3

1 待っていた　　　2 待っている　　　3 待った　　　4 待たない

4

1 暮らせる　　　2 暮らせた　　　3 暮らせない　　　4 暮らす

5

1 できなかったら　　2 できれば　　　3 できたといえば　　4 できないなら

正解： □1 3　□2 3　□3 2　□4 1　□5 2
せいかい

📖 ことばと 表現
ひょうげん

□ 育児：childcare ／养育孩子／ nuôi dạy con cái
いくじ

□ ニュアンス：nuance ／语气／ sắc thái

□ こなす：complete ／执行／ hoàn thành

□ 保育所：nursery ／托儿所／ nhà trẻ
ほいくしょ

□ 解決（する）：settle; resolve ／解决／ giải quyết
かいけつ

□ マスコミ：mass media ／媒体／ truyền thông đại chúng

□ 訴える：to complain; to bring up ／申诉／ phàn nàn, khiếu nại
うった

□ 〜未満：less than 〜 ／〜未満／ dưới 〜
みまん

□ 総務省：Ministry of Internal Affairs and Communications
そうむしょう
／总务省／ Bộ Nội vụ và Truyền thông

□ 比較対照（する）：compare and contrast ／比较对照／ so
ひかくたいしょう
sánh đối chiếu

□ 現状：現在の状況。
げんじょう　げんざい　じょうきょう

□ 政策：policy ／政策／ chính sách
せいさく

□ 価値観：values ／价值观／ quan điểm về giá trị
かちかん

□ 平等：equality ／平等／ bình đẳng
びょうどう

□ 改革：reform ／改革／ cải cách
かいかく

□ 共働き：夫婦の両方が、お金を得るために
ともばたら　ふうふ　りょうほう　かね　え
仕事を持ち、働くこと。
しごと　も　はたら

□ 合理的（な）：logical; rational ／合理的／ hợp lí
ごうりてき

□ 思いやり：thoughtfulness ／关怀／ thông
おも
cảm, quan tâm đến người khác

□ 偏る：to be biased ／偏、片面／ nghiêng, lệch
かたよ

文章の流れ ぶんしょう　なが	「イクメン」について筆者の見解➡育児や家事に参加する夫の少なさ➡関連データの ひっしゃ　けんかい　いくじ　かじ　さんか　おっと　すく　かんれん 紹介（→日本の現在の状況） しょうかい　にほん　げんざい　じょうきょう

□1

ポイント	○「容易ではない」対策 ようい　たいさく ○「国は」「おそらく」につなげる。 くに ・「Aまでは〜ない」⇒Aという理想・目標・数字には到達しない。 りそう　もくひょう　すうじ　とうたつ ・おそらく〜だろう⇒楽観的ではない推測 らっかんてき　すいそく ・「とても思えない」⇒「とても（〜ない）」は「無理、難しい」という意味の言葉につながる。 おも　むり　むずか　いみ　ことば ・「Aをはじめ」⇒Aを第一の例として（挙げる）。 だいいち　れい　あ

□2

ポイント	○「夫」の「家事・育児」時間と子供の数の関係 おっと　かじ　いくじ　じかん　こども　かず　かんけい ○「どうすれば」「日本の男性は」につなげる。 にほん　だんせい

□3

ポイント	○「合理的な考え」がヒント ごうりてき　かんが

□4

ポイント	○現在は「便利」な世の中 げんざい　べんり　よ　なか ○「一人でも不自由なく」につなげる。いつの話か。 ひとり　ふじゆう　はなし

□5

ポイント	○「必要なのは」に続くのは、今は無いもの（無いから必要）。何が無いか。 ひつよう　つづ　いま　な　な　ひつよう　なに　な ○「妻だけに負担が偏る」のはいつの話か。 つま　ふたん　かたよ　はなし

5 人と人との関係を見るパターン

♪ POINT

受身 *（⇒される）・使役 *（⇒させる）・使役受身 *（⇒させられる）・行為の授受 *（⇒てあげる・てもらう・てくれる）といった表現が出てきたときは、「だれがしたか」をつかむ * ことが大切です。これらの表現によって、行為をした人と行為を受けた人の感情も理解することができます。自動詞・他動詞とともに、しっかり復習して、自信 * をもって読めるようにしておきましょう。

* 受身：passive voice ／被动／ bị động
* 使役：causative ／使役／ sai khiến
* 使役受身：causative passive ／使役被动／ bị động sai khiến
* 行為の授受：giving and receiving of an act ／行为的授受／ cho-nhận hàng động
* つかむ：grasp ／抓住／ nắm bắt
* 自信：self-confidence ／自信／ tự tin

○ 猫は ネズミを つかまえた。	→ つかまえたのは？ つかまえられたのは？
○ さくらは いちろうに 花を 買わせた。 ○ もも子は たけしに 花を 買ってもらった。	→ うれしいのは さくら？ もも子？
○ たろうさんは 弟に 魚を 食べさせた。 ○ じろうさんは 弟に 魚を 食べられた。 ○ さぶろうさんは 弟に 魚を 食べてもらった。	→ かなしいのは たろう？ じろう？ さぶろう？

次の□□□に入る最も適当なものを1〜4から一つ選んでください。

電車の中で女性が化粧をするのが珍しくなくなった気もするが、「みっともない」乗車マナーにストップを呼びかける鉄道会社のキャンペーンをめぐって、いま再び話題になっている。

あるアンケート調査によると、女性で高齢者のほうが否定的な意見を述べる人が多かった。ただ、反対に、その技術に感嘆する人もいた。短時間で素顔からフルメイクまで完全に仕上げる女性もいるらしい。全体的には、男性のほうが好意的だったようだ。

電車の中では「他人に迷惑を　1　」というマナーもある。迷惑とされるのは、大きな声で話すとか、足を広げて座るとか、大きな荷物を肩にかける、などの行為だ。けれども、「みっともない」というのは見たくない、　2　のが不快だというもので、直接的に周囲の人に迷惑をかけているわけでない。いやなら、　3　いい。ただ、　4　からいやな人もいるだろう。本人には　5　意識はないのかもしれないが……。あなたはどう思いますか。

1

1　かけた　　　　　2　かけない　　　　　3　かける　　　　　4　かけられない

2

1　見せる　　　　　2　見られる　　　　　3　見ている　　　　　4　見てもらう

3

1　見せなければ　　　　　　　　　　2　見なければ
3　見れば　　　　　　　　　　　　　4　見られなければ

4

1　見せている　　　　　　　　　　　2　見られている
3　見せられている　　　　　　　　　4　見させている

5

1　見てもらう　　　　　2　見ていた　　　　　3　見られている　　　　　4　見させられる

解答へのアプローチ

正解： 　1 **2**　　2 **3**　　3 **2**　　4 **3**　　5 **3**

📖 ことばと 表 現

- □ **マナー**：manners ／礼节／ phép lịch sự
- □ **みっともない**：shameful; disgraceful ／难看／
  đáng xấu hổ, khó coi
- □ **キャンペーン**：campaign ／运动／ chiến dịch
- □ **高齢者**：the elderly ／高龄者／ người cao tuổi
- □ **仕上げる**：to complete ／完成／ hoàn thành
- □ **好意的**(な)：favorable ／好意的／ tích cực

文章の流れ	電車の中で女性が化粧すること」がいま再び話題になっている。→それに関する調査結果の紹介→電車の中のマナーとして問題点の整理、読者への問い
ポイント	○ キーワード…「みっともない」 ○ アンケート調査の結果は賛否ある（賛成も反対もある）。 ○ ここでは「迷惑をかける人」＝「本人」 　⇔「迷惑を受ける人」＝「他人」＝「周囲の人」

1

ポイント	○ 迷惑はよくないこと。マナーは「心がけて、そうするべきこと」。

2

ポイント	○「みっともない」＝「見たくない」＝「不快」 ○ 不快だと感じているのはだれか。

3

ポイント	○「いやなら」そうしなければいい。前の文で何がいやか、述べられている。

4

ポイント	○「〜からいや」…いやだと思っているのはだれか。「から」は理由を表す。

5

ポイント	○「本人」とはだれか。

6 決まった語句との結び付きを選ぶパターン

Choosing a connection to a predetermined phrase ／选择与惯用句相接的模式／ Dạng chọn sự kết hợp với từ ngữ cố định

♪ POINT

文中に出てくる言葉を組み合わせの形で選びます。文の流れを十分に理解して、正しい組み合わせを選びましょう。

⇒ p.23「副詞」を参照

○ 否定表現と結び付く	あまり　一度も　全然　まったく　なかなか いっこうに　めったに　たいして だれも　何も　必ずしも
○ 推量表現と結び付く	きっと　おそらく　たぶん　どうも　どうやら もしかすると　もしかしたら　さぞ　まさか
○「たら」と結び付く	もし　もしも　仮に　万が一／万一
○「ても」「とも」と結び付く	どんなに　たとえ　いくら　仮に　万一　いかに
○ 変化の表現と結び付く	だんだん　どんどん　みるみる　ますます　一段と すっかり　次第に　徐々に　少しずつ　一気に
○ 希望や願望、依頼などの表現と結び付く	ぜひ　かならず　どうか　くれぐれも　なんとかして なにがなんでも　どうしても

＊推量（する）：guess ／推理／ suy đoán
＊依頼（する）：to request ／依頼／ yêu cầu

EXERCISE

次の [　　] に入る最も適当なものを1～4から一つ選んでください。

コインランドリーと聞くと、どんなイメージが浮かぶだろうか。[1-a] 一人暮らしの男性が週末に1週間分の洗濯をし、仕上がるまでの間、漫画を読んだりゲームをしているといったもの [1-b]。だとしたら、そのイメージは古すぎる。確かに、20年以上前までは利用者の7割が独身男性や学生だった。ところが最近では、8割近くが、若い女性や家に洗濯機があるはずの主婦層になるという。

[2-a]、コインランドリーを [2-b]。働く女性が増え、家事に割ける時間が減ったことが大きな理由だろうが、毛布や布団、カーテンやカーペットなど [3-a] では洗うのも干すのも大変な大物も、[3-b] に出す3分の1ほどの値段でできることが挙げられる。ほかにも、プロ仕様の洗濯機によりダニなどの高温殺菌ができたり、スニーカーなど家で洗いにくいものも洗って乾燥できたり、家ではできないことができることなどが挙げられる。花粉や空気中の有害物質が気になって外に干すのを避けたい人や、重い洗濯物を自宅で干しにくくなっているという高齢者の利用もある。

コインランドリーを経営する側も、利用者のニーズにこたえようと、いろいろなサービスを始めている。子供を遊ばせるスペースがあったり、女性専用にして女性雑誌を用意したり、[4-a] 向けに仕上がりを携帯に知らせたり、[4-b] がたたむのを手伝ったりなど、さまざまだ。中には、カフェが設けられて、コーヒーを飲んだり軽食を食べたりできる店もあるそうだ。店の外観もすっかり変わって、明るく入りやすいデザインになってきている。

日本にはもともと井戸端会議という言葉がある。水道のない時代、井戸の周りに近所の主婦が集まって、洗濯をしながらおしゃべりしたりしていたことを言う。洗濯機の普及により、洗濯は家の中でする家事となっていったが、現代の [5-a] もまた、かつての [5-b] のように、個人が世間と交わる日常的な空間として機能しているのかもしれない。

1

1　a　あまり　　　　　　　／　b　ではない
2　a　もしかすると　　　／　b　ではないだろうか
3　a　たしかに　　　　　／　b　だろうか
4　a　かならず　　　　　／　b　ではないだろう

2

1　a　もし　　　　　　　／　b　利用しないのか
2　a　どうしても　　　　／　b　利用するのか
3　a　まさか　　　　　　／　b　利用しないのか
4　a　なぜ　　　　　　　／　b　利用するのか

3

1　a　コインランドリー　／　b　家
2　a　コインランドリー　／　b　クリーニング店
3　a　家　　　　　　　　／　b　クリーニング店
4　a　家　　　　　　　　／　b　コインランドリー

4

1　a　若い人　　　　　　／　b　利用者
2　a　忙しい人　　　　　／　b　従業員
3　a　主婦　　　　　　　／　b　子供
4　a　高齢者　　　　　　／　b　女性

5

1　a　コインランドリー　／　b　井戸端
2　a　クリーニング店　　／　b　近所
3　a　コインランドリー　／　b　家
4　a　クリーニング店　　／　b　カフェ

解答へのアプローチ
かいとう

正解： 1 **2**　2 **4**　3 **3**　4 **2**　5 **1**
せいかい

📖 ことばと 表 現
　　　　　ひょうげん

- □ **コインランドリー**：coin laundry ／投币洗衣店／ máy giặt tự động dùng tiền xu
- □ **～に（時間を）割く**：to spare (time) for ～／抽时间／ dành (thời gian) cho ～
　　　　じかん　　さ
- □ **カーペット**：carpet ／地毯／ thảm
- □ **～仕様**：made for ～／～做法／ được thiết kế dành cho ～
　　しよう
- □ **スニーカー**：sneakers ／运动鞋／ giầy thể thao
- □ **花粉症**：hay fever ／花粉症／ dị ứng phấn hoa
　　か ふんしょう

- □ **干す**：to dry; to air out ／晒干／ phơi
　　ほ
- □ **仕上がり**：completion ／完成／ đã hoàn thành
　　し あ
- □ **たたむ**：fold ／叠／ gấp
- □ **軽食**：軽い食事。
　　けいしょく　かる しょくじ
- □ **外観**：appearance ／外表／ bề ngoài
　　がいかん
- □ **井戸**：well ／水井／ giếng
　　い ど

文章の流れ	コインランドリーのイメージと実際➡コインランドリーの長所➡変化するコインランドリー➡コインランドリーと井戸端

1

ポイント　○ 次の文で「だとしたら…」と受けているので、確信の低い推測の表現が合う。
　　　　　　　つぎ ぶん　　　　　　　　　　う　　　　　　　　かくしん ひく すいそく ひょうげん あ

2

ポイント　○ 前の段落で女性の利用者が増えたことが述べられている。
　　　　　　　まえ だんらく じょせい りょうしゃ ふ　　　　　　の

3

ポイント　○ この段落では、コインランドリーを使う場合のいい点について、他の場合（自分、クリーニング店）と比べている。
　　　　　　　　だんらく　　　　　　　　　　　つか ば あい　　てん　　　　た ば あい じ ぶん　　　　　　てん　　くら

4

ポイント　○ 経営する側のサービスの変化。
　　　　　　　けいえい がわ　　　　　　へん か
　　　　　　○ 特にどんな人が必要としているサービスか。
　　　　　　　とく　　　　ひと ひつよう
　　　　　　○「本来、家ですることを手伝う」というサービス。
　　　　　　　ほんらい いえ　　　　　　　て つだ

5

ポイント　○ 何と何が似ているのか（比べられているのか）。
　　　　　　　なに　なに に　　　　　　くら

⑦ 助詞と助詞の組み合わせに注目するパターン

♪ POINT

助詞はほかの助詞と組み合わせて使うことも多いです。

動詞と違ってほかの助詞と組み合わさっても、もとの助詞の意味がなくなることはありません。ですから、基本的な助詞の意味や機能 * をしっかり学習しておくことが大切です。

＊機能：

◇ 強調 * の「は」　＊強調（する）：to emphasize ／強调／ nhấn mạnh

のは	窓を閉めた**のは**田中さんです。
とは	雨が降る**とは**思いませんでした。
には	10 時**には**来るでしょう。
では	開会式**では**市長があいさつします。

◇ 名詞につなぐ「の」

での	この学校で**の**思い出はたくさんある。
との	友達と**の**連絡はメールでします。
への	両親へ**の**感謝の気持ちがいっぱいです。
からの	国から**の**支援がなくなった。

◇ 名詞にする「の」

のを	彼が部屋に入る**のを**見ました。
のが	この字を書いた**のが**子供とは驚く。
のに	このかばんは持って歩く**のに**便利だ。

◇ 組み合わせの多い「も」

にも	ほかの人**にも**知らせてあげよう。
とも	みなさん**とも** 3 月でお別れです。
でも	この歌手は私の国**でも**有名です。
をも	どんなに小さなガン**をも**発見できます。

◇ 3つ以上の組み合わせも

のでは	そんな暗い所に置いた**のでは**目立たない。
のとは	母が作ってくれた**のとは**少し味が違う。

EXERCISE ✐

次の______に入る最も適当なものを1〜4から一つ選んでください。

　　中国の古い歴史書に、日本について書かれた部分がある。その中に、日本人は高貴な人の前で手を打つという説明があるそうだ。これは、感動したときに細かく手を打つ拍手[1]異なり、大きく手を打つことで、神への感謝や喜びを表したり、神を呼んだり、悪いものを追い払ったり、武器を持っていない証明をしたりと、さまざまな意味があったらしい。

　　今でも、神社でのお参り[2]手を打つという作法が残っているし、結婚式や大きな会議などが無事に終わったとき、それを感謝して、参加者全員で手を打つということもよく行われている。もちろん、神社や地域によって、手の打ち方やそのときに言う言葉は同じではない。とはいうものの、二千年の時を越え、手を打つという文化が受けつがれているのは確かなのだ。

[1]

　　1　とに　　　　　2　とか　　　　　3　とは　　　　　4　との

[2]

　　1　にも　　　　　2　には　　　　　3　のが　　　　　4　をも

解答へのアプローチ（かいとう）

正解：（せいかい）　1 **3** 　2 **2**

📖 ことばと 表現（ひょうげん）

- □ **高貴**（こうき）（な）：classy ／高贵／ cao quí
- □ **武器**（ぶき）：weapon ／武器／ vũ khí
- □ **お参り**（まい）（する）：shrine visit; worship ／去（去的自谦语）／ thăm viếng
- □ **作法**（さほう）：manners ／礼节、规矩／ phép lịch sự

文章の流れ（ぶんしょう なが）	昔の日本には、「手を打つ」「文化」があった。➡今でも、伝統行事や社会生活のさまざまな場面で「手を打つ」ことが行われている。

1

ポイント	○「拍手」とは、スタイルも目的も全く異なる。

2

ポイント	○ 今でも「手を打つ」「文化」が「残っている」。 ・**もちろん**⇒条件や説明を付け加える。 ・**とはいうものの**⇒けれども。

PART 3
模擬試験
もぎしけん

解答用紙は別冊 p.8 にあります。
かいとうようし　べっさつ

問題7 次の文の（　　　）に入れるのに最もよいものを１・２・３・４から１つ選びなさい。

1　こんな仕事やりたくないが、上司の命令だから（　　　　　）。

　　1　やるわけにはいかない　　　　　　　2　やらざるを得ない
　　3　やらずにはいられない　　　　　　　4　やるにほかならない

2　海外に転勤する（　　　　　）、友人たちがパーティーを開いてくれた。

　　1　にこたえて　　　　2　につけ　　　　3　にあたり　　　　4　に対して

3　平日の午前中（　　　　　）、コーヒーが 50 円引きになります。

　　1　にかぎり　　　　2　かぎりで　　　　3　のかぎり　　　　4　かぎりに

4　親を悲しませて（　　　　　）好きなことをしたいとは思わない。

　　1　しか　　　　　2　こそ　　　　　3　まで　　　　　4　から

5　私が不注意だったばかり（　　　　　）、ご迷惑をおかけして申し訳ありません。

　　1　に　　　　　　2　か　　　　　　3　の　　　　　　4　で

6　昨日買ったコートが、今日は半額になっていた。くやしくて、文句を（　　　　　）には
　いられなかった。

　　1　言う　　　　　2　言わず　　　　3　言わない　　　　4　言えない

7　彼に（　　　　　）が、（　　　　　）からでないと、結婚なんて考えられない。

　　1　プロポーズした　／　就職した　　　　2　プロポーズした　／　就職して
　　3　プロポーズされた　／　就職した　　　4　プロポーズされた　／　就職して

8 店員「店長、アルバイトの山田さん、今日は来ないんですか。」

店長「ああ、なんか都合が悪くなったから、休ませてくれって。」

店員「えっ、今日もですか。よく休みますね。」

店長「でも、連絡してくるだけ（　　　　　　）。黙って休む人もいるからね。」

店員「そう言われればそうですが……。」

1　もっともでしょう　　2　ましでしょう　　3　あるでしょう　　4　ないでしょう

9 〈会社の受付で〉

A「営業の本田さん、お願いします。」

B「申し訳ありません。ただ今、会議中でして、そろそろ終わるはずですが……。」

A「そうですか。それではこちらで（　　　　　）いただいてもよろしいでしょうか。」

1　待って　　　　　　　　2　お待ち　　　　　　3　待たせて　　　　4　お待たせ

10 A「この本の作者を（　　　　　　）。」

B「いいえ、（　　　　　）。」

1　ご存じですか　　／　　存じません

2　ご存じですか　　／　　ご存じではありません

3　存じていますか　　／　　存じません

4　存じていますか　　／　　ご存じではありません

問題8　次の文の＿＿★＿＿に入る最もよいものを、1・2・3・4から一つ選びなさい。

1　ゲームを ＿＿＿ ＿＿＿ ＿★＿ ＿＿＿ いただきます。

　　1　ルールを　　　　　2　説明させて　　　　3　始めるに　　　　4　あたり

2　彼はまり子さんに話しかけられて ＿＿＿ ＿＿＿ ＿★＿ ＿＿＿ 顔をしていた。

　　1　くせに　　　　　　2　うれしい　　　　　3　ような　　　　　4　なんでもない

3　明日は雪で電車が ＿＿＿ ＿＿＿ ＿★＿ ＿＿＿ 家を出たほうがいい。

　　1　おそれが　　　　　2　早めに　　　　　　3　あるから　　　　4　遅れる

4　どうにか ＿＿＿ ＿＿＿ ＿★＿ ＿＿＿ と、タクシーに飛び乗った。

　　1　ものだろうか　　　2　時間に　　　　　　3　間に合わない　　4　飛行機の

5　面倒でも一つ一つ書いて ＿＿＿ ＿＿＿ ＿★＿ ＿＿＿ ものだ。

　　1　ことには　　　　　2　漢字は　　　　　　3　覚えられない　　4　練習しない

問題9　次の文章を読んで、文章全体の内容を考えて、　1　から　5　の中に入る最もよいものを、1・2・3・4から一つ選びなさい。

　　東京の電車は、いくつかの鉄道会社をつないで運行されることが多くなった。ＪＲと私鉄、地下鉄が、相互乗り入れによって直通運転されていて、慣れていないと、行き先表示を見ても、どこへ行くのかわかりにくい。思いもしない遠くの駅名が書かれていたりするからだ。郊外からＪＲなり私鉄なりで東京の中心部に入り、乗り換えすることなく、また違うＪＲや私鉄、地下鉄の駅で降りることもできる。2社だけでなく、3社、4社がつながっている区間もある。

　　一方、大阪の中心部では、私鉄と地下鉄の相互乗り入れはあるが、ＪＲとの相互乗り入れはない。なぜなら、線路の幅が違うからだ。日本で最初に汽車が鉄道を走った　1　1872年のことである。そのとき採用された線路の幅は狭いもの、つまり狭軌だったため、今のＪＲ　2　関東の多くの鉄道会社はその後、　3-a　を採用することとなった。しかし、関西の鉄道会社は一番早く開業した会社を除き、標準軌（き）と呼ばれる広い幅のものを採用した。そのほうがより多くの客を運べるから、というのが理由の一つだったようだ。後から開業した新幹線は、この　3-b　を採用した。したがって、新幹線もふつうのＪＲ線と乗り入れはできない。

　世界的には、標準軌を採用している国が6割を超える。　4　、日本に鉄道技術を　5　イギリスでは、鉄道会社ごとに違った幅を採用していたが、統一したほうが直通運転に便利だということで、日本に初めて汽車が走った20年後の1892年に標準軌に統一されている。

1

　　1　のは　　　　　　　　2　のが　　　　　　　　3　ので　　　　　　　　4　のも

2

　　1　をよそに　　　　　　2　をのぞき　　　　　　3　をはじめ　　　　　　4　を最後に

3

　　1　a　標準軌（き）／　b　標準軌（き）　　　　　2　a　狭軌（き）／　b　狭軌（き）
　　3　a　標準軌（き）／　b　狭軌（き）　　　　　　4　a　狭軌（き）／　b　標準軌（き）

4

　　1　ちなみに　　　　　　2　そのため　　　　　　3　そこで　　　　　　　4　したがって

5

　　1　教えてあげた　　　　2　教えてもらった
　　3　教えてくれた　　　　4　教えられた

● 著者

氏原 庸子（大阪 YWCA 日本語教師会会員）
佐伯 玲子（大阪 YWCA 専任講師）

レイアウト・DTP	オッコの木スタジオ
カバーデザイン	花本浩一
翻訳	Alex Ko Ransom ／司馬黎／近藤美佳
イラスト	白須道子
編集協力	高橋尚子

日本語能力試験　Ｎ２文法　必修パターン

平成 29 年（2017 年）　3 月 10 日　初版第 1 刷発行
令和 2 年（2020 年）　2 月 10 日　　第 3 刷発行

著　者	氏原庸子・佐伯玲子
発行人	福田富与
発行所	有限会社 Ｊリサーチ出版

〒 166-0002　東京都杉並区高円寺北 2-29-14-705

電　話　03(6808)8801（代）　FAX　03(5364)5310
編集部　03(6808)8806
https://www.jresearch.co.jp
twitter 公式アカウント　＠ Jresearch_
https://twitter.com/Jresearch_

印刷所　中央精版印刷株式会社

ISBN 978-4-86392-331-7
禁無断転載。なお、乱丁、落丁はお取り替えいたします。

〈模擬試験〉
答えと解説

問題7

1　正解：2

こんな仕事やりたくないが、上司の命令だからやらざるを得ない。

☞ 上司に命令されればやりたくなくてもやらなければならない。

2　正解：3

海外に転勤するにあたり、友人たちがパーティーを開いてくれた。

☞ 転勤するという機会を迎えて（その前に）。

3　正解：1

平日の午前中にかぎり、コーヒーが50円引きになります。

☞ 「今日だけ」という意味。「かぎりで」「のかぎり」「かぎりに」はそれぞれ別の文型なので、違いをよく整理しておくこと。

4　正解：3

親を悲しませてまで、好きなことをしたいとは思わない。

☞ 「親を悲しませる」というひどいことをしてまで。

5　正解：1

私が不注意だったばかりに、ご迷惑をおかけして申し訳ありません。

☞ 「自分の不注意が原因で」という理由の説明。「ばかりか」「ばかりで」は別の意味の文型。

6　正解：2

昨日買ったコートが、今日は半額になっていた。くやしくて、文句を言わずにはいられなかった。

☞ 「にはいられない」に続くのは「言わず」。「言わない」は「言わないではいられない」になる。

7　正解：4

彼にプロポーズされたが、就職してからでないと、結婚なんて考えられない。

☞ 「結婚なんて考えられない」と言っているのだから、「プロポーズした」は×。「からでないと」には、て形が接続する。

8　正解：2

A　「店長、アルバイトの山田さん、今日は来ないんですか。」

店長「ああ、なんか都合が悪くなったから、休ませてくれって。」

A　「え、今日もですか。よく休みますね。」

店長「でも、連絡してくるだけましでしょう。黙って休む人もいるからね。」

A　「そう言われればそうですが……。　」

☞ よく休むのは事実だが、黙って休むよりましだという意味。

9　正解：3

〈会社の受付で〉
A「営業の本田さん、お願いします。」
B「申し訳ありません。ただ今、会議中でして、そろそろ終わるはずですが……」
A「そうですか。それではこちらで待たせていただいてもよろしいでしょうか。」

☞ 「～させていただく」は、自分の行動に対して相手の許可を求めている。「お待ちいただく」は、相手が待つことになる。

10　正解：1

A：この本の作者をご存じですか。
B：いいえ、存じません。

☞ 「ご存知です」は尊敬、「存じています」は謙譲。間違いやすいので注意。

📖 ことばと表現

□ 転勤（する）：to transfer jobs ／工作调动／ chuyển nơi

làm (nhưng vẫn trong một công ty)

□ **プロポーズ**（する）：to propose ／求婚／ cầu hôn

□ **営業**：sales; business ／営业／ buôn bán, kinh doanh
えいぎょう

📖 ことばと 表 現
　　　　　　ひょうげん

□ **飛び乗る**：勢いよく乗る。
　と　の　　いきお　　　の

問題 8
　　もん　だい

① 正解：1
　　せいかい

ゲームを　₃始めるに　₄あたり　₁ルールを　₂説明
　　　　　　はじ　　　　　　　　　　　　　　　　せつめい
させて　いただきます。

👉 ゲームを始める前にルールを説明する。
　　　　　　　はじ　まえ　　　　　　せつめい

② 正解：4
　　せいかい

彼はまり子さんに話しかけられて　₂うれしい　₁く
かれ　　　こ　　　　はな
せに　₄なんでもない　₃ような　顔をしていた。
　　　　　　　　　　　　　　　　　　かお

👉 本当はうれしいのに、（それをかくして）何でもな
　　ほんとう　　　　　　　　　　　　　　　　　　　なん
いような顔をしていた。
　　　　　かお

③ 正解：3
　　せいかい

明日は雪で電車が　₄遅れる　₁おそれが　₃あるから
あした　ゆき　でんしゃ　　おく
₂早めに　家を出た方がいい。
　はや　　　いえ　で　ほう

👉 まず、「おそれがある」という 文型を見つけるのが
　　　　　　　　　　　　　　　　　ぶんけい　み
ポイント。

④ 正解：3
　　せいかい

どうにか　₄飛行機の　₂時間に　₃間に合わない
　　　　　ひこうき　　じかん　　ま　あ
₁ものだろうか　と、タクシーに飛び乗った。
　　　　　　　　　　　　　　　　と　の

👉 「間に合わないものだろうか」は「何とかして間に
　　ま　あ　　　　　　　　　　　　　なん　　　　　　ま
合いたい」という強い気持ち。
あ　　　　　　　　つよ　きも

⑤ 正解：2
　　せいかい

面倒でも一つ一つ書いて　₄練習しない　₁ことには
めんどう　ひと　ひと　か　　れんしゅう
₂漢字は　₃覚えられない　ものだ。
　かんじ　　おぼ

👉 「AないことにはBない」＝「AをしなければBで
きない」という文型を見つけるのがポイント。「書
　　　　　　　　ぶんけい　み　　　　　　　　　　　　か
いて練習しなければ覚えられない」。
　　れんしゅう　　　　　　おぼ

問題 9
　　もん　だい

〈全体の流れ〉
　ぜんたい　なが
東京はＪＲ・地下鉄・私鉄間の直通運転が多い。➡
とうきょう　　　ちかてつ　してつかん　ちょくつううんてん　おお
大阪でＪＲとの直通運転がないのは、線路幅が理由。
おおさか　　　　　　ちょくつううんてん　　　　　せんろはば　りゆう
➡実は、新幹線も関西の私鉄も、世界 標 準の鉄道幅
　じつ　しんかんせん　かんさい　してつ　　せかいひょうじゅん　てつどうはば
なのだ。

① 正解：1
　　せいかい

👉 助詞の問題。「1872 年に日本で最初に汽車が鉄道を
　　じょし　もんだい　　　ねん　にほん　さいしょ　きしゃ　てつどう
走った」という文の中の「1872 年」を強 調するた
はし　　　　　　ぶん　なか　　　　　ねん　きょうちょう
めの文「[Aの] は 1872 年である」になっている。
　　　ぶん　　　　　　　　ねん

② 正解：3
　　せいかい

👉 「ＪＲ」と「関東の多くの鉄道会社」の関係をみる。
　　　　　　　かんとう　おお　　てつどうがいしゃ　かんけい
両 方とも後の文に続く流れなので、「ＪＲ」は代
りょうほう　あと　ぶん　つづ　なが　　　　　　　　　　だい
表 的な例として取り出されていることがわかる。
ひょうてき　れい　　　と　だ

③ 正解：4
　　せいかい

👉 この段落以降、「狭軌」と「標 準軌」という言葉
　　だんらくいこう　きょうき　ひょうじゅんき　ことば
が出てくる。〈鉄道幅（＝この文章の主なテーマ）
　で　　　　てつどうはば　　　ぶんしょう　おも
の違いが、実は今の電車の走り方につながっている〉
ちが　　じつ　いま　でんしゃ　はし　かた
ということのキーワード。最初の鉄道が「狭軌だっ
　　　　　　　　　　　　さいしょ　てつどう　きょうき
たため」、「関東の多くの鉄道会社は…」とつながる。
かんとう　おお　てつどうがいしゃ
その直後の「しかし…」で関東と関西が違うことが
　　ちょくご　　　　　かんとう　かんさい　ちが
示され、関西は「標 準軌」だということがわかる。
しめ　　かんさい　ひょうじゅんき
「新幹線」は「この…採用」と続き、関西の鉄道と
しんかんせん　　　　　　さいよう　つづ　かんさい　てつどう
新幹線は同じだということがわかる。
しんかんせん　おな

④ 正解：1
　　せいかい

接続詞の問題。「世界的」な傾向と「イギリス」の
せつぞくし　もんだい　せかいてき　けいこう
話。文全体の流れに直接的に影響しないが、興味
はなし　ぶんぜんたい　なが　ちょくせつてき　えいきょう　　きょうみ
をひく歴史的事実を参考に付け加えてある。話の内
　　　れきしてきじじつ　さんこう　つ　くわ　　　　はなし　ない
容を加える働きをする接続詞を探す。
よう　くわ　はたら　　　せつぞくし　さが

☞ だれがだれに何をして、だれが喜んだのか。鉄道技
　　　　　　　　なに　　　　　　　よろこ　　　　　　　てつどうぎ
術を教えたのはイギリス。「イギリスでは」とある
じゅつ　おし
ので、「イギリス」が主語になる文にして考える。
　　　　　　　　　　　　しゅご　　　　ぶん　　　かんが

📖 ことばと 表現
　　　　　　　 ひょうげん
□ 運行（する）：to operate ／运行／ vận hành
　 うんこう
□ 相互：mutual ／相互／ tương hỗ
　 そうご
□ 乗り入れ：電車やバスが他の会社の路線まで延長
　 の　い　　 でんしゃ　　　　　た かいしゃ　ろせん　　えんちょう
して運行すること。
　　 うんこう

□ 直通：（電車が）乗り換えなしで目的地に行くこと。
　 ちょくつう　 でんしゃ　の　か　　　　　もくてきち　い
□ 私鉄：private railway ／私营铁路／ đường sắt tư nhân
　 してつ
□ 区間：segment; section ／区间／ đoạn, khoảng cách
　 くかん
□ 開業（する）：to open for business ／开业／ mở cửa
　 かいぎょう
hàng, bắt đầu kinh doanh
□ 標準：standard ／标准／ tiêu chuẩn
　 ひょうじゅん
□ 採用（する）：to adopt, to employ ／采用／ tuyển
　 さいよう
dụng, áp dụng
□ 統一（する）：to consolidate ／统一／ thống nhất
　 とういつ

模擬試験　採点表
　 も ぎ し けん　 さ い て ん ひょう

　配点は、この模擬試験で設定したものです。実際の試験では公表されていませんが、
　はいてん　　　　　　も　ぎしけん　　せってい　　　　　　　　　　じっさい　　しけん　　　こうひょう
各科目の合計得点が示されているので（「言語知識（文字・語彙・文法）・読解」120 点、
かくかもく　ごうけいとくてん　しめ　　　　　　　　　　げんごちしき　　もじ　　ごい　　ぶんぽう　　どっかい　　　　　てん
「聴解」60点）、それに基づきました。「基準点＊の目安」と「合格点の目安」も、それぞ
ちょうかい　　てん　　　　　　　もと　　　　　　　　きじゅんてん　　めやす　　　　ごうかくてん　めやす
れ実際のもの（38/120点、19/60点、90/180点）を参考に設定しました。
　 じっさい　　　　　　　　　　　　　　　　　　　　　　　　　　　　さんこう　せってい
　　＊得点がこれに達しない場合、総合得点に関係なく、それだけで不合格になる。
　　　とくてん　　　　　たっ　　　ば あい　そうごうとくてん　かんけい　　　　　　　　　　　ふ ごうかく

★ 基準点に達しない科目があれば、重点的に復習しましょう。
　 きじゅんてん　たっ　　　　かもく　　　　　　じゅうてんてき　ふくしゅう
★ 基準点に達しなければ、苦手分野にならないよう、しっかり復習しましょう。
　 きじゅんてん　たっ　　　　　　　にがてぶんや　　　　　　　　　　　　　　　ふくしゅう
★ 合格可能性を高めるために、この模擬試験では 18点以上を目指しましょう。
　 ごうかくかのうせい　たか　　　　　　　　　　も ぎ しけん　　　てんいじょう　め ざ

大問 だいもん	配点 はいてん	満点 まんてん	正解数 せいかいすう	得点 とくてん
問題5 もんだい	1 点×10 問 てん　　もん	10		
問題6 もんだい	2 点× 5 問 てん　　もん	10		
問題7 もんだい	2 点× 5 問 てん　　もん	10		
合計 ごうけい		30		
（基準点の目安） きじゅんてん　めやす				（10）
（合格点の目安） ごうかくてん　めやす				（15）

日本語能力試験Ｎ２の文法問題に出る可能性の高い語を集めました。
試験の前にチェックしておきましょう。

● 文型
ぶんけい

- □ 〜あげく〜
- □ 〜あまり〜
- □ 〜以上〜
- □ 〜うえ（に）
- □ 〜うえで〜
- □ 〜うえは〜
- □ 〜うる／〜える
- □ 〜おそれがある
- □ 〜か〜ないかのうちに〜
- □ 〜か〜まいか
- □ 〜かいがある
- □ 〜かいもなく
- □ 〜かぎり（では）〜
- □ 〜かぎり（は）〜
- □ 〜がたい
- □ 〜かと思うと／思ったら〜
- □ 〜かねない
- □ 〜かねる
- □ 〜かのよう
- □ 〜からこそ〜
- □ 〜からして〜
- □ 〜からすると〜
- □ 〜からでないと（〜ない）
- □ 〜からといって〜
- □ 〜からには〜

- □ 〜から見ると
- □ 〜きり
- □ 〜きる
- □ 〜くせに／〜くせして
- □ 〜げ
- □ 〜こそ
- □ 〜ことか
- □ 〜ことから〜
- □ 〜ことだ
- □ 〜ことだから／〜こどだし
- □ 〜ことなく
- □ 〜ことに
- □ 〜ことにする
- □ 〜ことになっている
- □ 〜ことはない
- □ 〜こともない
- □ 〜ざるを得ない
- □ 〜次第、〜
- □ 〜じゃない（か）
- □ 〜末に〜
- □ 〜そうにない（〜そうもない）
- □ 〜たかと思ったら〜
- □ 〜たきり
- □ 〜だけあって〜
- □ 〜だけに〜
- □ 〜だけのことはある

- □ 〜だけまし
- □ 〜たらいい
- □ 〜たらだめ／〜てはだめ／〜ちゃだめ
- □ 〜たらよかった
- □ 〜っこない
- □ 〜つつ（も）
- □ 〜つつある
- □ 〜っぽい
- □ 〜て（は）いられない
- □ 〜てこそ〜
- □ 〜て仕方（が）ない／〜てしょうがない
- □ 〜てたまらない
- □ 〜てならない
- □ 〜ではないか
- □ 〜てはならない
- □ 〜てほしい
- □ 〜てまで（も）〜
- □ 〜ても仕方（が）ない／〜てもしょうがない
- □ 〜て以来〜
- □ 〜ということは
- □ 〜というのは／〜というのも
- □ 〜というものだ／〜というもんだ

□ （～なら／～ば）～というも
　のでもない

□ ～と思うと／～と思ったら

□ ～（た）ところ（で／に／を）

□ ～どころか～

□ ～どころではない

□ ～ところに／～ところを

□ ～とはいうものの
　　／～だというものの

□ ～とはかぎらない

□ ～ないかのうちに

□ ～ないことには～

□ ～ないことはない
　　／～ないこともない

□ ～ないではいられない
　　／～ずにはいられない

□ （どうにか／なんとか）～な
　　いものか

□ ～ながら（も）

□ ～にあたり

□ ～にかかわらず

□ ～にかぎり～
　　／～にかぎって～

□ ～にかけては

□ ～に代わって

□ ～に決まっている

□ ～にこたえて

□ ～に際し（て）

□ ～に先立ち／～に先立って

□ ～にしたら
　　／～にしてみたら

□ ～にしろ～にしろ／～にせ
　　よ～にせよ

□ ～にすぎない

□ ～に沿って

□ ～にちがいない

□ ～につけ～

□ ～にて

□ ～（こと／よう）に
　　なっている

□ ～にはいられない

□ ～にほかならない

□ ～によって／～により

□ ～にわたって／～にわたり

□ ～に応じて～

□ ～抜きに／～は抜きにして

□ ～抜きに～ない
　　／～を抜きにして～ない

□ （ただ）～のみ

□ ～のみならず

□ ～のもと

□ ～のももっともだ

□ （ただ）～ばかり

□ ～ばかりか

□ ～ばかりに～

□ ～はずがない

□ ～ばと思う

□ ～はともかく

□ ～はもちろん～も

□ ～はもとより

□ ～ばよかった

□ ～べきだ／
　　～べきで（は）ない

□ ～ほかない

□ ～ほど～はない

□ ～まい

□ ～ものか／～もんか

□ ～ものがある

□ ～ものだ

□ ～ものだ

□ ～ものだから～

□ ～ものではない

□ ～ものなら～

□ ～ものの～

□ ～やら～やら

□ ～ようがない

□ ～ような／～ように

□ ～ように（様子）

□ ～よりほかない

□ ～わけがない

□ ～わけだ

□ ～わけではない

□ ～わけにはいかない

□ ～わりに

□ ～をきっかけに～
　　／～がきっかけで～

□ ～を通して

□ ～をはじめ（として）

□ ～をめぐって～

□ ～を問わず～

●助詞（複合助詞など）

□ ～かな

□ ～かなあ

□ ～こそ

□ ～さへ（も）

□ ～じゃないか

□ ～たら

□ ～つつ

□ ～でさえ

□ ～ても

□ 〜とか

□ 〜とは

□ 〜とも

□ 〜なら

□ 〜なんか

□ 〜なんて

□ 〜にて

□ 〜には

□ 〜にも

□ 〜のか

□ 〜のに

□ 〜のは

□ 〜のを

●接続詞・接続表現
せつぞく し　せつぞくひょうげん

□ あるいは

□ 一方
いっぽう

□ 逆に
ぎゃく

□ さて

□ しかも

□ したがって

□ すなわち

□ すると

□ そこで

□ そのうえ

□ そのため

□ それでは

□ それでも

□ それとも

□ それなのに

□ それなら

□ それにしては
　　／それにしても

□ だからといって

□ ただ

□ ただし

□ だって

□ ちなみに

□ つまり

□ では

□ というのは

□ ところが

□ とはいうものの

□ とはいえ

□ なお

□ 反対に
はんたい

□ 要するに
よう

●敬語
けい ご

honorific language ／敬語／ kính ngữ

〈尊敬語〉
そんけい ご

honorific language ／尊敬语／ từ kính trọng

□ いらっしゃいます（←います）

□ おかけになります（←座ります）
すわ

□ お越しになります（←来ます）
こ　　　　　　　　　　　き

□ おっしゃいます（←言います）
い

□ お亡くなりになります（←死
な　　　　　　　　　　　　　　し
にます）

□ お目覚めになります（←起き
め ざ　　　　　　　　　　　お
ます）

□ お召しになります（←着ます）
め　　　　　　　　　き

□ お休みになります（←休みま
やす　　　　　　　　　やす
す・寝ます）
ね

□ ご存じです（←知っています）
ぞん　　　　　　し

□ ご覧になります（←見る）
らん　　　　　　　み

□ なさいます（←します）

□ 召し上がります（←食べます・
め　あ　　　　　　　　た
飲みます）
の

〈謙譲語〉
けんじょう ご

humble language ／自谦语／ từ khiêm nhường

□ いたします（←します）

□ いただきます（←食べます・飲
た　　　　　の
みます・もらいます）

□ 伺います（←行きます・聞きます）
うかが　　　　い　　　　き

□ 承 ります（←聞きます・聞い
うけたまわ　　　　き　　　　き
て理解します）
りかい

□ お目にかかります（←会いま
め　　　　　　　　あ
す）

□ おります（←います）

□ 差し上げます（←あげます）
さ　あ

□ 存じています（←知っています）
ぞん　　　　　　し

□ 拝見します（←見ます）
はいけん　　　　み

□ 参ります（←行きます）
まい　　　　　　い

□ 申し上げます（←言います・話
もう　あ　　　　　い　　　　はな
します）

□ 〜と申します（←〜と言います）
もう　　　　　　　い

日本語能力試験　模擬試験　解答用紙
N2　文 法

名前
Name

〈ちゅうい　Notes〉

1. くろいえんぴつ（HB、No.2）でかいてください。
   （ペンやボールペンではかかないでください）
   Use a black medium soft (HB or No.2) pencil.
   (Do not use any kind of pen.)

2. かきなおすときは、けしゴムできれいにけして
   ください。
   Erase any unintended marks completely.

3. きたなくしたり、おったりしないでください。
   Do not soil or bend this sheet.

4. マークれい　Marking examples

よいれい Correct Example	わるいれい Incorrect Examples
●	⊘ ⊗ ◑ ⊙ ◐ ⊖ ◑ ◉

問 題 5				
1	①	②	③	④
2	①	②	③	④
3	①	②	③	④
4	①	②	③	④
5	①	②	③	④
6	①	②	③	④
7	①	②	③	④
8	①	②	③	④
9	①	②	③	④
10	①	②	③	④

問 題 6				
1	①	②	③	④
2	①	②	③	④
3	①	②	③	④
4	①	②	③	④
5	①	②	③	④

問 題 7				
1	①	②	③	④
2	①	②	③	④
3	①	②	③	④
4	①	②	③	④
5	①	②	③	④